융, 호랑이 탄 한국인과 놀다

우리 이야기로 보는 분석 심리학

융, 호랑이 탄 한국인과 놀다

이나미 지음

민음인

| 차례 |

| 1부 | 남자와 여자, 같지만 다르고 다르지만 같은 그들

1장 남성 속의 여성, 여성 속의 남성
여우누이 _ 여성성의 냉혹한 측면 11
우렁이 각시 _ 무의식에 깃든 여성성 21
접동새 누이 _ 병든 여성성의 사망 29
가시내 _ 건강한 여성 36

2장 달콤한 사랑, 쓰디쓴 눈물
선녀와 나무꾼 _ 사랑의 생성, 변화와 소멸 47
베 잘 짜는 처녀 _ 내 짝에 대한 포용 63
소박맞은 세 자매 _ 성숙한 결혼 생활을 위한 태도 72
구렁덩덩 새 선비 _ 나와 남의 허물을 보는 시각 84
개구리 왕자 98

|2부| 옛이야기, 현대인을 말하다

3장 남과 다른 나 찾기
반쪽이 _ 그림자를 넘어서는 개성화의 발견 105
복 타러 간 총각 _ 내 마음속의 행복, 어디서 찾을까 115
죽음을 대부로 삼은 사나이 124
바리 공주 _ 개성화 과정의 비의 126
쥐 둔갑 타령 _ 참자아로의 여정 136
호랑이 잡은 피리 _ 인생의 바닥에 대한 경험 146
해와 달이 된 오누이 _ 완전한 자아의 독립을 위하여 156

4장 껍질을 벗어 버린 진짜 나는 누구인가
불가사리 _ 내 마음속 욕망과 허기의 존재 167
혹부리 영감 _ 내가 좋아하는 인생, 남이 좋아하는 인생 173
도깨비감투 _ 감투가 잡아먹은 참자아 181
호랑이 뱃속 잔치 _ 고통의 터널을 견디는 힘 191
부채 귀신 잡은 이야기 _ 새로운 도약을 위한 변신 200

5장 행복하게 일하는 나
석수장이 아들 _ 직업을 통한 자아 찾기 209
아사달과 아사녀 218
새끼 서 발 _ 시작과 다른 자기 자리 찾기, 금의환향 220
마고할미 _ 재미로 완성되는 무의식 안의 창조성 232

6장 다른 사람과 관계 맺기, 소통하기

방귀쟁이 며느리 _ 답답함의 분출 247
개와 고양이 _ 인연이라는 그물망에서의 나눔 254
나무도령 밤손이 _ 인생의 조력자 265
견우와 직녀 _ 우주의 질서와 체계를 위한 자기희생 273

| 더 읽기 |

7장 민담 분석의 이론들

분석 심리학이 왜 옛날이야기에 관심을 갖는가? 289
민담과 동화, 전설, 신화, 그리고 옛날이야기는 어떻게 다른가? 295
옛날이야기 이해에 필요한 분석 심리학적 기초 지식 300
옛이야기의 심리학적 이해, 어떻게 할 수 있는가 305
민담 분석의 문제점 314
옛날이야기 분석의 구체적 과정들 319

| 저자의 말 | 323

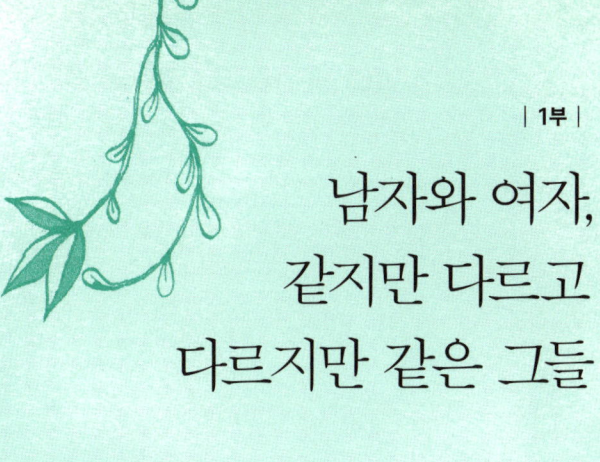

| 1부 |

남자와 여자, 같지만 다르고 다르지만 같은 그들

1장
남성 속의 여성, 여성 속의 남성

여우누이

— 여성성의 냉혹한 측면

옛날 어느 마을에 아들만 셋인 부잣집 부부가 살았습니다. 부부는 늘 '여우같은 딸'을 원했습니다. 그런데 오랜 기간 정성들여 소원을 빈 끝에 낳은 딸이 밤마다 집 근처 동물들의 간을 빼 먹기 시작합니다. 아버지는 아들들에게 무슨 일이 일어나는지 잠을 자지 않고 지켜보라 했지만 큰아들, 둘째 아들은 모두 곯아떨어지고 막내아들만 이 광경을 보게 됩니다. 막내아들은 밤에 본 일을 사실대로 말했지만 아버지는 막내의 말을 듣지 않고 오히려 내쫓고 맙니다.

떠돌아다니던 막내가 어느 날 아이들이 못살게 굴고 있는 거북이 한 마리를 구해 주었더니 조그만 함 하나를 선물로 줍니다. (다른 이형에서는 막내가 구해 준 거북이가 바로 용왕의 딸이라며 바닷가에서 흰 말을 탄 사람이 나타나 바닷속 용궁으로 막내를 데려간다.) 그 선물을 갖고 막내는 색시와 행복하게 살았지만 고향 생각이 자꾸 나서 밥도 못 먹고 시름시름 앓게 됩니다. 색시는 남편을 고향으로 보내고 병 세 개를 주면서 위험한 순간에 하나씩 던지라고 합니다.

고향에 가 보니 마을은 쑥대밭이 되었고 식구들, 마을 사람들 모두 사라져 버리고 말았습니다. 여우인 누이만 오라버니라 반갑다며 나타났습니다. 그러더니 끈을 꺼내 한쪽 끝은 자신의 손목에 묶고 다른 한끝은 셋째 손목에 묶은 채 밥을 차리겠다고 부엌으로 갑니다. 막내는 얼른 끈을 풀고 흰 말을 타고 달아납니다. 이를 알아챈 누이가 얼른 뒤를 쫓아와 막내는 먼저 노란(혹은 하얀) 병을 던집니다. 병이 깨지자 온 세상이 날카로운 가시덤불이 되어 여우 누이가 가시에 마구 찔립니다. 셋째는 그 틈을 타 멀리 달아났지만, 가시덤불을 헤치고 나온 여우 누이에 쫓기게 됩니다. 이에 다시 파란 병을 집어던지니 사방이 시퍼런 바다가 되어 여우 누이가 물에 빠져 허우적댑니다. 그동안 셋째는 열심히 도망치지만 여우 누이는 금방 물에서 헤엄쳐 나와 다시 쫓아옵니다. 다음에 빨간 병을 집어던지자 다음에 사방이 활활 치솟는 불바다가 되어 여우 누이는 꼼짝없이 타 죽고 말게 됩니다. 이에 셋째는 색시에게 (혹은 용궁으로) 돌아가 행복하게 잘 살게 됩니다.

이 민담에 나오는 '여우 누이'는 여성성의 파괴적인 측면을 나타낸다. 순수하고 순종적인 성격이 극단적으로 나타나는 이들을 제외하고는 아마 대부분 여성들의 잔인한 심성을 한 번 이상은 경험해 보거나, "여자가 남자보다 더 무서워."라는 말을 하게 된다. 하지만 여자가 더 무섭다, 남자가 더 무섭다 하는 이분법적 사고방식은 더 이상의 의미

있는 논의를 하지 못하게 만드는 공허한 선언일 뿐이다. 오히려 과연 여성성의 어떤 측면이 그만큼 파괴적이냐에 대해 묻는 것이 더 가치가 있을 것이다.

쉬운 세속적인 예를 한번 보자. 영화, 드라마, 소설들을 보면 버림받은 여성, 잊힌 여성, 패배한 여성들의 복수극, 질투, 치정 같은 소재들이 끊임없이 등장한다. 예컨대 심은하가 주연했던 「청춘의 덫」에서부터 최근의 「아내의 유혹」, 「아내가 돌아왔다」와 같은 드라마까지, 착한 여자가 나쁜 남자에게 복수하는 플롯이 최근 더 자주 등장하는 것 같다. 여성의 힘이 조금씩 강해지는 탓만은 아니다. 사악한 팜므 파탈의 모티프는 현대의 대중문화뿐 아니라 민담과 신화에서도 끊임없이 접할 수 있다. '파괴적 여성'의 심성은 장소나 시간과는 상관없이 우리 무의식에 늘 존재했지만 그동안은 너무 억압되어 있었다고 볼 수 있다. 그러나 이제는 오히려 진부하다고 느낄 만큼 대중문화에 많이 등장한다. 어쩌면 현대인에게 '파괴적인 여성성'이 풀어야 할 더 큰 숙제이자 미스터리라는 뜻이 아닐까.

'남성적 폭력성'이 성질나면 무아지경으로 휘두르는 둔기처럼 격하고 급하게 사람들을 파괴하는 반면, '여성적 폭력성'은 바늘로 찌르는 듯, 손톱으로 할퀴는 듯 정교한 방법으로 상대를 아프게 한다. 여기서 '남성의' 대신 '남성적'을 쓰고, '여성의' 대신 '여성적'이란 말을 쓴 까닭은 여성의 무의식에는 남성적인 폭력성이 있고 남성의 무의식에는 여성적 폭력성이 숨어 있기 때문이다. 생물학적 성과 반대의 성(性) 모습을 지닌 폭력성은 의식의 수면 밑에서 본색을 위장하고 있기 때문에 훨씬 더 통제하기 힘들다. 예를 들자면 나이 많은 여성들 중에 화가 나면 무자비한 킬러나 용맹무쌍한 장수처럼 물불을 가리지 않고 주위를 초토화시키는 이들이 있다. 젊어서 숨죽이고 있던 여성 안의 남성적 무의식이 나이 들면서 화산처럼 분출되기 때문이다. 남성들 중에도 겉으로는 점잖지만, 모략과 음모로 철저하게 사람들을 괴롭히는 이들이 있다. 파괴적 여성성이 남성의 무의식 안에 고도로 세련된 방법으로 숨어서 주위 사람을 도륙하기 때문에 그 술수와 음모를 피하기 힘든 경우다. 남성적 원한은 정치 쿠데타처럼 정면으로 돌파하는 경향이 있지만, 여성적 원한은 박테리아가 서서히 살 속을 파고 들어가듯 대상이 과정을 눈치 채지 못하게 파괴한다.

한 편의 공포 영화 같은 민담 「여우 누이」는 이와 같은 무의식의 여성성이 지닌 파괴적 측면을 어떻게 상징적으로 구체화시키고 있을까.

우선 부잣집 부부가 예쁜 딸만 편애하는 민담의 시작을 보자. 탄생을 간절히 소망하던 딸이 너무 어여뻐 부부는 아들 셋은 없어도 좋다고 한다. 하지만 딸이 태어난 후에는 소와 말 같은 짐승들부터 하나씩 죽게 된다. 이에 부부는 아들들에게 보초를 서게 해 그 괴물의 정체가 무엇인지 알아내려 하지만 셋째를 제외하고는 모두 졸음이 쏟아져 아무것도 보지 못한다. 콩 한 줌을 먹으면서 졸음을 쫓은 셋째 아들은 누이가 말의 간을 빼 먹는 장면을 보고 부모에게 그대로 고하는데, 이를 믿지 않는 부모에게 오히려 내쫓기고 만다.

이때 말과 소 등의 짐승은 인간의 건강한 신체적 에너지를 의미한다. 건강하지 못한 파괴적 여성 콤플렉스는 자신과 남의 육체를 병들게 한다. 예를 들자면, 여성들이 왕왕 질투와 분노의 감정에 휩싸이면 쓰러지거나 몸져눕는 등의 정신신체 증상 등을 보인다. 히스테리성 성격 장애의 경우는 몸이 마비되거나 경련까지 보이기도 한다. 남성들 역시 비슷하게 소화가 안 되거나 머리가 아프거나 발기가 되지 않

> 정신신체 증상Psychosomatic symptom이란 마음의 갈등을 몸으로 표현하는 것을 말한다. 빅토리아 시대나 20세기 이전 한국에서 여성들은 불만을 언어화할 수 없었고, 단지 몸이 아프다고만 말할 뿐이었다. 이런 영향으로 21세기에도 많은 사람들이 갈등을 일으키고 있는 대상과 대면하지 못하고 그저 아픈 것뿐이라고 말하거나 실제로 아프기도 한다. 위장병, 천식, 만성 피로, 신체 마비, 근육통, 피부병 등 많은 신체 질환이 이런 정신신체 질환에 속한다.

는 등의 증상을 보인다. 이는 파괴적 여성성이 건강한 신체를 고문하기 때문이다.

셋째 아들이 콩 한 줌으로 잠을 자지 않는다는 설정은 무의식의 파괴적 여성성을 일단 의식화시켜 제대로 볼 수 있어야 그 해결의 시발점을 찾을 수 있다는 뜻으로 해석할 수 있다. 예를 들어 보자. 아름답지만 자기 멋대로 사는 아주 이기적인 여성들의 충실한 머슴 노릇을 하며 사는 무지한 남성들이 의외로 적지 않다. 정신적으로나 육체적으로 실상은 여성에게 학대받으며 살면서도 자신들이 그런 처지에 있다는 것을 인식하지 못하는 아둔한 남성들이다. 여우 같은 마누라나 며느리 혹은 딸이나 심지어는 어머니가 꼬리 아홉 달린 구미호로 변해서 주위 사람들의 생명력을 고갈시키는 것을 막으려면 적어도 자신의 처지가 어떤지에 대해서는 제대로 인식해야 한단 뜻이 될 것이다. 하

지만 현실에서는 셋째 아들을 내쫓아 버리는 부모처럼 난폭하고 잔인한 여성성을 인식하지 못하는 이들이 더 많다.

홀로 세상을 방랑하게 되는 막내의 처지는 남성들이 파괴적 여성성과 헤어진 후 겪어야 할 '고아' 같은 처지를 상징한다. 고아가 '고아인 상황'을 극복하는 길은 자신과 같은 처지의 불쌍한 이를 도와줌으로 가능할 때가 많다. 여기서는 아이들의 놀잇감이 되어 괴롭힘을 당하고 있는 거북이를 구해 주는 상황으로 표현된다. 사람들은 사랑을 받을 때보다 베풀 때 훨씬 더 강인해지지 않는가.

거북이는 위험한 처지에 이르면 목을 딱딱한 등껍질에 숨겨 버리고 아주 천천히 이동하는 동물이다. 어떤 면에서는 사회적 관계를 적극적으로 만들어 가기보다는 자기 속에 숨어 버리는 경향이 있는 존재이다. 이는 고아가 영웅으로 변하기 위해 극복해야 하는 자폐적 경향을 의미한다고 볼 수도 있다. 보통 청소년기에는 남자아이들이 어머니와 싸우면서 독립된 자기를 주장하고 곧잘 혼자 공상에 빠지거나 성인 잡지나 웹사이트를 보면서 은둔형 외톨이로 지내는 시간들이 있다. 이를 일종의 '거북이'와 같은 상황 혹은 '겨울잠 자는 시기'라 할 수 있을 것이다. 또 거북이가 물과 뭍 양쪽에 살기 때문에 흔히 용왕의 메신저로 묘사되는 것과 마찬가지로 거북이를 인생의 서로 다른 막과 막을 연결해 주는 가교로 생각할 수도 있다. 무의식 속의 본능 수준에만 머물던 아이들이 서서히 의식화해 자신만의 자아를 만들어 가는 것, 또는 고아에서 한 여성의 남편으로 거듭나는 과정 등을 의미할 수도 있다.

　못된 아이들에게서 거북이를 구해 준 대가로 받은 함은 셋째가 살아가는 밑천이 된다. 약자를 도와주고 나서 받은 선물이 곤경에 빠진 주인공을 구해 주는 플롯은 많은 민담에서 되풀이된다. 아이들이 착하게 살라는 교훈으로 읽어도 좋지만, 한 걸음 더 나아가 인생에서 겪는 고통과 장애물들이 결국엔 보다 성숙한 인간으로 거듭나는 좋은 질료가 된다는 뜻으로 이해하면 더 좋다.

　모든 영웅들이 그러하듯이 어른으로서 어느 정도 자리를 잡으면 고달픈 자기의 인생이 시작된 어린 시절의 시발점으로 돌아가 다시 새롭게 시작하고 싶어 진다. 모처럼 행복하게 사는 남편이 그동안 묻어 두었던 과제를 재도전해 보면서 처음으로 돌아가 겪어야 할 고초를 미리 예상한 현명한 아내는 남편에게 보물 세 개를 손에 쥐어 준다. 노란 병, 파란 병, 빨간 병은 아내 곁을 떠나도 아내의 사랑을 운반해 주는 물건들이다. 현명한 아내들은 남편들이 큰일을 할 때 사사건건 징징대는 소리를 하거나 잔소리를 하며 장도를 막는 대신, 남편이 그 과정을 이겨 낼 수 있도록 알게 모르게 조용한 정신적 뒷심이 되어 준다.

　남성 무의식 속에 숨어 있는 여성성도 마찬가지이다. 어린 시절 자애로운 어머니와 따뜻한 누이 혹은 여선생이나 여자 친구로부터 받았던 긍정적인 격려와 사랑의 힘이 마음 한구석에 자리를 잘 잡으면 그 이후로도 오랫동안 남자들에게 자신감과 에너지로 작용할 수도 있다.

　이렇게 아내의 격려를 몸에 지니고 다시 고향을 찾아온 셋째의 눈에는 그러나 황량한 풍경만 펼쳐진다. 무서운 여우 누이가 마을의 모든 생명을 다 잡아 먹었기 때문이다. 누이는 이제 더 이상의 위장도 하지 않을 정도로 노골적이고 뻔뻔하게 변해 있다. 여성적 폭력성이 심각하면 의식의 자아는 무의식의 콤플렉스와 완전히 동일화되어 잔인한 괴물로 변한다. 최소한의 여과 장치조차 갖지 못한 복수의 화신, 음모의 달인, 잔인한 모사꾼들이 그들이다. 현명해진 셋째는 그런 여우 누이의 정체를 알고 일단 먼저 도망가지만 힘이 부친다. 그러나 잡혀 먹을 절박한 처지가 되자 아내가 준 병들을 던져 목숨을 구한다.

노란 병 속에서 나온 가시덤불은 이러저러한 곤경과 장벽에 멈추어 서야 하는 상황을 의미한다. 곤경과 장벽은 본인을 괴롭게 하기는 하지만 파괴적 여성성으로부터 분리되는 남성들이 겪어야 할 첫 번째 관문이다. 일단 넘어서기만 하면 오히려 가시덤불만 같던 삶의 질곡들이 장점으로 작용하여 자신에게는 보호막이 될 수도 있다는 뜻이다. 다음으로 파란 병을 던지니 시퍼런 강이 나온다. 강물 역시 사람이라면 누구나 거쳐 가야 하는 무의식의 항해이다. 건강한 여성성인 아내를 다시 되찾는 인생의 여정이기도 하다. 세 번째 빨간 병 속에는 시뻘건 불, 즉 넘치는 분노가 나온다. 파괴적 여성성에 대한 분노는 잘만 하면 삶에 대한 열성으로 작용하여 진정한 영웅으로 재탄생하도록 도와주기도 한다. 예를 들자면 어려서 계모나 못된 여자들에게 핍박받던 어린 소년이 그 분노를 승화시켜 아주 큰일을 해 낸다는 위인담이 그것이다.

이렇게 보면 여우 누이란 세상을 모르고 자라 바보 같던 셋째 아들이 독립된 하나의 근사한 남성으로 거듭 나기 위해 극복해야 했던 무의식의 위험한 여정이라는 점을 이해할 수 있을 것이다. 수메르의 이슈타르Ishtar 여신은 성스러운 여행을 떠나는 길가메시Gilgamesh의 얼굴에 황소를 던지면서 저주를 퍼붓는 무서운 여신이었지만 길가메시가 영웅으로 재탄생하는 데 꼭 필요한 존재였다. 유대 신화에도 이브 이전의 부인인 릴리스Lilith 역시 아담을 곤경에 빠지게 하는 나쁜 여신이지만 아담이 낙원을 떠나는 결정적 역할을 한다. 그리스 신화의 사이렌Siren, 스킬라Scylla, 키르케Circe와 같은 이들은 모두 남성들의 영웅적 여행 도중 위험한 상황에 빠지게 하는 여신들이었다. 파괴적 여성성은 남성과 여성의 의식과 무의식 모두에서 건강한 자아실현을 방해하는 동시에 역설적으로 그 속도를 배가시키는 특성이기도 하다. 팜므 파탈의 기원을 자본주의나 상업적 매체의 구조에서 찾는 것도 물론 의미가 있겠지만, 이렇게 인간 심성의 저 밑바닥을 살펴보면 인간 원형에 대한 이해가 조금은 더 깊어질 수 있다.

> 팜므 파탈femme fatale이란 단어가 우리나라에서 대중화된 것은 주로 영화나 드라마 매체 분석 때문이지만, 본래는 파괴적인 여성성이란 개념으로 심리학과 문학 이론에서 주로 쓰이던 단어였다. 요즘에는 옴므 파탈omme fatale이란 단어를 쓰면서 관계에 있어서 남성의 파괴적 측면도 주목을 하는 것을 보면 확실히 21세기는 양성적인 측면이 강조되는 시기가 아닌가 싶다.

우렁이 각시

— 무의식에 깃든 여성성

옛날 외롭게 사는 총각이 있었습니다. 우거진 밭을 갈면서 '이 밭을 일궈 누구랑 먹고 살지.'라고 혼잣말을 하니 "나랑 먹고 살지 누구랑 먹고 살아." 하는 목소리가 들렸습니다. 처음에는 누군가 싶었지만 계속 말을 걸다 보니 논 아래 커다란 우렁이가 있었습니다. 총각은 신기해하며 우렁이를 집으로 가져와 물동이 속에 넣어 두었습니다.

이튿날 총각이 들에서 일하고 집에 돌아오니 맛있는 밥상이 차려져 있었습니다. 그렇게 매일 밥상이 차려져 있자 총각은 하루는 들로 일하러 가는 척하고 몰래 숨어서 엿보았습니다. 그랬더니 물동이에서 예쁜 색시가 나와 밥을 차리고 있는 것입니다. 총각은 얼른 색시 소맷자락을 붙잡으면서 같이 살자고 했습니다. 우렁이 각시는 아직 때가 되지 않았다고 하였지만 총각이 하도 떼를 쓰니 그냥 살게 되었습니다. 신랑은 각시가 예뻐서 일하러 나가서도 얼른 집으로 돌아오곤 했습니다. 각시는 신랑이 일을 열심히 하도록 자기 그림을 그려 주고는 일하는 틈틈이 그것을 보게 했습니다.

그러던 어느 날, 신랑이 일을 하는데 갑자기 바람이 불어와 각시 그림이 하늘로 솟아올라 훨훨 날아가다 부잣집 마당(혹은 원님이 사시는 곳, 또는 임금님 행차 앞)으로 떨어지고 말았습니다. 그림을 본 부자(원님, 임금님)는 색시의 미모에 반해 내기를 하자고 합니다. 장기를 두어서 만약 신랑이 이기면 벼 1000석을 주고, 자신이 이기면 각시를 달라고 하였습니다. 집에 돌아온 신랑이 걱정이 되어 밥도 먹지 못하고 있자니 우렁이 각시가 자신이 파리가 되어 장기판에 앉을 테니 그대로 따라 두라고 합니다. 과연 파리가 앉는 대로 장기를 두었더니 쉽게 이기게 되었습니다. 약이 오른 부자는 이번에는 말을 타고 강을 건너뛰자는 내기를 하자고 합니다. 이번에도 집에 돌아와 걱정을 하고 있었더니 색시가 종이에 뭔가를 써 주면서 이 종이를 물에 던지면 강에서 말이 한 마리 나올 거라고 합니다. 다음 날 정말로 말이 나타나 부자를 이기고 벼 1000석을 다 가지게 되었습니다. 이번에는 부자 영감이 색시를 차지하려면 신랑을 죽이는 수밖에 없다고 하면서 싸움 내기를 하자고 합니다. 걱정을 하고 있으려니 색시가 종이에 뭔가를 써 주면서 이 종이를 물에 던지면 호리병이 나올 것인데 그 호리병을 열어 보라고 합니다. (혹은 다른 구전에서는 가락지를 주면서 물에 던지면 거북이가 나타나 호리병을 줄 것이라 한다.) 다음 날 각시 말대로 하니, 호리병에서 꾸역꾸역 사람들이 나오기 시작하는 것입니다. 호리병에서 나온 사람들이 부자 영감네 사람들을 몽땅 물리쳐서 신랑과 우렁이 각시는 오순도순 잘 살게 되었답니다.

외로운 총각이 논에서 가져 온 우렁이가 아름다운 낭자로 변해 총각이 필요한 모든 것을 소리 없이 해 준다. 그 어여쁜 솜씨에 반한 총각이 우렁이 낭자와 결혼하여 행복하게 살지만 마음씨 나쁜 부자(혹은 나쁜 왕)가 내기를 통해 우렁이 각시를 빼앗으려 한다. 그러나 우렁이 각시의 지혜로 이를 물리쳐 백년해로하게 된다는 옛이야기에는 남성이 무의식에서 어떻게 여성을 만나고, 또 그 여성성과 남성성은 어떻게 상호 작용하는지에 대한 상징이 숨어 있다.

우선 우렁이를 만난 장소가 총각의 일터인 논이란 점에 주목하자. 논은 물과 흙이 같이 있는 공간으로 벼를 추수하는 창조와 노동의 공간이다. 일터에서 만난 우렁이 낭자는 화려하다기 보다는 비천하고 하찮아 보일 수 있다. 식성이 좋아 유기물을 청소해 주고 한꺼번에 많은 알을 낳는 다산의 여성적 상징The pro-creative feminine이지만 딱딱한 껍질 속에 숨어 있는 여린 속살을 가졌다는 점에서 생물학적 여성 성기의 모습과도 유사하다.

또한 마치 마술사처럼 총각 모르게 집안일을 깔끔하게 해 놓는 우렁이 각시의 모습은 노동에 지친 남성들이 여성에게 투사하는 '돌보는 사람caretaker'의 상징이다. 강한 신체 구조에도 불구하고, 정신적 측면에서 남성들은 여성에 비해 훨씬 더 위로와 사랑에 목마르다. 고독하게 힘든 노동을 하던 농부 총각은 우렁이 각시를 만난 후에 비로소 행복한 삶의 의미를 찾게 된다.

부자(나쁜 왕)의 간계에서 총각을 구해 주는 역할 또한 남성이 여성

에게 바라는 무의식적 소망 중 하나다. '나쁜 왕'은 총각을 괴롭히는 외부의 적일수도 있고, 남성 안에 숨어 있는 권력을 향한 어두운 소망이기도 하다. 남성의 사랑과 행복을 파괴하는 무의식의 권력 콤플렉스가 왕으로 의인화해 나타났다고 볼 수 있다. 왕은 장기 내기를 하자, 말 타기 시합을 하자고 제안하는데 이는 남을 이기고자 하는 강박증에 사로잡힌 남성들의 병든 심리와 유사하다.

한편 우렁이 각시는 남성 속에 숨은 창조적 에너지인 '무의식 속의 여성성'을 의미할 수도 있다. 즉 희망도 꿈도 없이 단순한 노동을 하는 총각의 모습과 그림도 그리고, 밥도 맛있게 하며, 꾀를 부려 파리로 변신해서 장기 내기를 하는 우렁이 각시의 모습을 비교해 보자. 남자라고 무조건 힘쓰는 일만 해 왔다면, 인류 역사에는 문화나 기술의 발전이 없었을 것이다. 가만히 앉아 무언가를 생각해서 예쁘게 만들어 내고, 작은 일이지만 정성을 기울이는 것이 어떻게 여성만의 전유물일 수 있겠는가.

처음 우렁이 각시가 자신 때문에 일찍 돌아오려는 신랑이 들에서 일에 집중하도록 그림을 그려 주는 장면부터 보자. 그림이나 글은 실제의 현실적 대상은 아니지만 때로는 실제 이상의 힘을 발휘한다. 쉽게 이야기하면 짧지만 강력한 시 한 수, 오랜 세월 동안 감동을 주는 그림들은 그 글을 쓴 작가와 화가 개인의 힘 이상을 갖게 된다는 뜻이다. 그리고 어쩌면 바로 이런 현상이 인간이 상징symbol을 이해하고 친해지면서부터 인류에게 내려진 축복일 것이다.

그런데 바로 그 그림 때문에 주인공은 곤경에 빠지게 되는 것 역시 인생의 아이러니다. 이 또한 상징이 우리에게 미칠 수 있는 부정적 현상의 은유이다. 예컨대 좋은 시는 사람들의 마음을 아름답게 변모시킬 수 있지만, 악한 기운이 가득 찬 선동적인 언술은 대중들을 순식간에 악귀로 바뀌어 놓을 수도 있다. 히틀러, 무솔리니, 폴 포트, 스탈린 같은 독재자들의 연설이나 글은 얼마나 힘이 있고 간교한가. 음란 비디오, 폭력물 등도 마찬가지다. 일종의 하이퍼 리얼리즘 Hyper-realism 매체들은 어쩌면 진짜 매체들보다 더욱 강력히 사람들을 잔인하게 만들 수 있다. 바람에 날려 이리저리 왔다 갔다 하는 각시의 그림이 나쁜 권위라고 할 수 있는 원님, 임금, 혹은 부자 영감을 만나게 되는 과정이 넌지시 이야기해 주는 세상의 진실이다.

> 문화 분석에서 하이퍼 리얼리즘이란 지나치게 현미경으로 들여다보듯이, 혹은 현실보다 더 리얼하게 그리는 매체나 작품들을 말한다. 요즘의 소위 리얼리티 쇼의 이론적 배경도 이런 하이퍼 리얼리즘의 범주에서 이해할 수도 있을 것이다. 리얼리티 쇼에 등장하는 주인공들은 때론 현실이라고 믿기에는 너무나 비현실적으로 바보 같거나 우직하거나 미련하다. 그래서 사람들이 리얼리티 쇼의 리얼리티를 의심하는 것이 아닌가. 지나치게 사실적인 포르노그래피 역시 너무나 리얼해서 오히려 공감이 가지 않고, 현실감이 없을 뿐더러 에로틱하지도 않다.

그러나 이런 힘든 과정을 극복하는 것 역시 또 지혜로운 여성성이다. 우렁이 각시는 걱정만 하고 있는 신랑에게 하나씩 슬기로운 해법을 제시해 준다.

우선 내기 장기판에서 파리로 변신하는 모습을 보자. 파리는 더럽고 하찮은 동물이다. 그러나 이 장면에서는 자신의 몸을 숨기고 신랑을 보호해 주기 위한 완벽한 변신이 아닐 수 없다. 때론 이런 비천한 여성성도 사실은 이 사회에서 생존하기 위해서는 필요한 것이다. 예를 들어 보자. 군대에 처음 가면 애첩보다 더 애첩같이 고참을 위해 비루한 비위 맞추기를 해야 한다. 신입 사원이 되면 욱하는 본성을 누르고 윗사람이 시키는 하찮은 일은 무엇이든 해내야 하기도 한다. 결혼하게 되면 시어머니, 시누이, 손위 동서들이 요구하는 말도 안 되는 주문도 그냥 감내해야 한다. 그럴 때면 자신이 정말 파리보다 못하다는 생각이 들 수도 있을 것이다. 하지만 살아남으려면 그것을 참아 내야 하는 것이 인생이고, 그 인내의 와중에 예상하지 못하는 실과를 맛보기도 한다.

두 번째 말을 타고 강을 건너는 장면 역시 의미심장하다. '말'은 동물 중에서도 가장 생기가 넘치고, 운동성이 큰 동물 중의 하나다. 좋은 말을 타고 멋지게 달리는 사람들을 보면 누구 할 것 없이 헌헌장부 같다. 『삼국지』 같은 고대 소설이나 그리스 신화 등에서 영웅들은 예외 없이 멋진 말을 타고 나타난다. 신랑이 말을 타고 악한 권위를 가진 방해자와 경주를 해야 하는 상황은 남성들이 '무의식 안의 여성성이 가진 생명력'을 어떻게 의식화하고 현실에 적응하는지에 대한 비유일 수 있다. 즉 남성의 의식에 있는 강한 힘과 생기가 여성적 특성들과 만나지 못하면 그대로 죽어 버리고 말지만, 일단 의식화해 쌓을 이루면 무엇보다 큰 성취를 이룰 수 있는 것이다. 예컨대 성공한 예술가, 사업가, 정치가들을 보면 타고난 창조적 에너지와 함께 섬세한 배려심 등 타인에 대한 관계 형성 능력과 더불어 무언가를 끝까지 해낼 수 있는 잘생긴 '말'과 같은 추진력을 갖고 있다.

우렁이 각시가 가락지를 바다에 던지자 거북이가 나타나 호리병을 건네주어 나쁜 왕을 물리치는 과정도 잘 살펴보자. 가락지는 원(圓)의 형태를 갖고 있으며 종종 신성한 결합 상태를 되돌려 준다는 점에서 지고한 신성성과 맞닿아 있다.

바다는 보통 무의식을 의미하는데, 자신의 내부에 있는 무의식과의 신성한 합일을 위해서는 일단 무의식의 바다에 헤엄쳐야 한다는 사실은 심리 분석을 해 본 경험이 있는 사람이라면 아마 짐작할 수 있을 것이다. 그러나 이런 무의식에서 살아남으려면 호리병을 주는 거북이처럼 어려움을 오래 감내하는 과정을 거쳐야 한다. 거북이는 토끼와 내기를 해도 결국 이기고 마는 끈기의 동물이다. 느리지만, 오래 사는 영물이기도 하다. 거북이가 주는 생명의 물을 담은 호리병은 이런 여정에서 지치고 쇠잔해진 정신의 에너지를 다시 충전할 수 있는 도구 혹은 그릇을 의미한다.

외로운 총각이 자신의 짝을 만난 후, 나쁜 권력자가 꾸민 함정에 빠지게 되지만 슬기로운 여성적 지혜로 이를 극복하여 오랫동안 행복하게 산다는 우렁이 각시 이야기는 이렇게 남성이 무의식의 여성성과 만나, 진정한 자기Self로 통합해 가는 과정으로 이해할 수가 있다.

접동새 누이

— 병든 여성성의 사망

접동새(두견새) 누이는 아홉 명의 오빠와 부모님의 사랑을 받았지만 어느 날 어머니가 갑자기 죽게 됩니다. 새어머니는 딸만 내리 아홉을 낳았지만 구박을 받기는커녕 남편의 마음을 독차지합니다. 그것도 모자라 병이 났다고 속여 점쟁이와 짜고는 아들들 때문에 아픈 것이니 아홉 아들의 간을 먹어야 한다고 보챕니다. 계모의 성화에 못이긴 아버지는 아들들을 데리고 산으로 가지만, 차마 죽이지는 못하고 멧돼지를 대신 죽여 간을 꺼내고 아들들에게는 다시는 돌아오지 말도록 당부합니다.

멧돼지의 간이 아들들 것인 줄 안 계모는 그것을 먹는 척하며 자리 밑에 감추니 빈대, 벼룩, 바구미로 변하고, 부엌에 감추니 바퀴벌레, 쥐며느리, 지네로 변하고, 지붕 위로 던지니 솔개, 보라매, 독수리로 변합니다. 오빠들이 집을 떠난 후 홀로 남은 막내딸은 구박덩이가 되어 일만 하다 제대로 먹지도 자지도 못한 채 시름시름 앓다 죽어 접동새가 됩니다. 계모의 간계에 의해 집을 떠난 아홉 아들들이 모두 장원 급제해서 금의환향하게 되자 지은 죄가 무서운 계모는 일단 도망치지만 멧돼지의 간에서 변해 생긴 벌레와 짐승들이 계모를 공격하니 떡시루에 몸을 감춥니다. 그러나 숨어 있던 계모를 찾아내니 계모는 멧돼지로 변해 있고 아들들의 활을 맞은 멧돼지는 다시 까마귀로 변한다. 누이가 변한 접동새는 그래서 까마귀가 없는 밤에만 나타나 슬피 울며 다닙니다.

아홉 명의 오빠에게 닥친 시련과 누이의 죽음은 여성의 무의식에 숨어 있는 남성성인 아니무스Animus와 남성 무의식 속의 여성인 아니마 형성 과정의 상징으로 이해할 수가 있다. 아홉 명의 오빠란 존재는 여성 내부에 남성적인 에너지는 지나치게 많은데 여성적인 에너지는 너무 약하고 부족하다 보니 여성이 겪어야 하는 어려움을 뜻할 수 있다. 현실에서 오빠만 아홉을 둔 막내 여동생들은 사랑을 많이 받아 응석받이가 되기도 하지만, 반대로 억센 오빠들에게 치여 종종 놀림감이 되거나 구박받아 오히려 배려 깊고 정이 많은 여성으로 성장할 수도 있다. 막내딸이 안쓰러운 부모님의 과잉보호로 철없고 이기적인 여성이 될 수도 있으나 반대로 어머니의 동무이자 버팀목 역할을 하거나 아버지의 애인 노릇을 하면서 남에게 베풀기만 하는 사람으로 성장하기도 한다. 또 오빠들과 놀다 보면 막내 여동생은 자신이 여성이란 점도 잊고 남자처럼 살게 될 수도 있다. 남자 위주의 세계에서 생존하려면 여성성의 가치는 인정하지 않고 마치 남자인 듯, 여성의 정체성을 잃어버리게 되는 여성들처럼 말이다. 남장을 하고 정치인이나 군인이 되는 여성, 속된 말로 '치마만 걸쳤지' 사실은 남자인 여성들도 있다. 이런 여성들을 분석 심리학에서는 '아니무스 여성'이라고 표현하기도 하는데 때론 남성보다 더 가혹하고 무서운 여성들일 수 있다. 철의 여성이라는 영국의 대처 수상, 영국이라는 대 제국을 일으킨 엘리자베스나 빅토리아 여왕, 중국의 측천무후나 서태후 같은 이들이다.

오빠를 아홉이나 두고 아버지도 있는 접동새 누이가 어머니를 잃고 나서 비참한 처지가 되는 것은 접동새 누이의 아니무스는 아직 제대로 성숙하지 못했는데, 누이를 돌봐 줄 부성과 모성이 제대로 역할을 못하는 상황을 묘사한다. 아버지는 아이에게 안전한 구조를 제공하고 사회적 역할을 가르쳐 독립할 준비를 해 준다면, 어머니는 부성이 제공하는 구조 안에서 아이가 따뜻한 사랑을 배우고 실천할 양분을 준다. 그러나 현실에서는 접동새 누이의 상황처럼 부모의 사랑이 모두 부족한 이들이 많다.

오빠들이 과거에 급제하여 힘을 받게 되니까 도망가는 계모란 또 무엇을 말하는가. 아니무스를 잘 발달시키려면, 모성 콤플렉스의 부정적인 측면(본능적인 이기심, 내 가족만 챙기려는 태도, 주변 사람을 거짓말과 모략으로 조종하고 협박하려는 행동, 냉혹한 질투 등등)과 대결해야 한다는 것의 비유일 수 있다. 이상화된 어머니는 한없이 돌보고 사랑만 주겠지만, 현실의 어머니들은 실제로는 자식과 주변 사람의 건강을 갉아 먹고^{devouring}, 자기 마음에 안 맞으면 인연을 끊어 버리겠다, 엄마 죽는 꼴 보겠느냐 라는 등으로 협박하는^{threatening} 비인간적인 측면도 같이 가지고 있다. 아들들이 물리친 멧돼지와 누이가 죽어 접동새가 되어서까지 무서워하는 까마귀는 모성의 이러한 어두운 측면을 암시한다.

접동새 누이는 아들만 둔 부부가 딸을 고대하다가 낳은 「여우 누이」 민담과 얼핏 비슷한 파괴적 상황에서 시작한다. 여우 누이는 가축들과 가족, 더 나아가 온 마을 사람들을 몰래 잡아먹는 악한 여성이지만, 접동새 누이는 반대로 사악한 새어머니에게 죽임을 당하는 무력한 여성이다. 이미 앞에서도 언급한 바 있지만, 주변의 생물을 몽땅 잡아먹는 사악한 여우 누이는 남성이 투사하는 부정적인 '아니마'로 이해하면 쉽다. 아니마가 긍정적으로 작용하면 남성들은 그 아니마와 사랑에 빠져 영감과 에너지를 얻고 다른 사람들과 좋은 관계를 맺을 수 있지만 아니마가 부정적으로 작용하면, 남성들은 파괴적인 사랑에 빠져 자신의 삶을 망치게 된다. (파괴적인 사랑의 대상은 꼭 여성뿐 아니라 술, 도박, 마약이나 예술이 될 수도 있다.) 남성이 제대로 성장해서 자아의 통합을 이루려면 이와 같이 미숙한 아니마를 극복해야 하듯이, 여성 역시 미분화된 아니무스를 제대로 보고 통합시켜야 하는 과제를 지닌다. 접동새 누이는 죽고 누이의 아니무스인 오빠들이 뒤늦게 과거에 급제했지만 결국 누이를 구하지 못하게 되는 상황은 남성 중심 사회에서 건강한 아니무스를 발전시키지 못하는 여성들의 운명을 비유하는 것일 수

> 여성들 중에는 남성들보다 훨씬 더 폭력적이고, 훨씬 더 이성 중심적이고 냉혹해질 수 있는 사람이 존재한다.

도 있다.

빈대, 벼룩, 바구미에 쏘이고 바퀴벌레, 쥐며느리, 지네에 물리고 솔개, 보라매, 독수리에 물리는 이유 역시 심리학적으로 설명이 된다. 아니무스가 너무 미숙해서 인간으로서의 기능을 제대로 하지 못하는 경우 여성들은 남성에게 빈대나 벼룩, 바구미처럼 의존하면서 살 수 밖에 없다. 그보다는 한 단계 위인 듯 보이지만 역시 왜곡되어 있는 여성들의 경우는 자신의 욕망을 채우기 위해 병적인 아니무스가 작동해서 모략과 거짓말을 밥 먹듯 할 수 있다. 마치 바퀴벌레, 쥐며느리, 지네처럼 다른 사람들을 불쾌하게 하거나 해치는 것이다. 또 지나치게 아니무스가 강한 쪽으로만 발전하면 솔개나 보라매, 독수리처럼 무섭게 상대방을 공격하고 파괴할 수 있다. 모두 미숙한 아니무스 탓이다.

접동새 누이가 끝내 오빠를 기다리지 못하고 죽어 버린 설정은 그림 형제의 동화 「여섯 마리 백조」와는 비슷하면서도 다르다. 여섯이나 아홉은 모두 일곱이나 열 같이 완전한 사이클을 만들기 직전의 숫자이다. 7은 일주일의 한 단위이다. 성경은 물론, 동양에서도 우주의 행성 즉, 해와 달, 화성, 수성, 목성, 금성, 토성을 한 묶음으로 한 주일을 만들었다. 달의 주기가 28일이니 7이 네 번 반복되면 한 달이 된다. 10은 인간의 손가락을 보면 알 수 있듯이 십진법의 단위이다. 원시인들 중에는 10이 넘으면 더 이상 세지 못하고 너무 많은 숫자라고 표현한 이들이 있다. 그만큼 7과 10은 완성된 숫자란 뜻이다. 백조 왕자의 누이나 접동새 누이 모두 자신의 인격을 완성하는 데 무언가 모자라다는 것을 뜻한다. 그림 형제의 동화에선 계모에 의해 여섯 왕자가 백조로 변한 후 홀로 남은 여동생이 다른 왕과 결혼하여 왕비가 되었으나 못된 시어머니의 간계로 사형당할 위험에 처하게 된다. 그러나 감옥에서 쉬지 않고 만든 옷을 오빠가 입고 다시 사람이 되면서 진실이 드러나 시어머니는 화형당하고 왕과 왕비 여섯 오빠가 모두 행복하게 살게 된다. 그림 동화의 주인공은 아이를 세 명이나 낳고 옷을 짬으로 인해서 시어머니를 물리치고 행복을 쟁취하는데 반해 접동새 누이는 죽어 새로 변하고 만다. 접동새 누이는 시키는 일만 노예처럼 하다 죽었지만 백조들의 누이는 옷을 짜는 행위weaving를 적극적으로 했기 때문에 살아남을 수 있지 않았을까. 여성의 아니무스가 주체성을 갖고 자신의 운명을 개척해 나가야만, 남성의 아니마로서의 피동적 역할에서 벗어나 진정한 자기 자신을 찾을 수 있다는 뜻이다.

인간은 본래 양성적인 존재hermaphrodite로 수태되었지만, 자연과 사회에 적응하다 보니 의식에서는 한쪽 성의 특징만 지나치게 발전시키며 성장하게 되기 쉽

> 태아의 자궁 내 발달 과정을 보면 초기에는 남성과 여성이 공통의 생식기를 갖고 있는 것을 관찰할 수가 있다. 즉 양성을 모두 갖고 있는 태아가 유전자가 결정한 대로 일정 시기가 되어 성 호르몬을 분비하면서 성기가 분화되어 간다. 이런 개체 발생의 원형적 상황은 신화나 전설에서도 반복되어 등장한다. 그리스 신화에서도 헤르마프로디테(아프로디테와 헤르메스의 아들로 에로스와는 형제)는 양성 신으로 등장하고, 실제로 꿈의 분석 과정 중 양성적 존재와의 만남을 많이 경험할 수가 있다.

다. 그러나 보다 완전한 인간으로 살려면 여성은 무의식속에 있는 남성적 측면을 부정하지 않고 성숙시켜야 하며, 남성 역시 무의식의 여성성을 왜곡시키거나 억압하지 말아야 한다. 관습적인 성 역할에 순응

하라는 '여성은 여성답게 남성은 남성답게'에 집착하는 것보다, 미래에는 모두 반대 성(性)의 특징까지 아우르는 양성적 인간형을 지향해야 하지 않을까.

가시내

— 건강한 여성

옛날 씩씩한 여자애가 살았습니다. 날마다 온 산과 들을 휘젓고 다니면서 돌팔매에 토끼 잡기, 황소 등 올라타기 같은 놀이를 하면서 놀았습니다. 다른 어른들은 여자아이가 그렇게 논다고 혀를 쯧쯧 찼지만 아이는 아랑곳하지 않았습니다. 그런데 나라에 큰일이 났습니다. 이웃 나라가 쳐들어온 것입니다. 마을마다 남자들이 전쟁터로 달려갔습니다. 여자아이도 전쟁에 나가 싸우겠다고 하였지만 모든 사람들이 말렸습니다. 그래서 몰래 군대로 갔더니 장군님이 계집아이가 어떻게 전쟁을 하냐고 물리치는 것이었습니다. 아이가 아무리 화살을 잘 쏘고 창을 잘 던져도 장군은 허락하지 않았습니다. 할 수 없이 아이는 장군 앞을 물러났습니다.

그런데 쳐들어온 외적들이 너무 힘이 세서 아무리 애를 써도 장군의 부대가 밀리게 된 것입니다. 이때 웬 갓을 쓴 아이가 말을 타고 나타나서는 적진으로 뛰어들어 돌팔매질을 하면서 적군을 물리치기 시작했습니다. 적군은 깜짝 놀라 우왕좌왕 하다 전쟁에서 패해서 물러나게 되었습니다. 군사들이 "와, 갓 쓴 애!" 하고 외치기 시작했고 장군도 갓 쓴 애를 칭찬하면서 누군지 보자고 했습니다. 아이는 바로 그 개구쟁이 여자아이였던 것입니다. 그때부터 사람들은 여자아이를 보고 갓 쓴 애라고 했는데, 그 말이 변해 가시내가 되었답니다.

"갓을 쓰고 무사가 되어 종횡무진 활약하니, 이름 하여 '갓 쓴 애'가 되었다. 한데 그 말이 조금씩 바뀌어 갓 쓴 애→가스내→가시내로 변했다더라."라고 요약할 수 있는 경북 지방의 민담 「가시내」는 단순한 플롯이지만 여성 속에 숨어 있는 영웅 원형 hero archetype을 깊이 생각하게 만들어 주는 좋은 이야깃감이다.

사회의 고정 관념에 기대자면 '영웅'에 대한 이미지와 영화나 드라마에 등장하는 힘세고 젊은 남성의 이미지가 먼저 겹쳐질 것이다. 용감하게 악인을 물리치고 아름답지만 연약하고 의존적인 여성을 구하는 멋진 왕자님이 등장하는 판타지는 남성과 여성 모두가 꿈꿀 수 있는 영웅 환상이다. 하지만 남성은 완력을 쓰는 힘센 구원자, 여성은 보호를 받는 무기력한 피해자로서의 이런 영웅 환상은 남아와 여아 모두의 정신적 성장 발달에 적지 않은 부정적 영향을 끼친다.

우선 남성 입장에서는 '남자다움'은 곧 '신체적인 힘'과 '상대방을 제압하는 것'이라는 잘못된 등식으로 인해 부적절하게 완력을 쓰거나 몰려다니면서 패싸움을 하는 가짜 영웅을 숭배할 수가 있다. 예컨대 청소년 시기부터 20대까지 이른바 깡패나 건달 노릇을 하는 이들은 자신들의 폭력적 성향이 남자다움의 상징이라고 오인한다. 이런 경향이 중년을 지나 노년에도 계속되어 학력이나 지위에 상관없이 도당을 만들어 세력 싸움을 하고 권력 다툼을 하는 것을 남자다운 모습이라고 착각하는 것이다.

영웅에 대한 잘못된 이해는 여성의 성장을 다른 측면에서 왜곡시킨다. 스스로 자신의 인생을 개척하기 보다는 영웅적인 남성을 만나 신분 상승도 하고, 호화롭게 살기도 하고 싶어 하는 무임승차 심리를 키우는 것이다. 내 안에 있는 영웅 원형을 보지 못하고 오로지 외부에 투사하기 때문이다. 또 반대로 미숙한 남성을 흉내 내어 걸핏하면 싸움닭같이 되고, 남자 못지않은 권력욕에 휩싸인 무자비한 여성이 되기도 한다.

20세기에 들어 여성적 특성과 남성적 특성이 과연 만들어지는 것이냐, 타고나는 것이냐에 대한 논란은 의학계와 사회 과학 영역에서 계속되어 왔다. 예컨대 강보에 싸일 때부터 여자 아기에게는 인형과 소꿉장난, 붉은색 계열의 옷을, 남자 아기에게는 총과 자동차, 푸른색 계열의 옷을 주기 때문에 아이들은 자라면서 성별 특성에 대한 고정 관념을 갖게 된다는 사회학적 입장이 있다. 반대로 남성 호르몬인 테스토스테론testosterone이 폭력적인 성격, 진취적이고 적극적인 태도와 관계가 있고 여성 호르몬인 에스트로겐estrogen이 돌보고 가꾸는 태도와 관계가 있다는 의학적 연구들도 있다. 또 의료 사고로 남성의 성기가 유아 시절 제거된 후 여성으로 수술을 해서 아이를 키웠지만, 결국 그 아이는 유전자적 특성에 따라 남성으로서의 삶을 살게 되었다는 사례 보고도 있다.

어느 한쪽의 주장만 전적으로 옳다고는 할 수 없고 '유전과 환경적 요인 모두가 성 역할의 차이를 만드는 과정에 영향을 미친다.'라는 것이 그래도 가장 타당한 결론이 될 것이다. 물론 극단적인 일부 페미니스트의 입장에서는 여성과 남성의 심리적, 사회적 차이를 인정하는 것 자체가 성 차별이라고 보기도 하고, 어떤 보수주의자들은 여성들이 남성의 영역을 침범하고 남성들이 여성적인 일에 참여하는 것이 사회의 아름다운 질서와 전통을 깨트리는 것이라고 주장하기도 한다. (세상에는 중도적 태도를 가진 사람도, 극단적인 관점을 가진 사람들도 있으니 자신과 의견과 태도가 다르다고 너무 열을 내고 싸울 필요는 없지 않을까.)

어떤 관점이 옳으냐에 대해 관점의 옳고 그름을 판정하기 이전에, '여성은 이렇다.' '남성은 이렇다.'라는 논의 자체에 내재되어 있는 전체주의적 폭력성을 먼저 고려해야 한다고 본다. 즉 성, 민족, 인종, 지역에 따라 '여자는……', '한국 사람은……', '흑인들은……', '경상도 사람들은……' 하는 식으로 자신이 갖고 있는 고정 관념을 마치 절대불변의 진리인 양 단순하게 일반화하는 흑백론과 이분법이 훨씬 더 위험하고 공허한 것이기 때문이다. 여성은 어떻고 남성은 어떻고 하는 식의 성급한 결론을 내리기 보다는 오히려 역사 속의 영웅적인 여성 개인 개인을 재조명해 보통 사람들의 차별적 고정 관념을 해체하는 작업이 훨씬 더 값진 것이라 믿는다.

예컨대 디즈니 만화로도 새롭게 구성된 북위 시대의 화무란(花木蘭), 무하마드와 겨루었던 여 전사 힌드 알 허넛 Hind al-Hunnud, 기원전 8세기 경 유대의 여 판관이자 전사인 드보라 Deborah, 영화 등으로 친숙한 이집트의 클레오파트라, 셰익스피어의 연극 「리어 왕」에서 새롭게 재구성된 고대 브리튼 Briton 왕국의 코델리아 Cordelia, 프랑스의 잔 다르크, 장미 전쟁을 이끌었던 마가렛 여왕, 우리나라의 논개 같이 기개 있는 여성의 삶들이 보다 구체적인 형태로 일반인의 의식과 무의식에 깊이 각인될수록 남성과 여성 모두 성에 대한 편견에서 해방되는 데 도움이 될 것이다.

그래서 특히 여성에 대한 가부장제적 횡포가 뿌리 깊은 경북 지방에서 「가시내」와 같은 민담이 전해지는 것이 의미가 있다. 원래의 합리적인 초기 유교와는 달리 일부 폭력적인 남성들에 의해 왜곡된 유교 전통 때문에 '북어와 마누라는 삼 일에 한 번은 패 주어야 한다.'는 속담까지 있는 우리나라지만 실제로는 어느 나라 못지않게 강인한 것이 우리나라 여성들이다. 어쩌면 여성의 생활력과 기개가 대단한 점 때문에 남성이 만든 가짜 유교 이데올로기를 이용해 여성의 건강한 정신을 더욱 억압했던 것은 아닐까.

한국의 여성 영웅담으로 잘 알려져 있는 고대 소설 『박씨 부인』의 경우는 영웅적인 활약을 통해 아름다운 여성으로 변모했다. 갓 쓰고 남성으로 변장한 「가시내」는 심리학적으로 박씨 부인과 그 의미가 유사한 부분이 많다. 물론 박씨 부인을 「미녀는 괴로워」 같은 영화처럼 '추녀'에서 '아름다운 여성'으로 변하게 되는 데만 초점을 맞추면 매우 반여성적인 소설이라고 할 수 있을 것이다. 하지만 아름다운 여성으로의 변신을 보다 상징적으로 이해해서 박씨 부인이 본래 갖고 있던 성숙한 인간적 매력이 구체적으로 나타나는 것이라고 받아들일 수 있다. 추한 외모라는 허물, 혹은 껍질을 벗기 위해서는 고난과 역경을 극복하고 진정한 영웅으로 거듭나야 한다는 뜻이다.

그렇다면 갓만 썼는데도 남자로 인정받아 무사로 신나게 활약해서, 마침내 모든 여성들의 전범(典範)이 되어 "집집마다 여자아이가 새로 태어나면, 가시내처럼 씩씩하게 자라라고 가시내라 부르며 좋아했다."라는 후일담까지 낳게 한 민담 「가시내」 이야기 중 특히 '갓'이 갖는 심리적 의미는 무엇일까. 여자에게도 남자와 같은 사회적 역할, 즉 페르소나가 필요하며, 그런 페르소나가 적절하게 만들어져야만 여자도 사회의 구성원으로서 훌륭하게 기능할 수도 있다는 상징이라고 해석해도 무방할 것이다.

신경학자 올리버 색스 Oliver Sacks가 쓰고 오페라로도 다시 만들어진 『아내를 모자로 착각한 남자 The man who mistook his wife for a hat』 이야기처럼 과거, 모자는 자신의 신분을 나타내는 매우 중요한 도구였다. 우리나라의 경우 고구려 고분 벽화에도 모자로 신분을 구별하였고 조선 시대에 들어와서는 신분에 따라 삿갓, 방갓, 패랭이, 초립, 흑립, 전립, 주립, 백립 등을 달리 썼다 한다. 갑신정변 다음 해에는 천인도 갓을 쓰게 되고 단발령으로 갓 대신 중절모를 쓰게 되면서 갓에 의한 사농공상의 구별이 완전히 해체되었다고 한다. 유럽이나 중국에서도 역시 모자는 남성의 신분과 지위를 나타내는 상징이었고, 여성의 경우는 장식적 기능과 함께 소비 수준의 상징이었다고 할 수 있다. 현대의 남성들이 중절모를 버리고 야구 모자나 털모자 등을 평등하게 쓸 수 있게 된 것도 아마 모든 인간의 평등을 지향하는 현대 민주 국가의 이념과도 잘 들어맞는 것 같다.

주부 역할, 누구의 어머니, 아내, 딸과 며느리 등 누구와의 관계로만 그 존재 가치가 주로 자리매김 되는 여성들이지만, 사실은 남자들처럼 직함도 갖고 싶고, 무슨 무슨 단체의 장(長)도 하고 싶은 게 정직한 본심인 경우가 많다. 자세히 보면 여성들이 학부모회, 동창회, 부녀회, 동호회 등등에서 남자들 못지않은 무서운 권력 투쟁과 암투를 벌이는 것도 심심치 않게 관찰할 수 있다. 더 힘세고 높은 자리를 차지하느라 누가 누구누구와 딱 붙어 몰려다닌다는 둥, 속 보이게 누구에게만 더 잘한다느니, 누구에겐 또 어떤 아첨을 하느니 하면서 말도 많고 탈도 많은 권력 다툼을 하는 것이 사실상 여자들의 집단일 수도 있다. 이런 상황을 융 분석 심리학에서는 여성의 부정적인 아니무스가 무의식에서 콤플렉스로 작용하여 본인과 주위 사람들을 괴롭힌다고 해석한다. 따지고 보면 시어머니와 며느리, 시누이와 올케의 갈등도 누가 가정사에서 곳간 열쇠를 쥐느냐, 의사 결정을 하느냐를 갖고 싸우는 일종의 권력 다툼인 셈이다. 이럴 때 여성들은 죽창과 칼로 무장하고 뾰족뾰족한 흉기가 장치된 매우 무서운 모자를 쓴 권력 콤플렉스에 사로잡힌 것으로 표현할 수도 있다.

여성들이 「가시내」처럼 긍정적인 페르소나를 지닌 진정한 영웅으로 다시 태어날지, 아니면 남성들보다 오히려 더 흉측한 모습으로 권력에 집착해 의리도 명분도 다 잃고 공중분해 되고 말지 아마도 그 열쇠는 무의식 속 자신의 콤플렉스와 영웅 원형을 얼마나 잘 파악하고 다룰 수 있느냐에 달려 있을 것이다.

2장
달콤한 사랑, 쓰디쓴 눈물

선녀와 나무꾼

― 사랑의 생성, 변화와 소멸

(홀어머니와 살고 있는) 가난한 나무꾼에게 노루가 나타나 사냥꾼에게 쫓기고 있으니 숨겨 달라 청합니다. 나무꾼은 노루를 숨겨 주고, 노루는 감사의 표시로 하늘에서 내려오는 선녀들이 목욕하는 장소를 알려 줍니다. 노루는 날개옷을 감추면 그 선녀와 결혼을 하게 될 것이지만, 아이가 넷이 될 때까지는 옷을 주지 말라고 당부합니다.

보름달이 뜬 날, 나무꾼은 그 장소에 가서 날개옷을 감추고 선녀와 결혼을 하게 됩니다. 아이가 셋이 되자 선녀가 옷이 어디에 있는지 가르쳐 달라 하고, 아이가 셋이나 있으니 괜찮을 것이라고 생각한 나무꾼이 옷을 꺼내 줍니다. 선녀는 옷을 보자 아이 하나는 업고 두 아이는 안고 하늘로 올라가 버립니다. 낙심한 나무꾼에게 노루가 다시 나타나 박씨를 주고 이 박씨가 자라 하늘에 올라가는 다리 역할을 하게 됩니다. (다른 구전에서는 하늘에서 두레박이 내려오는 날을 노루가 가르쳐 주어 두레박을 타고 올라가는 것으로 되어 있다.)

하늘에 올라간 나무꾼은 옥황상제를 만나 선녀를 돌려 달라 하지만, 선녀의 두 언니와 형부들이 훼방을 놓습니다. 옥황상제는 하늘에서 살기 위해서 자신이 내 놓은 세 가지 시험에 모두 통과해야 한다고 말합니다. 첫 번째는 수탉이 된 두 동서(혹은 옥황상제)를 다른 닭들 사이에서 찾아내는 것입니다. 두 번째 숙제는 옥황상제에게 들키지 않는 시험인데, 선녀는 귀에다 실 꾸러미를 달아 주면서 웃거나 재채기를 하지 않는 한 옥황상제에게 보이지 않는다고 귀띔해 줍니다. 세 번째 시험은 옥황상제가 쏜 금 화살을 다시 찾아오는 것입니다. 이번에도 선녀는 명마가 아닌 비루먹은 여윈 말을 골라 타고 가라 합니다. 선녀는 "큰 기와집에서 외동딸이 화살을 맞고 죽어 있는데 단, 그 앞에 죽어 가는 까투리 한 마리는 절대로 건드리지 말라."고 당부합니다. 그러나 나무꾼이 선녀의 부탁을 잊어버리고 까투리를 건드리고 나니 언니와 형부가 변한 독수리와 매가 나타나서 금 화살을 채가고 말지만, 다시 선녀가 금 화살을 되찾아 옵니다. (다른 구전에서는 나무꾼의 헛간에 와서 음식을 얻어먹던 쥐의 도움으로 금 화살을 찾게 되지만, 솔개로 위장한 언니들에게 금 화살을 뺏기고 다시 그 금 화살을 선녀가 찾아 주는 것으로 되어 있다.)

나무꾼은 하늘에서 행복하게 살게 되었지만 땅에 홀로 두고 온 어머니를 잊을 수 없어 괴롭습니다. 선녀는 하늘의 말을 주면서 땅에 발을 디디게 되면 다시는 하늘로 돌아 올 수 없을 것이라고 경고합니다. 땅으로 내려온 나무꾼은 말에서 내리지는 않지만, 뭐라도 먹고 가라는 늙은 어머니가 주는 호박죽을 먹다가 실수로 말 잔등에 엎질러 버리고 맙니다. 천마가 놀라 뛰는 바람에 나무꾼은 다시 하늘에 오를 수 없게 되어 울다 한 마리 닭이 되고 맙니다.

사랑에 빠지면 연인들은 그 사랑이 영원하길 바란다. 결혼할 때도 괴로울 때나 슬플 때나 부부의 정이 변함없이 계속되기를 모두가 기원한다. 그러나 희망은 희망일 뿐, 현실에서 한때는 찬란했던 사랑이 변해 상처받고 절망에 빠지기도 한다. 그런데 또 세상살이란 오묘해서, 그렇게 한번 떠난 사랑이 다시 오지 않을 것 같지만, 다른 형태의 사랑이 다시 찾아와 우리를 구원하기도 한다. 절대로 용서 못할 상대방을 다시 포용하며 살다 보니 똑같은 상대와 오히려 그전보다 더 성숙한 관계를 갖기 되기도 하고 뜻밖의 사람과 전혀 다른 사랑을 꽃피우면서 과거의 상처를 잊기도 하는 것이다.

「선녀와 나무꾼」 이야기는 그와 같은 사랑의 생성과 변화 소멸과 재탄생의 과정 속에 숨어 있는 비의(秘儀)들을 우리에게 말해 준다. 사냥꾼에게 쫓기는 사슴, 혹은 노루를 나무꾼이 구해 주는 첫 장면은 사랑이 싹트는 시점에 일어나는 마음의 변화와 비슷하다고 볼 수도 있다.

> 죽음과 부활death and rebirth 혹은 소멸과 재탄생은 심리 분석 상황에서 매우 중요하게 다루는 과제이다. 환자들이 분석을 받고자 했을 때는 대개 마치 죽을 것 같은 고통, 혹은 죽고 싶다는 마음, 또는 지금까지의 내가 죽은 것 같다는 심정에 빠진 경우이다. 이집트의 신 오시리스Osiris부터 예수의 부활까지 많은 종교에서 다루고 있는 재생과 부활은 심리적으로 보자면, 매일 죽고 새롭게 태어나는 과정에서도 되풀이된다. 앙드레 지드도 그의 시에서 쓰지 않았던가. 하루를 끝내면서 죽음을 생각하고 또 하루를 다시 시작하면서 부활을 경험한다고!

조금 더 구체적으로 살펴보자. 사슴이나 노루는 녹용의 재료가 되는 뿔을 지닌 동물이다. 녹용은 양기를 활성화시키는 효능을 가졌고, 사슴의 뿔이 마치 나무처럼 하루하루 자라기에 더 신비한 약재이다. 또한 사슴은 가족 단위로 움직이면서 어미가 새끼를 정성스럽게 돌보는 가족 중심적 동물이다. 사슴을 만났다는 설정은 바야흐로 나무꾼의 양기가 충천해서 가정을 이룰 수 있는 신체적, 심리적 준비가 되었다는 뜻이라고 볼 수도 있는 것이다. 나무꾼은 산에서 혼자(혹은 늙은 어머니와) 외롭게 사는 사람이다. 결국 새로운 가족을 만들어 낼 수 있는 여성성이 결핍된 존재인데, 사슴을 구해 주는 설정은 외로운 남성성이 새로운 여성성을 만날 수 있는 환경이 움트고 있다는 것을 의미한다.

반대로 사냥꾼은 이런 생명력을 단번에 죽여 버리는 파괴적인 에너지라고 할 수가 있다. 나무꾼이 숲에서 자기 등에 질 만큼의 나무를 해 가는 식물적 존재라면, 사냥꾼은 살아 있는 짐승을 죽이는 공격적 성정을 가지고 있다. 나무꾼이 사냥꾼을 속여 사슴을 구해 주는 장면은 폭력적이고 충동적인 청소년 시기를 지나 보다 평화적으로 여성과 친밀한 관계를 맺을 수 있는 청년 시기에 도달했다는 의미이기도 하다. 실제로 성적 발달이 시작되는 사춘기 이전의 잠복기 latency에는 남자 어린이와 여자 어린이들이 서로를 매우 싫어하거나 경쟁적으로 지내는 것을 볼 수 있다. (사춘기

> 잠복기란 발달 심리학 용어로 사춘기 이전, 자신의 성적 역할에 대해 확실하게 받아들이지 않고, 동성 간의 유대감과, 부모에 대한 충성 등에 집중하는 시기를 말한다. 실제로 이 시기에는 성호르몬이 성징을 갖출 수 있도록 분비되지 않아 중성적인 특징을 갖게 될 수도 있어서 여학생들이 훨씬 더 남성적이고 남학생들이 훨씬 더 여성적인 면을 보이기도 한다.

가 빠른 요즘엔 이런 잠복기 상태에 있는 아이들을 보기가 점점 어려워지고 있다. 벌써 초등학교 2~3학년만 되면 내 남자 친구가 어떻고, 여자 친구가 어떻고, 뽀뽀가 어떻고 연애가 어떻고 하는 이야기를 하는 아이들이 많다. 매스컴과 어른들의 대담한 성 담론 덕일까? 프로이트 시대에 설정해 놓은 잠복기에 대한 정의도 그래서 사실은 수정해야 되지 않나 싶다.)

그러나 이런 잠복기를 지나면 대부분의 남학생과 여학생은 서로에 대해 호기심과 관심을 표현하면서 마치 자석의 서로 다른 극이 끌어당기는 것처럼 서로에게 이끌린다. 자신의 생명을 구해 준 대가로 사슴이 나무꾼에게 선녀가 목욕하는 장소를 가르쳐 주는 것은 일단 이렇게 어린 남성과 여성이 만날 수 있는 장소가 마련된다는 뜻으로 이해할 수 있다. 선녀들의 벗은 몸을 몰래 훔쳐보는 나무꾼의 모습은 마치 포르노 영화나 야한 동영상에 몰입하는 현대의 청년들과도 비슷해 보인다. 몰래 훔쳐보면서 성적 흥분을 느끼는 관음증 voyeurism은 서구의 정신 질환 분류법으로 보자면 일종의 성적 도착이지만, 사실 어디까지가 정상이고 도착인지 가늠하기가 힘들 수 있다. 지금은 기억하는 사람들이 점점 줄고 있지만, 전통 혼례에서는 신방 문 창호지에 구멍을 뚫고 몰래 훔쳐보는 것이 관습이었다. 물론 부끄러운 신랑 신부가 불을 껐겠지만, 맑은 달빛과 별빛 아래서 은은히 비치는 순수한 젊은 이들의 성행위는 정말로 아름다운 에로티시즘의 극치가 아니었을까도 싶다.

관음증과 비슷하게 쓰이는 엿보는 탐 Peeping Tom이란 어휘는 영국 전설에 의하면 11세기(혹은 12세기에서 13세기란 설도 있다.) 고디바(Godiva, 지금은 초콜릿을 만들어 내는 회사의 이름으로 더 알려져 있다.)란 여성이 남편인 영주에게 소작인의 세금이 너무 높은 것에 대해 항의하며 감면을 청했다. 그러자 남편인 영주는 고디바 부인에게 만약 당신이 벌거벗고 거리를 걷는다면 세금을 깎아 주겠다고 말한다. 단, 모든 소작인들이 문을 닫고 들어가 고디바를 보지 말아야 한다고 했는데 이를 어긴 유일한 사람이 옷을 만드는 톰Tom이었고, 그는 벌거벗은 몸을 보는 순간 장님이 되었다는 이야기가 전해진다.

성경 속 노아의 방주 이야기에서도 노아의 아들이 아버지가 술에 취해 벌거벗은 모습을 본 것에 대해 죄를 받는다는 설정이 나온다. 이런 종류의 전설이 존재하는 것은 그만큼 인간에게는 관음적인 욕구가 강하게 존재하고, 또 그만큼 문화와 윤리가 그런 욕구를 잘 조절해야 한다는 것을 뜻한다. 요즘 어린아이들이 음란물이나 음란 사이트에 접근하지 못하도록 어른들이 골머리를 썩는 것도 아이들의 성적 욕망과 관음증적 욕구가 상관관계에 있기 때문이다.

가임 시기가 되면서 성적 욕구는 분출되지만, 막상 진짜 성관계는 제대로 하지 못하는 젊은이들이 많다. 성행위도 학습의 단계를 거치기 때문이다. 어른들은 청소년들이 이런 불순한 매체에 접하지 못하도록 부단히 애를 쓰지만, 자연의 생식 본능과 종의 번성을 생각한다면, 포르노에 일시적으로 몰입하는 것도 성장 과정의 일부이자 자연의 법칙일 수도 있다.

동물원에서는 단 한 쌍만 존재해서 생식의 방법을 모르는 짐승들을 위해 교접하는 장면을 대형 비디오로 틀어 주기도 하고, 자연의 거대 위협 앞에 종족 보전이 큰 과제인 원시 부족들은 성적 놀이나 동성애적 연습을 통해 아이들이 자연스럽게 성에 대해 눈을 뜨도록 조장하는 경향도 관찰할 수가 있다. 어쩌면 빅토리아 시대와 같은 성적 억제와 조절은 인구는 폭발하듯 증가했지만, 생산성은 그에 따라가지 못해 전쟁과 침략을 통해 영토를 넓히든지 아니면 인구를 조절해야 했던 당시 유럽의 사회학적 필요 때문은 아니었을까도 싶다. 출생률이 무서운 속도로 줄고 있는 요즘, 미혼모나 10대의 임신을 비롯한 혼외 임신이나 성적 행위들에 대해 훨씬 관대해지는 것도 종족 보존 본능의 거대한 집단 무의식의 힘이 작용하는 것이 아닌가도 싶다.

벌이나 개미와 같은 군집 동물들을 관찰해 보면 외부의 조건이 나빠지고 먹을 것이 부족하여 종족이 위험한 지경에 빠지면, 엄청난 속도로 생식 활동이 증가하는 것을 알 수 있다. 인류 역시 마찬가지다. 전쟁과 기아로 많은 사람들이 죽어 가는 아프리카나 다른 저개발 국가의 신생아 출생률은 높은 반면에 선진국들은 낮은 출생률로 전전긍긍한다. 후천 면역 결핍증AIDS의 위험에도 상관없이 전쟁 상황에 있는 국가들의 성생활이 너욱 왕성한 것도 볼 수가 있다. 결국 전후의 베이비 붐 세대 역시 그와 같은 자연의 이치에 의해 나타난 현상이라고 볼 수 있다. 인간이 지구 생태계의 한 부분에 불과하다는 입장에서만 보자면 성적 욕구의 조절과 금지라는 덕목은 폭발적으로 인구가 증가하는 발달된 산업 국가들에서만 유효한 윤리가 아닌가도 싶다.

다시 선녀와 나무꾼의 성적 교합으로 돌아가 보자. 선녀의 벗은 몸을 보는 나무꾼의 모습이 단순한 관음증이나, 성적 욕망의 분출구라는 해석은 사실 너무 피상적이다. 한 걸음 더 나아가 자신의 무의식 속에 있는 여성성과의 첫 대면이라는 의미 있는 관점에서 볼 수도 있다. 젊은 남성들은 일정 시점까지는 아주 강력하고 단순하게 외적인 조건들을 만들어 가는 데 온 힘을 다 쏟아야 생존할 수 있다. 권력과 돈, 명예 등은 남자에게는 일종의 갑옷이자 옷인 것이다. 좋은 옷, 즉 외적인 조건에만 집착할 때는 남성의 마음속에 내재하는 아름다운 여성적 측면인 관계 형성, 감성이나 미적인 것에 대한 흥미 등을 쉽게 간과하고 말 수가 있다. 사냥꾼이 옷 벗은 선녀의 목욕 장면을 훔쳐보는 것은 단순히 외부의 여성과 만나는 것뿐 아니라 그동안 개발되지 않고 무시했던 남성 무의식의 여성성, 즉 아니마를 만나는 계기가 되었다는 뜻이기도 하다.

옷을 빼앗긴 선녀가 어쩔 수 없이 나무꾼과 결혼하는 장면은 그렇다면 또 무엇을 말하는가. 아주 쉽게 여성의 입장에서 보자면, 결혼을 함으로써 처녀 적에 누렸던 많은 것을 버려야 하는 상황을 뜻할 수 있다. 결혼과 동시에 귀한 딸에서 졸지에 이른바 '무보수 도우미'가 되었다고 분개하는 여성들은 결혼이란 제도가 얼마나 반여성적이며 반인간적인지를 성토한다. 그들의 심정은 선녀가 옷을 빼앗긴 채 나무꾼의 아내가 되어 평범하게 사는 과정과 비슷할 수도 있을 것이다. 하늘의

공주로 태어나 고개만 까딱하면 부모의 은덕으로 모든 것이 이루어졌던 선녀 같은 처자가 졸지에 가난한 나무꾼의 아내가 되어 밥 짓고 빨래하며 궁상을 떨고 살다니, 이런 일은 내게 일어날 수가 없어! 라고 가슴을 칠 젊은 여성들이 얼마나 많은가. 그야말로 선녀 옷만 몰래 입을 수 있다면 이렇게 궁상스런 생활 따위는 잊어버리고 원래 세상으로 훨훨 날아가 버리고 싶다는 생각을 하지 않을 수 없다.

필자의 돌아가신 할머니는 농사일은 고되고, 무뚝뚝하고 무섭기 만한 데다 외아들로 자라 철저히 이기적인 할아버지가 싫어서 몇 번이나 시집올 때 해 온 한복이 전부인 괴나리봇짐을 싸려 했다고 말씀하신 적이 있다. 그럴 때마다 애써 지어 놓은 농사 걱정, 혹은 오래간만에 장만한 반닫이 같은 살림살이에 대한 애착, 자식 걱정 등으로 주저앉았다는 이야기셨다. 백 년 전에 태어나 학교라고는 가 보지도 못했던 옛날 옛적 할머니가 그럴진대, 21세기의 잘난 우리 여성들이야 오죽하겠는가.

아이가 넷이 될 때까지 아내에게 옷을 주지 말라는 사슴의 당부를 깜박 잊어버린 나무꾼이 날개옷을 내주자 선녀가 하늘로 돌아가는 장면은 그런 현실의 궁상에서 벗어나고 싶은 여성들의 영원한 판타지이다. 물론 결혼을 한 후에도 친정 부모에게서 독립하지 못해 기회만 있으면 다시 처녀 시절로 돌아가고 싶다며 현실에 적응하지 못하는 미숙한 여성을 생각할 수도 있다. 문자 그대로 무언가 핑계 거리를 만들어 문제만 생기면 쪼르르 친정에 달려가고, 남편과 싸우는 족족 친정 부모에게 일러서 남편을 곤경에 빠뜨리는 철없는 아내도 연상된다.

또는 사냥꾼과 낭만적인 연애를 한 끝에 결혼한 것이 아니라 옷을 빼앗긴 바람에 마치 약탈혼처럼 어쩔 수 없이 결혼하게 된 특수한 상황이란 점도 생각해 볼 수 있다. 중년 혹은 노년 여성들 중에는 강간을 당해 어쩔 수 없이 결혼했다고 말하는 이들이 있다. 정말로 어이없이 순결을 잃었기에 가해 남자와 결혼을 해야 된다는 가치관에 사로잡혀 일생 동안 불행하게 결혼 생활을 하는 노부인들을 상담한 적도 많다. 또 어떤 이들은 분명히 자신도 동의한 결혼이었지만 상황 때문에 어쩔 수 없이 같이 살게 된 피해자라 주장하면서 평생 남편을 원망하며 살기도 한다. 이들은 몸은 결혼했지만, 여전히 과거에 사로잡혀 있다는 점에서 진정으로 부모 혹은 과거로부터 독립이 되었다고는 할 수가 없을 것이다.

남편이야 외롭건 말건 다시 하늘로 올라가 버리는 설정은 한편으로는 어쩔 수 없이 자신의 삶을 빼앗아 간 남편이 무력해지기를 기다렸다가 절치부심 끝에 남편의 뒤통수를 치는 아내의 모습일 수도 있다. 일본에서는 남편들이 퇴직해서 연금을 받을 수 있을 때까지 조용히 기다리다 이혼 청구를 하는 여성들도 많다고 한다. 조금 부드럽게 만들어 보자면 한참 인기였던 드라마 「엄마가 뿔났다」의 집 나가 살림 차린 어머니의 모습이랄까. 아이를 낳아 키우고 중년이 되면 어느덧 목소리도 커지고 자신감도 강한 아내는 언제든 남편을 버릴 수 있다고 협박한다. 노인이 된 남편들이 가장 무서워하는 것이 아내가 이사

갈 때 자신을 버리고 가는 것이라는 우스갯말이 돌지 않는가. 아예 연금을 타게 될 시점에 이혼 소송을 해서 집도 없고 아내도 없는 불쌍한 남편으로 만드는 경우도 있다. 항간에는 이런 말이 떠돌고 있다. 20대 최고의 마누라는 예쁜 마누라, 30대는 요리 잘하는 마누라, 40대는 살림 잘하는 마누라지만, 50대 이후에는 이혼해 달라고 요구하지 않는 마누라가 최고라고 한다. 60대가 넘으면 최고로 무서운 것이 마누라가 국을 한 솥 끓여 놓고 어디로 가는 것이고, 70대가 넘으면 이사 갈 때 어떡하든 마누라 손을 잡고 있어야지, 잘못하면 버리고 간다는 우스갯소리다. 말이 우스갯소리지, 남성들 입장에서는 얼마나 듣기 비참한 말인가. '여자와 바가지는 바깥으로 돌리면 깨진다.'는 옛날 속담은 어쩌면 결혼이라는 굴레로 아내의 자유로운 영혼을 속박하지만, 사실은 버림받을지 몰라 불안한 남성 심리 때문에 생긴 게 아닐까.

이렇게 하늘로 다시 돌아간 아내를 그리면서 닭 쫓던 개 모양 하늘만 바라보는 남편에게 다시 사슴이 찾아 와서 해결책을 제시해 주는 상황도 의미심장하다. 모처럼 갖게 된 여자, 혹은 모처럼 발견하게 된 남성 무의식속의 아름다운 여성성(아니마)을 어느 순간 잃어버리게 된 남자는 세상의 모든 빛을 잃어버린 것처럼 참담하다. 평범한 남성이 이 힘한 세상을 참고 견디는 것은 그를 인정해 주고 보듬어 주는 여성이 있기 때문일 것이다. 미국의 오바마 대통령도 자신의 반석은 부인 미셸이라고 하지 않았던가. 물론 결혼을 하지 않은 어떤 이에겐 그 여성이 어머니일 수 있고, 어떤 이에겐 그 반석이 애인이나 성모 마리아나 관세음보살일 수도 있다. 어떤 경우든 남성이 만약 마음속 또는 주변에서 아름다운 여성상을 잃어버리고 나면, 모든 에너지와 열정도 잃고 말게 된다.

이때 사냥꾼을 구원해 생명력의 상징인 사슴이 준 박씨는 마치 서양 민담 「잭과 콩 나무」에 나오는 콩과 거의 유사하게 넝쿨을 만들어 나무꾼을 하늘로 올라가게 한다. 단 아래를 돌아다보지 말라는 당부와 함께. 어떤 목적을 이룰 때까지는 절대로 과거를 돌아보지 말라는 주문은 「장자못 설화」, 구약 성서에 등장하는 「롯의 며느리 이야기」, 「개와 고양이」 민담, 「소금 기둥 설화」 등에서 계속 되풀이 된다. 어느 시점까지는 과거에 집착하지 말고 계속 앞만 보라는 격려일 것이다.

특정한 시기에만 하늘에서 내려오는 두레박을 타고 올라가는 설정 역시 다시 여성성과 만나기까지의 참을성과 민첩성을 의미할 수도 있다. 시행착오 끝에 나무꾼이 하늘나라에 올라갔지만, 이번에는 정말로 어려운 과제들이 나무꾼에게 주어진다. 첫째 숨어 있는 옥황상제를 찾아내고, 두 번째로는 나무꾼 자신이 몸을 숨겨서 절대로 옥황상제에게 들키지 말 것이며, 세 번째 옥황상제가 쏜 화살을 찾아오는 일이다. 심리학적 상징으로 보자면, 옥황상제란 욕심과 본능의 포로가 될 수 있는 자아eqo를 넘어서서 통합된 인격으로 다시 만들어지는 자기 Self의 이미지와 유사하다. 선녀와 다시 재결합하려면 자아에 집착하지 말고 보다 성숙한 자기를 지향하란 주문일 수도 있다.

실제로 행복하고도 성공적인 결혼 생활을 누리려면 여러 가지 측면에서 아픔을 경험하면서 성숙한 인격으로 새롭게 재탄생해야 한다. 욱하는 성질도 좀 죽이고 이기적인 욕심도 버리면서 사랑도 나눌 줄 아는 것만으로는 부족하다. 여자든 남자든 혼자 있는 것도 견딜 줄 알고, 불행한 일이 닥쳤을 때는 의연하게 역경을 디디고 일어설 수 있는 기개도 있어야 한다. 그래야 따로 또 같이, 동시에 더불어 잘 살 수 있는 것이다. 나무꾼이 잠시지만 선녀나 아이들과 떨어져 있었던 것은 행복한 결혼 생활을 위해서는 꼭 필요한 단계이기 때문에 궁극적으로는 잘 된 일일 수 있다.

옥황상제에게 나무꾼 자신의 모습을 보이지 말라는 주문도 비슷한 맥락으로 자아를 버리란 뜻이다. 화살에 맞은 죽어 가는 여자아이를 구하라는 것도 나무꾼의 내면에서 죽어 가는 아니마를 다시 되살리란 요구다. 힘들게 찾은 화살을 독수리와 매로 변장한 큰 동서, 작은 동서가 채 가고 그것을 다시 선녀가 되찾아 오는 장면 역시 처가 식구들의 훼방이라 볼 수도 있지만, 확대 해석하자면 집단의 횡포나 오래된 관습에 맞서야 진실한 사랑을 획득할 수 있다는 의미로도 읽힌다. 세상에서 가장 아름다운 순간을 선사하는 사랑의 힘, 그러나 그 사랑이 단순한 매혹이 아닌 진정성을 가지고 깊이 있는 영혼과 육체의 일치를 이루기 위해서 선남선녀는 오늘도 많은 장애물을 헤치고 나아가야 한다.

그런데 여기서 땅에 남겨 놓고 온 어머니를 못 잊어 내려와 다시 하늘로 올라가지 못하는 상황은 또 무엇을 의미하는 것일까. 우선은 세

속의 드라마처럼 어머니와 아내 사이에 끼어 이러지도 저러지도 못하는 오이디푸스와 같은 상황을 생각해 볼 수가 있다. 한 남성이 가정의 가장이 되기 위해서는 자신의 어머니를 떠나, 새로운 여성을 만나야 한다. 그러나 현실에서 남

> 오이디푸스는 태어날 때 자신의 아버지를 죽이게 될 운명이라고 해서 궁궐에서 내쳐지지만 성장하면서 신탁대로 자신의 어머니와 결혼하고 아버지를 죽이게 되는 운명에 처한다. 현실에서도 실제로 어머니의 아들 사랑, 혹은 아들의 어머니 사랑은 때로는 부부 간의 사랑을 방해하는 요소로 작용한다. 고부 갈등, 부자 갈등의 심리적 핵심이다.

성이 어머니의 따뜻한 품을 떠나는 것은 쉽지 않은 일로 보인다. 무엇이든 헌신하고 희생하는 어머니의 무력한 아들 노릇은 가장으로써 힘든 일도 마다하지 않아야 되는 상황과 달리 달콤한 유혹일 수가 있다. 적지 않은 남성들이 아내와 문제가 생기면 어머니에게 달려가 피곤한 몸과 마음을 쉬고 싶어 한다. 또 어머니 입장에서도 역시 자신의 젊은 연인이었던 아들을 잃지 않으려는 무의식적, 혹은 의식적 욕구가 있기에 이런 아들을 마냥 밀쳐 내지는 않는다. 젊기 때문에 아직은 많은 것이 서툰 남편을 나이 들고 성공한 아버지와 자꾸 비교하여 남편을 주눅 들게 하는 여성들과 대칭을 이루는 남성들이다.

「선녀와 나무꾼」에 등장하는 나무꾼이 땅에 있는 어머니를 잊지 못해 내려와 어머니가 준 죽을 먹다가 천마에서 내려오는 설정을 남성의 어머니로 대표되는 '어린 시절로의 퇴행'이라는 것으로 이해할 수도 있다. 한 걸음 더 나아가 일단 하늘로 올라가 독립했던 어머니, 혹은 대지로 상징되는 무의식으로의 회귀 역시 고려해 볼 만하다. 일단 의식화되지만 어려운 상황이 되면 다시 무의식의 바다에 빠져, 다시는

헤어나지 못하는 사람들이 우리 주위에는 적지 않다. 물론 이 글을 쓰고 있는 필자 역시 때로는 무의식 속에 추락해서 허우적거렸고, 앞으로도 그러지 말라는 법이 없다는 사실을 전제로 해 두고 싶다.

「선녀와 나무꾼」 이야기는 남성성이 여성성과 만나 보다 완전하고 새로운 자기를 만들어 가는 과정이 그만큼 어렵고 힘들다는 것을 보여 주고 있는 게 아닐까.

베 잘 짜는 처녀

— 내 짝에 대한 포용

옛날 하룻밤에 세 필도 짤 수 있을 만큼 베를 아주 잘 짜는 처녀가 살았습니다. 처녀의 아버지는 딸이 베를 잘 짜니 좋은 신랑감을 찾아 시집을 빨리 보내려 했습니다. 하지만 베 짜는 재주가 특별한 처녀는 자기처럼 큰 재주가 있는 신랑이어야만 시집을 간다고 고집을 피웠습니다.

처녀의 아버지는 신랑을 찾아 온 나라 안을 뒤지고 다녔지만, 처녀의 마음에 맞는 총각을 찾지는 못했습니다. 하루하루 나이만 차 가는 처녀를 보다 못한 아버지는 큰 재주 있는 신랑감을 구한다고 커다랗게 방을 붙였습니다.

그러던 어느 날, 힘센 총각이 찾아와 하루아침에 집 한 채를 거뜬히 지을 수 있다고 말했습니다. 그 사람의 말을 믿지 못하는 처녀 앞에서 총각은 정말로 눈 깜짝할 새 기와집 한 채를 뚝딱뚝딱 지었습니다.

처녀의 아버지는 너무 좋아했지만 재주 있는 처녀는 기와집을 자세히 살펴보다가 거꾸로 맞춘 문기둥을 발견했습니다. 처녀는 곧 딱지를 놨고, 총각은 처녀를 떠났습니다. 이번에는 땅딸막한 총각이 찾아와 하룻밤에 벼룩 석 섬을 잡는 재주가 있다고 했습니다. 처녀는 마뜩찮았지만, 남이 못하는 재주도 재주라 말하며 시켜 봤더니 총각은 하룻밤 새 정말로 벼룩 석 섬을 잡아서 코를 뚫어 말뚝에 한 줄로 매달아 놓았습니다. 처녀의 아버지는 신기하다며 좋아했지만, 이번에도 처녀는 벼룩을 찬찬히 들여다보더니 벼룩 한 마리가 코 대신 모가지가 꿰여 있다고 했습니다. 창피를 당한 총각은 얼른 도망갔습니다.

세월이 흘러 이제는 까다로운 처녀를 찾아오는 총각이 하나도 없었습니다. 베만 짜던 처녀는 눈물을 흘리며 차라리 죽는 게 낫겠다고 생각해 높은 산 위로 올라가 치마를 뒤집어쓰고 절벽에서 뛰어내렸습니다. 그때 지나가던 총각 하나가 이를 보고 눈 깜짝할 사이에 낫으로 대를 싹둑 잘라 소쿠리를 얼기설기 짜서는 처녀를 얼른 받아 냈습니다. 죽으려던 처녀는 총각의 품에 안겨 살아났습니다. 그리고는 '사람 살리는 재주가 가장 큰 재주'라며 결혼해서 오래오래 행복하게 살았답니다.

적령기가 되어도 결혼을 결심하는 젊은 남녀들의 숫자가 눈에 띄게 줄고 있다. 불과 몇 년 전만 해도 노처녀 소리를 들으면 큰일 나는 줄 알고 떠밀리듯 결혼하는 경우도 많았는데, 요즘엔 아예 부모들조차 결혼에 대해 언급하는 것 자체를 어려워한다.

"시집가서 무보수 파출부 노릇하는 것이 싫다."

"매력 없는 마누라와 살며, 키워 봤자 노후 보장도 되지 않는 자식 먹여 살리느라 현실에 매이는 것이 싫다."

"결혼이라는 제도와 관습에 얽매이는 것이 싫다."

이게 많은 젊은이들의 솔직한 목소리다. 물론 이들의 논리에도 일리가 없는 것은 아니다. 지금까지의 결혼이라는 전통과 제도가 건강한 인간성을 억압하는 면도 많았기 때문이다. 자신들의 재능을 발휘하지 못하고 시집살이와 남편 뒷바라지를 하느라 의미도 보람도 찾지 못한 채 쓸쓸하게 인생을 마감하는 여성들이 어디 한둘이었는가. 만약 가장이라는 의무에서 벗어나 살았다면 자유롭게 자신의 독특하고 창조적인 역량을 발휘할 수 있었을 터인데 단조로운 일상에 찌들어 가면서 자신의 운명을 한탄하다 늙어 가는 남자도 많았다. 이렇게 자기실현을 하고 싶어 하는 내면과 외부의 현실이 충돌하다 보니 장래의 배우자에 대한 기대만 지나치게 커지고, 고르고 또 고르다 보니 결혼 시기를 놓치게 되는 것이다.

「베 잘 짜는 처녀」 이야기는 이처럼 결혼을 망설이는 현대의 젊은이들에게 유용한 이야기다. 단순하게 보면 까다롭게 상대를 고르다 외롭게 늙어 가던 처녀가 우연한 기회에 좋은 남자를 만나 백년해로하는 결혼 성공기로 읽힐 수도 있겠다. 웬만하면 그냥 넘어갈 남자의 실수를 꼭 집어 지적하고 문제 삼아서 다 된 혼인을 망치는 이들도 있고, 까다로운 부모 때문에 좋아하는 애인과 헤어져야 하는 아픔을 겪었던 사람들에게는 특히 처녀 이야기가 낯설지 않을 것 같다. 까다롭게 구는 젊은이들뿐 아니라 며느리나 사윗감에 대해 하지 않아도 될 흠을 잡고는 결국 자식이 앞날을 막는 부모들의 이야기일 수도 있다. 부모와 자식은 전혀 별개의 개인이라는 점을 인지하지 못하고 자녀들을 통제하고 싶어 하며, 자녀가 결혼하면 자신을 버릴 것이라고 두려워하는 이들이다. '재주 있는 처녀'는 결혼을 앞두고 상대를 고르는 여성뿐 아니라, 자신의 배우자감에 대해 비판적인 남성의 무의식 속에 있는 여성성, 즉 까다로운 아니마일 수도 있다. 자녀의 결혼을 방해하는 부모의 '권력 휘두르기'와 근친상간적 욕구라 할 수도 있다.

한편으로는 재주는 있지만 까다로운 처녀를 찾아온 구애의 대상들은 여성의 무의식에 있는 남성성, 즉 아니무스라 해석해 볼 만하다. 처음 처녀에게 나타난 힘센 남성은 여성들이 실제로 생활을 하면서 만나게 되는 일종의 원초적 아니무스이다. 예컨대 10대~20대의 여성들은 키 크고 훤칠한 남성들을 좋아한다. 키가 작고 잘생기지 못한 남자를 '루저'라고 말해서 뭇 남자들로부터 비난을 받은 여자들도 있었듯이 대부분의 젊은(혹은 마음이 젊은) 여성들은 이성의 외모에 마음이 먼저 끌린다. 아직까지는 숨어 있는 영혼을 보기보다는 겉모습을 먼저 보는 본능적 단계에 머물고 있는 탓이다. 재주 있는 처녀를 찾아 온 기골이 장대한 총각은 이런 아니무스의 단계를 의미한다. 이보다 조금 발전해서 외모보다는 돈은 얼마나 잘 버는지, 지위는 어느 정도 올라갈 수 있는지를 따지는 이들도 많다. 아내로서 능력 있는 남편과 살며 얼마나 호강하고 대우받을 수 있는지 미리 가늠해 보는 것이다. 재주 있는 처녀에게 집을 지어 바치는 상황이 상징하는 바다. 그런데 이렇게 좋은 조건을 가진 남자들이 여자에게 다가와도 뭔가 흠을 잡는 여성들이 또 많다. 홀시어머니를 모셔야 한다, 장남이다, 얼굴이 못 생겼다, 키가 작다, 성격이 안 맞는다, 등등 불만을 말하다 보면 사실은 누구도 자신의 완벽한 짝이 되지 못한다. 기둥 하나가 거꾸로 들어섰다고 흠을 잡는 재주 있는 처녀의 까다로운 태도와 유사하다.

따지고 또 따지다 때를 놓치게 되면 결국 아무 남자나, 떠밀리듯 결혼하게 되는 경우도 적지 않다. 나를 택해 준 것만으로도 고마워하면서, 나름대로는 특별한 매력이나 능력이 있다고 생각하면서 말이다. 겨우 벼룩 잡는 재주지만 남들 못하는 재주도 재주라고 자조하며 구애하는 남성을 일단 받아들이는 처녀의 태도 같다. 그런데 막상 그 남자와 살려고 하니 또 여러 가지가 눈에 거슬린다. 결혼을 한 후에는 겨우 그 정도 능력밖에 없으면서 그나마도 제대로 발휘하지 못하느냐며 남편을 구박하고 무시하는 여성들이 많다. 벼룩 하나를 잘못 끼웠다고 타박을 놓는 식으로 자신의 배우자를 구박하다 보면 짝과 더불어 행복하게 결혼 생활을 하려는 꿈은 결코 이루어질 수 없다. 자신이 완벽하지 못한 것처럼 이 세상에 완벽한 사람이 있겠는가.

결혼을 했건 안 했건 외롭고 쓸쓸하게 나이를 먹으며 불안을 느끼는 경우도 있다. 30대까지는 골드 미스로 편하게 누리고 살던 미혼들이나 행복하지 못한 결혼 생활을 하는 부인들이 마흔을 넘기면서 여러 가지 신경증적인 증상을 보이는 까닭이기도 하다. 또 결혼을 했더라도 정신적으로는 결혼하지 않은 상태와 마찬가지여서 상대방에게 만족하지 못하고 끊임없이 불만을 토로하는 것은 사실은 자기 자신에 대한 불만의 표출이다.

이야기 속 여성도 이렇게 사니 차라리 죽어 버리는 게 낫겠다며 결국 절벽에서 몸을 던진다. 언뜻 이런 행동은 우울증에서 비롯한 자살 기도처럼 보이지만 심리학으로 좀 다른 뜻을 읽어 낼 필요도 있다. 재주가 많다 보니 이 여성은 자신의 능력에 대해 굉장히 큰 자부심이 있고, 웬만한 남성은 눈에 들어오지도 않았을 것이다. '나는 일등 신붓감이니 일등 신랑감 아니면 쳐다보지도 않는다.'는 믿음은 일종의 자아 팽창ego inflation 상태다. 이런 마음이라면 어떤 상황도 만족스럽지가 않다. 혼자 있으면 멋진 선남선녀들이 막상 결혼 생활을 시작하고 난 후 요란하게 파열음을 내다 이혼하게 되는 이유 중 하나다. 행복한 결혼 생활을 위해서는 때로는 그동안 가지고 있던 자신에 대한 자부심, 아집 등을 버리면서 허드렛일, 귀찮은 일을 해야 할 때가 많다(남자든 여자든 상관없이). 이 세상 어느 누가 아침마다 졸린 눈을 비비며, 비바람 몰아치고 눈보라가 쏟아져도 아침밥도 제대로 먹지 못한 채 일터로 가는 것이 좋겠는가. 매일 반복되는 밥상 차리기, 빨래하기, 집 청소가 마냥 즐겁고 행복할 수만은 없다. 그러나 그런 소소한 노동들을 내가 하지 않는다면 누군가 대신 해야 할 것이고, 그렇게 되면 누군가에게 의존하는 삶을 살게 된다. 결혼은 했으나 응석을 부리며 끝까지 본가의 부모들에게 의지하는 젊은이들의 모습이다. 이런 어린아이 같은 상태로는 행복한 결혼 생활을 유지해 나갈 수 없다. 언젠가는 자신에게 아낌없이 모든 것을 주던 부모님이 늙고 병들거나 돌아가실 것이고, 아무리 사람 좋은 배우자도 일방적으로 주기만 하는 것에 지치는 날이 온다.

이런 어린애 같은 상태를 벗어나기 위해서는 어린애 같은 '나'를 과감하게 버리고 죽을 각오가 되어 있어야 한다. 절벽에서 떨어지면서 자신을 구해 주는 상대방을 만나는 광경은 자아를 버릴 때 더 큰 기쁨을 누리게 되는 인생의 역설을 상징적으로 보여 준다. 재미있는 것은 이 아가씨를 구하는 총각이 순식간에 대나무를 잘라 바구니를 만드는 장면이다. 대나무는 다른 나무들과 달리 따뜻한 남쪽에서만 자라면서 사철 푸름을 유지한다. 올곧게 자라는 특징 때문에 흔히 바르고 정직한 사람을 '대쪽 같다'고 묘사한다. 또 대나무는 속이 텅 빈 나무이기 때문에 바구니나 연필통, 붓통 같은 문방구 등으로 이용된다. 결혼 생활에 성공하기 위해서는 이런저런 잔머리나 계산 혹은 변덕스러움보다 대나무처럼 항상 푸르고 정직하게 정도를 가야 할 수도 있고 어쩌면 대나무처럼 속을 텅 비워 내야 하는지도 모른다. 수시로 유혹에 흔들려 게으름도 부리고 싶고 잔꾀를 써서 힘든 일은 피하면서 챙길 것은 또 챙기고 싶은 게 우리 보통 사람의 정서다. 그러나 그런 유혹을 떨쳐야 결혼 생활을 오래오래 유지할 수 있다.

바구니의 상징 역시 의미심장하다. 바구니는 무언가를 담아내는 용기 vessel다. 즉 결혼 생활은 두 사람의 사랑, 두 사람의 노고와 땀을 안전하게 담고 보관하는 공간이 되어야 한다. 그리고 이 총각은 그런 작은 자리를 재주 있는 아가씨에게 제공해 준 것이다. 무엇보다 사람 살리는 재주가 제일 큰 재주라고 말하며 이 여성은 바구니를 만든 총각과 결혼해 백년해로하게 된다. 그동안 거만하게 까탈을 피웠던 철없는 여성의 모습과는 다른 모습이다.

이런 해석은 꼭 까다로운 여성에게만 해당되는 것은 아니다. 앞서 말했듯이 이 여성의 까다로움은 남성의 무의식에 들어 있는 익숙한 여성성일 수 있기 때문이다. 남성들 역시 젊은 시절에는 무조건 예쁜 여성만 찾다가 나이가 좀 들면 돈도 잘 벌고 성실하게 살림을 살 수 있는 배우자를 찾는다. 아내 덕을 보려는 이기적인 측면이라고도 할 수 있겠지만 이제는 세상이 변해 남녀의 역할이 뒤바뀌어 가고 있다. 해서 까다롭게 구는 남성들 중에는 아내가 집안일도 제대로 하지 못한다, 자기 관리를 못한다, 자식들 교육을 못한다, 시댁에 잘 못한다 등의 꼬투리를 잡아 끊임없이 불만을 제기하는 경우도 있다. 재주 있는 처녀는 그런 남성의 무의식 속의 여성인 셈이다.

그 옛날 「베 잘 짜는 처녀」란 옛날이야기를 듣고 자라면서 한국의 어린이들은 '시집 장가를 갈 때 까다롭게 굴지 말아야지.' 하는 생각을 했을지 모른다. 배우자의 흠을 잡을 때 자기도 모르게 이러면 안 되는데 하며 무의식적으로 마음을 추슬렀을 수도 있겠다. 여러 가지 면에서 과거의 젊은이들보다 현대의 젊은이들이 대부분 기대치도 높고 훨씬 더 까다로운 것은 분명한 것 같다. 그만큼 자아가 완고하게 형성이 되었다는 것일까. 남에 대한 가치 판단을 할 때는 호되게 박하고 자신에게는 후한 이들이 현대의 우리 자화상이 아닌가. 그런 이중적인 태도를 벗어 버리고 과거의 편협한 나를 죽이고 상대에게는 관대해질 때 어쩌면 보다 성숙한 새로운 인격의 단계로 진입하는 결혼 생활이 가능한 것이 아닐까.

소박맞은 세 자매

— 성숙한 결혼 생활을 위한 태도

옛날에 어떤 선비와 세 딸이 살았습니다. 그런데 이 세 딸이 다 시집을 간 지 얼마 되지 않아 쫓겨 오게 되었습니다. 첫째 딸이 말했습니다.

"시부모님께서 밥이 왜 이리 붉으냐고 묻기에 '밥 하는데 속곳 가랑이에 이가 많아 속곳을 같이 넣고 밥을 했더니 불그레하게 되었다.'라고 말했더니 이렇게 쫓아냈습니다."

이 말을 듣고 아버지는 "그 집구석은 평생 수수밥도 못 챙겨 먹을 집이니 너 잘 나왔다."라고 말했습니다. 선비는 둘째 딸에게도 물어봤습니다.

"너는 왜 쫓겨 왔느냐?"

"잠을 자다가 오줌이 마려워 일어나 대청에 나갔더니 희끄무레한 게 보여서 요강인 줄 알고 오줌을 눴는데 알고 보니 시아버지 이마가 아닙니까?"

아버지는 화를 내며 "그놈 나쁜 놈이네. 재미는 다 보고 쫓아내다니!"라고 말했습니다.

다시 막내딸에게는 왜 쫓겨났느냐고 물어 보니 "서방도 없고 심심하기에 시동생을 데리고 하룻밤 잤더니 쫓아냅디다." 하고 말했습니다.

아버지가 다시 "시동생이면 남보다 나은데 그렇다고 쫓아낸 놈이 나쁘다."라고 말하며 세 자매를 그냥 데리고 사는 것이었습니다.

사실 이 민담은 어린아이들에게는 들려주기 민망한 내용들을 담고 있다. 첫 번째 딸의 비위생적인 행동은 말할 것도 없고, 둘째 딸의 행동과 관련된 아버지의 태도는 성 도착증 중 하나인 관음증 같다. 셋째 딸 역시 근친상간이나 불륜과 관련된 설정이라 이 민담은 『고금소총』처럼 어른들의 성적인 농담거리를 모아 놓은 책에 더 어울릴 수 있겠다. 물론 다른 많은 민담들도 깊이 들어가다 보면, 겉으로는 알아 챌 수 없는 성적 코드들이 깔려 있는 경우가 적지 않다. 「소박맞은 세 자매」이야기는 상대적으로 더 대담하게 성적인 이슈들을 다루고 있으니, 요즘 식으로 보자면 일종의 성교육서로 쓰였을 수도 있다. 하지만 무엇보다 민담은 교육적인 목적으로 탄생된 것이 아니라는 점은 덧붙이고 싶다.

우선 이 민담에서 주목할 부분은 서로 성이 다른 딸들과 선비 아비의 거침없는 성적 대화다. 예리한 독자라면 먼저 어머니가 없다는 점을 지적해 낼 것이다. 민담에서 '어머니 없음' 혹은 '아버지 없음'은 매우 빈번하게 만나게 되는 비정상적인 결핍 상황이다. 부모 중 하나가 존재하지 않다는 것은 주인공들의 정신세계나 물리적인 환경이 균형을 잃고 무언가 부족하다는 것을 의미한다. 시집간 세 딸은 어머니 없이 자라 여성으로서 기본적으로 갖추어야 할 실제적인 정보나 덕성을 배우지 못했고 아버지에게서도 적절한 성교육을 받지 못했을 것이다. 어머니에게 여성으로서 받아야 할 기초적인 교육을 받지 못했으니 세 딸들이 시집가서 엉뚱한 행동을 하고도 그런 자신에 대해 성찰할 수 있는 안목은 당연히 없을 터이다.

이 민담을 읽으면서 현대인들은 이 여성들의 바보스러움을 비웃겠지만 100년, 200년 이후의 사람들이 현대인들의 결혼과 이혼 풍속에 대해 어떤 판단을 내릴지 한번 상상해 보면 무작정 민담 속 세 자매를 조롱할 수만은 없을 것 같다. 예컨대 아직 어른으로 살 준비가 되어 있지 않은 현대판 왕비와 공주들도 실생활에서 소박맞은 세 자매 못지않은 미련한 자기주장을 한다. 누가 밥을 하고 빨래를 하며 청소를 할 것인지, 상대방 부모들은 얼마나 챙겨 드릴 것인지, 경조사는 어느 정도 참여할 것인지, 크고 작은 문제들을 현대인들은 과연 얼마나 지혜롭게 처리하고 있을까?

일단 결혼을 하게 되면 현실적으로 부딪쳐야 될 잡다한 문제들이 너무 많은데, 예전 같으면 며느리는 시부모님에게 혹독한 훈련을 받았겠지만 요즘엔 그리 하다가 이혼하겠다고 위협하니, 가정 파괴범으로 오인받고 싶지 않은 어른들은 입을 꾹 다물고 만다. 만년 손님이라며 사위를 어려워만 했던 과거와 달리 모계 중심 사회로 넘어가는 요즘엔 사위를 꾸중하는 장인, 장모도 조금씩 늘고 있는 추세지만, 여전히 사위들이 예전 며느리들 같은 혹독한 성인식을 치루는 것은 아니다. 이러니, 누구에게도 어른 노릇에 대한 방법을 배우지 못한 채 서로 덜 커덩거리다 헤어지는 부부들도 많다.

반대로 임상에서 부부 싸움이 양쪽 집안싸움으로 번지는 경우도 자주 본다. 서양 부모 같으면 아예 자식들 부부 싸움에 나서지 않겠지만, 아직까지 우리나라 부모나 자식들은 서양처럼 완벽하게 선을 긋지 못하고 자식 일을 마치 내 일처럼 참견하다 오히려 일을 크게 만들기도 한다. 어린 신랑 신부가 티격태격하면 자기들끼리 해결하도록 놔둘 것을 괜히 시부모, 처갓집 식구들이 나서서 일을 되돌릴 수 없도록 크게 만드는 것이다.

자식이 결혼 생활에 적응하지 못해 배우자와 싸운 후 재판관 노릇을 해 달라고 찾아왔을 때 현명하고 성숙한 부모라면 일단 자기 자식부터 꾸중을 하고 피가 섞이지 않은 며느리나 사위 입장을 헤아려 줄 것이다. 팔이 안으로 굽는다는 속담처럼 감정과 본능은 일단 자기 자식부터 챙기도록 부추기지만, 이성은 그렇게 하다가는 아예 판이 깨질 수 있으니 좀 더 객관적인 입장이 되라고 말할 것이다. 설령 자기 자식에게는 아무리 봐도 아무런 문제가 없는데 상대방에게는 문제가 많다 하더라도 내 자식을 가르치는 방식과 남의 자식을 가르치는 방식이 같을 수는 없다. 더더구나 내 자식이든 남의 자식이든 결혼한 성인을 부모라고 함부로 꾸중하고 가르칠 수는 없는 시대가 아닌가. 성인이 된 자식을 교육시키려 하면 이미 때가 늦어 소용없는 경우가 더 많다. 그럼에도 일단 불러 놓고 윽박질러서 오히려 자식들보다 더 과민 반응을 보이며 결혼한 자녀들을 막다른 골목으로 몰고 가는 이들도 많다.

「소박맞은 세 자매」의 아버지는 이처럼 무조건 자기 자식을 감싸고도는 비이성적인 부모의 전형이다. 눈치코치 없고 개념 없는 세 딸이 명백한 잘못을 했음에도 일단 사돈 집안부터 비난하고 무조건 너희들이 잘했다고 하며 딸들을 끝까지 데리고 산다. 이런 상황은 남들에게는 조소거리이며, 제 짝도 없이 아버지와 남은 생을 살아야 하는 딸들의 인생도 마냥 행복할 것 같지는 않다.

그러나 평범한 사람들에게 이런 상황이 실제로 일어난다면 과연 무조건 딸들을 야단치면서 "왜 쫓겨 왔느냐, 이 바보 같은 것들아." 하고 구박을 하며 다시 시집에 보내는 게 항상 옳을까? 아직 채 어른이 되지 못한 새색시의 잘못을 감싸 주고 가르치려 하지 않는 시댁이니 틀림없이 다시 구박덩이가 되는 게 뻔해도? 그렇게 호된 시집살이를 하다 보면 이 철없는 세 자매의 정신 선상은 놀이킬 수 없을 정도로 황폐해질 수도 있다. 맹목적으로 자식을 사랑하는 아비의 입장에서는 그런 대접을 받으며 남의 집에서 불행하게 사느니 차라리 내가 부족한 자식들을 데리고 건사하며 살겠다고 마음먹었던 것일 수도 있다. 아버지는 혼자 딸들을 키운 사람이니 그 선택에 대해 뭐라 말하고 반대할 어머니도 없지 않은가.

민담의 '어머니 없이 세 딸과 아버지가 함께 오래오래 살게 된다.'는 결말을 엘렉트라 콤플렉스, 즉 아버지와 딸의 근친상간적 관계로 해석할 수도 있다. 아버지는 딸들에게 자신이 원하는 여성성을 찾으며 소유하려 할 수도 있다. 여기서 한 걸음 더 나아가 어머니나 사위의 존재는 아예 배제된 채 아버지와 딸이 비정상적으로 밀착한 관계를 신화와 연결시켜 보아도 재미있다. 예를 들어 「창세기」 19장에서 소돔과 고모라가 멸망할 때를 보자. 롯 일가가 도망쳐 나오지만 롯의 부인은 뒤를 돌아다봐 소금 기둥이 되어 버렸고, 롯과 그의 두 딸만 산으로 도망가 동굴에서 살게 되는 설정이 등장한다. 아버지가 점점 늙어 가자, 큰딸은 우리 주위에는 남자가 없으니 아버지를 술 취하게 만든 다음에 관계를 갖자고 작은딸에게 제안한다. 결국 큰딸과 작은딸은 아버지의 자식을 임신해서 대를 잇게 된다. 창세기 시대는 성적 금기를 명시한 역사 시대 기록인 「레위기」 18장보다 훨씬 전, 신화의 시대였기 때문에 가능한 설정이다.

아버지와 딸이 어쩔 수 없이 동침을 하고 자식을 낳게 되는 상황은 성경뿐 아니라 전 세계의 전설이나 신화에 많이 등장한다. 특히 그리스나 이집트 신화에서는 이와 같은 근친상간적 관계들이 별다른 죄의식이나 검열 장치 없이 묘사되고 있다. 예컨대 오시리스와 이시스, 제우스와 헤라, 제우스와 데메테르 등 부녀뿐 아니라 남매 사이의 근친상간이 자연스럽게 묘사된다. 이른바 인류가 문화와 역사를 만들어 가는 과정 중에 형성된 여러 가지 금기는 의식과 현실에서는 점점 사라지고 없어지지만 무의식과 신화 세계에서는 그 흔적을 남긴다. 근친상간 같은 타부들이 본능의 수준에서는 여전히 그 힘을 발휘하고 있기 때문이다. 때론 마음의 병이 깊이 든 사람들 중에는 이런 금기에 대한 억제가 풀려 근친상간적 관계를 갖고 신경증에 걸리게 되는 수도 있다.

「소박맞은 세 자매」의 설정을 이렇게 근친상간적 상황이나 신화와 연결해 이해하는 것도 한 방법이지만, 한편으로는 남자의 무의식 속에 있는 아직 성숙되지 못한 여성성(아니마)의 문제로 분석하면 더 재미있다. 첫째 딸의 행동에는 음식의 이미지와 여성의 성적 이미지가 함께 버무려져 있다. 여성의 속곳에 가득한 '이'란 외부적 존재 foreign body 는 깨끗하게 자기 몸을 관리하지 못한 탓에 생긴 침범과 오염의 결과다. (요즘 세상에 노숙자가 아닌 다음에야 음부에 벌레가 있을 수 있겠는가 하고 반문할지 모르지만, 실제로 성병 중에는 사면발이 같은 기생충이나 인유두종 바이러스(콘딜로마) 같이 바이러스로 옮기는 것들이 꽤 있다.)

첫째 딸이 이를 잡기 위해 속곳을 삶는 행동은 신체 속에 오염된 물질을 제거하려고 하는 것이니 나름대로 합리성을 지닌 행동처럼 보인다. 그러나 첫째 딸의 '합리성'은 오로지 자기만의 논리이고, 맥락을 보지 못하는 자기중심적 논리이다. 현실에서도 미숙한 여성들이 남들은 수긍하지 못하는 자기만의 논리로 황당한 주장을 끝까지 밀어붙이는 모습을 관찰할 수 있다.

물론 완전히 거꾸로 해석해 볼 수도 있다. 이제부터는 몸종처럼 시부모의 밥을 끼니때마다 해야 하는 처지에 할 수 있는 작은 반란이다. 부엌에서 어떤 일이 일어나는 줄 모르는 채 앉아서 밥상만 받는 시부모는 사실은 며느리가 밥을 더럽게 해 주든, 깨끗하게 해 주든 전혀 눈치를 채지 못한 채 넘어갈 수도 있다. 그러나 이 딸은 시부모에게 자신의 행동을 곧이곧대로 말해 소박맞는 상황을 유발한다. 솔직하고 당돌하다 할까?

재미있는 것은 이런 상황에 남편의 존재감은 없다는 것이다. 벌레인 이가 그렇게 많았으면 남편 역시 이가 옮아 몹시 괴로웠을 터인데 남편의 속곳에 대한 언급도 없다. 이는 어쩌면 큰딸이 남편의 아내가 아닌 시부모의 며느리로서만 살고 있다는 이야기를 간접적으로 보여 주고 있는 것이 아닐까. 며느리 입장에서는 그런 외롭고 고단한 삶에서 의미나 재미를 찾지 못했을 수도 있다. 남편도 없이 외롭게 살고 있으니, 별로 좋아하지도 않는 시부모의 밥상을 맛있게 차리고 싶은 기분도 들지 않을 터이다.

자신의 속곳을 같이 넣고 삶았다는 것은 그런 무의식적 태도를 은근슬쩍 행동에 옮긴 수동 공격형 passive aggressive 반항일 수 있다. 수동 공격형 반항은 직접 대놓고 싫다고는 못하고, 권위적 상대를 은밀한 방법으로 골탕 먹이는 성향을 말한다. 일을 일부러 더디게 한다든가, 혹은 무의식적으로 다 된 일을 마지막에 뒤집어 놓는다든가 하는 식으로 상급자를 골탕 먹이는 행동이다. 이 며느리 역시 수동 공격적인 방법으로 시부모를 혼내 주다가 나중에는 아예 내놓고 자신이 한 일을 고백해 시부모를 나자빠지게 만든다. 이를 좀 뻔뻔한 어투로 바꿔보자면 "당신들은 내 속곳 빤 물이나 먹고 살 정도의 수준밖에 안 된다."는 선언이다. 완전히 케이오 패 당한 시부모님들로서는 이런 며느리와 싸워 봤자 질게 뻔하니 며느리를 내쫓은 것이 아닐까.

둘째 딸 역시 시아버지란 권위를 여지없이 무너뜨리고 만다. 우선 요강이 있을 자리에 왜 하필이면 시아버지가 누워서 자고 있는 궁금해진다. 엄연히 시아버지는 시어머니와 안방에서 자야 하건만, 아들과 며느리가 자는 건넌방 바로 앞에서 얇은 문풍지를 사이에 두고 누워 있다. 아들과 며느리의 방사를 다 보고 들을 수 있는 위치가 아닌가. 며느리 입장에서는 이런 시아버지에게 반항하는 방법으로 기왕에 며느리의 사적인 영역을 침범하고 싶은 사람이라면 "아예 내 성기도 보는 게 어떠냐."라는 일종의 극단적인 어깃장 부리기를 선택한 것은 아닐까. 딸의 아버지 반응 역시 "그 구경처럼 재미있는 것이 없건만, 재미는 다 보고 며느리 내쫓아 버렸다."고 오히려 사돈을 비난하는 것을 보면 '관음증 시아버지'의 엉큼한 속내를 같은 남자로서 눈치 챈 모양이다.

실제로 둘째 딸과 같은 방법으로 분노를 표현하고 상대방에 반응하는 여성들은 자신의 성을 무기삼아 남성들을 물 먹이기도 한다. "내 몸을 우롱해? 기왕이면 돈만 많이 내!" 하는 식이다. 과거 사또들을 몽땅 벗겨 먹은 기생 이야기에 나오는 애랑이 같은 유형은, 현대로 치자면 남자들로 하여금 하룻밤에 수천만 원씩도 쓰게 만드는 유흥가 직업여성들의 행동이다.

둘째 딸 같은 여성성이 만약 남성의 무의식에 들어가 있으면 어떤 모습으로 발현될까. 젊은 남자들 중에는 자기보다 나이 많은 권위적 대상에게 끊임없이 싸움을 걸고 약을 올리고 딴죽을 거는 이들이 있다. 얼핏 생각하면 나이 많은 남성들이 이길 것 같지만 젊은 남성들이 아주 집요하고 간교하게 권위적인 대상을 물 먹이려고 한다면 머리가 굳어 가는 노인들은 당해 낼 수가 없다. 아무래도 젊은 세대가 잔머리도 잘 굴리고 순발력도 있는 경우가 많기 때문이다. 또 젊은 세대는 앞뒤 가리지 않고 일단 들이받고 보기 때문에 치열하게 싸우고 나면 나이 든 권위적 존재의 상처가 훨씬 더 크고 오래 남기도 한다. 둘째 딸 역시 일단 저질러 본다는 태도니, 실제로 체면이 손상당하고 수치심을 느낀 사람은 시아버지 쪽이다. 시아버지로서는 그런 당돌한 며느리와 같이 살아 봤자 앞으로도 계속 당할 것이 뻔하기 때문에 자기 보존을 위해 내친 것이 아닐까?

셋째 딸은 여기에 더해 도덕적인 금기를 아예 노골적으로 깨고 있다. 아마도 이 딸의 서방님은 아내를 몹시 외롭게 한 모양이다. 한참 젊은 나이에 남편의 사랑을 못 받아 애가 탄 셋째 딸이 시동생을 끼고 합방을 한 셈이니, 시댁 입장에서는 완전히 콩가루 집안을 만들어 놓은 며느리가 아닐 수 없다. 그러나 자신의 욕망에 철저한 셋째 딸은 오히려 그게 왜 잘못되었느냐고 반문한다. 실제로 요즘 젊은 여성들 중에는 이처럼 앞뒤 가리지 않고 자신의 본능에만 충실한 사람들이 적지 않다. 자신의 몸을 이용해서 출세를 한다는 이른바 '소파 승진'에서부터, 성형 수술과 명품으로 치장한 다음 부잣집 도련님, 이른바 '파파 리치'를 만나는 것이 꿈이라 선언하는 젊은 여성들이다. 그들에게는 체면이나 염치 같은 단어는 필요하지 않다. 그리고 이런 딸 뒤에는 딸이 어떤 일을 하건, 무조건 딸들의 입장에서만 생각하며 이를 부추기는 나이 든 부모가 있다. 이 세 딸 역시 마누라도 없이 세상을 재미없게 사는 아버지 대신 하고 싶은 것은 다 하고 산다. 즉, 아버지 무의식 속의 여성성이 의식에서는 차마 못하는 것을 딸들이 미련 없이 대신 해 주고 있는 것이다.

시집갈 만한 남자가 없다고 말하는 능력 있고 아름다운 여성들, 시집을 가고 나서도 시댁이나 남편을 사사건건 무시하고 함부로 대하는 여성들, 일등 신붓감인 내 딸을 남 주기에는 아깝다고 생각해 시집을 보내지 않는 부모들, 또 툭하면 사돈이나 사위의 흠을 잡아내는 부모들이 이 민담을 읽으면서 과연 어떤 생각을 할 것인지 자못 궁금하다.

의식과 무의식을 뒤집어 생각해 보자면, 딸들의 아버지는 시어머니 무의식 속의 남성성이고 딸들은 남자들의 무의식 속의 여성성으로 생각할 수도 있다. 즉 사사건건 며느리 흠을 보고 툭하면 친정에서 잘못 배웠다고 인간적으로 모욕감을 주는 시어머니와 장인, 장모에게는 함부로 하면서 문제만 생기면 본가의 부모님에게 달려가 역성을 들어 달라는 철없는 남편의 무의식이 이 세 딸들이라고 뒤집어 읽을 수도 있다.

　물론 민담의 목적은 이와 같은 교훈 읽기와 해석은 물론 아니다. 오히려 이 세 자매의 어이없는 행동들과 그 때문에 소박을 놓긴 했지만 사실은 남들에게 크게 조롱당한 시부모들, 또 그런 딸들에 대해 무조건적인 지지를 보내는 아버지의 상황에 대해 한 번 실컷 웃은 다음에, 자신의 무의식 속 콤플렉스와 작위적인 해석 없이 자유롭게 만나 보는 게 더 재미있을 수 있다.

구렁덩덩새선비

― 나와 남의 허물을 보는 시각

옛날에 오랫동안 자식이 없다가 구렁이를 자식으로 두게 된 할머니와 할아버지가 살았습니다. 할머니는 구렁이를 차마 집 안에 둘 수가 없어서 뒤꼍 굴뚝 옆에 두고 삿갓으로 덮어 놓았습니다. 한편 할머니네 이웃에는 딸 셋을 둔 부잣집이 있었는데, 하루는 세 딸들이 아기를 보러 왔습니다. 아기 대신 구렁이가 있는 것을 본 큰딸과 둘째 딸은 더럽다고 침을 퉤퉤 뱉었지만, 셋째 딸은 구렁이가 숨어 있는 삿갓을 도로 잘 덮어 놓고 돌아갔습니다.

몇 해가 지난 후 구렁이는 이웃 부잣집 딸에게 장가보내 달라고 하였습니다. 말도 안 되는 소리라 했지만 구렁이는 만약 장가를 못 가면 불을 붙여 들고 칼을 물고는 어머니 뱃속으로 도로 들어가겠다고 위협했습니다. 할머니는 어쩔 수 없이 매일 부잣집에 찾아갔지만, 차마 이야기를 꺼내지 못하였습니다. 결국 할머니의 사연을 듣게 된 마음

좋은 부잣집 마나님은 딸 셋을 불러 누가 구렁이와 혼인을 하겠냐고 물었더니, 셋째 딸만이 부모님의 명을 따르겠다고 했습니다. 혼인날이 되자 구렁이는 색시에게 큰 가마솥에 물을 끓여 달라고 하며 목욕을 하더니 허물을 벗고 늠름한 선비가 되었습니다. 행복하게 살던 어느 날 신랑은 과거를 보겠다며 "구렁이 허물을 태우거나 잃어버리면 우리는 영영 만나지 못할 것이라니 잘 간직하라."고 당부한 뒤 집을 떠났습니다.

며칠 후 언니들이 집에 놀러 와서는 색시가 간직하고 있는 구렁이 허물을 보고는 더럽다며 화롯불에 던졌고, 구렁이 허물 타는 냄새가 한양까지 퍼졌습니다. 새 선비는 냄새를 맡고는 다시는 색시에게 돌아오지 않았습니다.

아무리 기다려도 선비가 돌아오지 않자 색시는 남편을 찾아 나섰습니다. 한참을 가는데 까마귀가 잔뜩 모여 구더기를 먹고 있기에 남편이 어디 있는지 물어보았습니다. 그러자 까마귀는 구더기를 윗물에 씻고 아랫물에 헹구고 가운데 물에서 건져 주면 가르쳐 준다고 하였습니다. 시킨 대로 하자 까마귀가 길을 가르쳐 주었습니다. 고개를 넘어가니 이번에는 멧돼지가 칡뿌리를 캐 먹고 있어서 또 길을 물어보았습니다. 멧돼지가 산에 있는 칡뿌리를 다 캐 주면 가르쳐 준다고 해서 색시는 그대로 또 하게 됩니다. 멧돼지는 이번에도 요 다음 고개를 넘어가라고 했습니다.

고개를 넘어가니 이번에는 아주머니가 빨래를 하고 있기에 물어보았더니 검은 빨래는 희게 하고 흰 빨래를 검게 빨아 풀 먹이고 다듬어 얌전하게 잘 개어 주면 가르쳐 준다고 했습니다. 색시는 또 시킨 대로 하였습니다. 아주머니는 고개 너머 옹달샘이 있으니, 거기 떠 있는 은 바가지를 타고 가라고 가르쳐 주었습니다. 아주머니 말대로 고개를 넘어가니 정말 옹달샘이 있었습니다. 은 바가지를 타고 한참을 가다 벼가 익는 들에서 은 바가지가 휙 뒤집히자 셋째 딸은 바가지에서 내렸습니다. 거기서 작은 여자아이가 새를 쫓으며 "구렁덩덩 새 선비님 장가가는데 그만 까먹고 어서 날아가거라."라고 노래하고 있었습니다. 아이에게 새 선비가 어디 사시느냐 물으니, 큰 기와집을 가리켜서 색시는 기와집으로 가 동냥을 하러 왔다 했습니다. 여종이 흰쌀을 떠다 주었지만 밑이 뚫린 자루에 받아 일부러 쌀이 흘러 땅에 떨어지게 했습니다. 그러고는 은 젓가락으로 쌀을 한 톨 한 톨 주워 담아 시간을 벌었습니다. 그러다 보니 해가 졌고 셋째 딸은 하룻밤만 재워 달라고 청했습니다. 방이 없다고 하자, 마루 밑이라도 좋다고 하여 색시는 마루 밑에서 밤을 새게 되었습니다.

> 혹은 신(新)선비라고 말한다. 허물을 벗고 새로 태어났으니 새 선비이다

그날 밤, 선비가 마당으로 내려와 마루 밑에 있는 색시를 보게 되어 가까이 다가갔습니다. 색시가 그동안 겪은 일을 모두 얘기하자 새 선비는 오해를 풀게 되었습니다. 그래서 둘은 오래오래 행복하게 살았답니다.

구렁이 신랑과 막내딸의 혼인 이야기는 그리스 신화 「큐피드와 프시케」, 디즈니 영화로도 만들어진 「미녀와 야수」, 그림 동화의 「개구리 왕자」 등 동물과 결혼한 아가씨가 우

> 이해를 돕기 위해 「개구리 왕자」 이야기를 이 글 뒤에 따로 실어 놓았다.

여 곡절 끝에 행복한 결혼 생활을 하게 된 이야기 중 하나라 할 수 있다. 이야기의 주인공들은 공통적으로 마법에 걸리거나, 불운하게도 자기의 뜻과는 상관이 없이 흉측한 모습으로 나타나 결혼 준비가 안 된 색시와 대면을 하게 된다. 비교적 잘 알려진 그림 형제의 동화 「개구리 왕자」에서도 제일 좋아하며 가지고 놀던 금 공이 우물(혹은 분수나 연못)에 빠져 울고 있는 공주에게 개구리의 모습을 한 왕자님이 나타나고, 「구렁덩덩 새 선비」 역시 집에도 들어가지 못하고 삿갓 밑에서 똬리를 틀고 있는 징그러운 구렁이의 모습으로 부잣집 막내딸을 만나게 된다.

물론 다른 점들도 있다. 구렁이 신랑은 날 때부터 이유 없이 구렁이의 몸으로 태어난 것이지만 개구리 왕자는 마녀의 주술에 걸려 개구리로 변하게 된다. 또 구렁덩덩 새 선비의 색시는 부모님이 명하는 대로 순종하여 구렁이 신랑에게 시집을 갔고, 개구리 왕자의 공주는 개구리 왕자가 징그러웠지만 우선 자신의 금 공을 되찾고 싶어서 하기 싫은 약속을 억지로 한다. 왕은 공주에게 한번 한 약속은 꼭 지키는 것이라 말하지만 부잣집 부모는 이유 없이 이웃집 할머니가 부탁한다고 딸을 구렁이에 시집보낸다. 「구렁덩덩 새 선비」는 허물을 벗은 후 길을 떠나지만 그림 형제의 이야기는 왕자의 집사 헨리가 왕자를 잃은 슬픔에 심장이 터질까 봐 가슴에 철판을 대고 살다가, 왕자가 다시 사람이 되자 철판이 깨지면서 갑옷을 벗게 되어, 설정과 상황은 다르지만 양쪽 다 가슴 혹은 몸을 싸고 있는 허물의 존재가 중요한 소재가 된다.

구렁덩덩 새 선비와 개구리 왕자 모두 공통적으로 결혼식을 올리기 전에는 차갑고 무서운 찬피 동물의 모습을 하고 있다는 사실은 의미가 있다. 왜 하필 미끌미끌한 찬피 동물일까? 남성들은 결혼하기 전에는 여성들만큼 뜨거운 감성이 충분히 발전되지 않는다는 점에 대한 은유일 수도 있다. 요즘에는 성 역할이 예전만큼 이분법적으로 나누어져 있지 않지만 과거에 여성들은 감정 영역을, 남성들은 주로 이성적인 영역에 중점을 두는 것으로 교육받았다. 남성들이 주로 수학이나 논리학적인 분야에 강했다면 여성들은 문학이나 예술 쪽에 익숙한 것이 과거의 일반적 남녀 역할 차이였다. 어쩌면 이런 성 역할 분담은 오래 전 원시 시대부터 형성되어 온 것일 수도 있다. 남성들은 사냥하기 좋은 몸의 구조를 타고 났기 때문에 주로 낚시를 하거나 짐승을 잡으며 살았다. 고기나 짐승을 잡으려면 정확하게 거리와 바람 등을 계산하고 따져서 목표물을 포획하는 과제를 수행해야 했다. 반대로 여성들은 뛰어다니기에는 상대적으로 부적절한 골반 구조와 임신과 출산의 의무 때문에, 주로 아이를 돌보고 농사를 지으며 음식을 하는 것에 활동이 집중되었다. 이에 따라 여성들은 아이를 키우는 등의 관계 지향적인 삶을 살았던 것이고 남성들은 목표 지향적인 삶을 살았다. 이와 같은 자연적 적응의 합목적적인 성향을 지니지 못한 남성과 여성의 유전자들은 자연 도태되어 남녀의 성적 차이가 형성되었지 않나 짐작해 본다. 하이퍼 테크놀로지 시대인 현대에는 물론 이와 같은 전통적인 성 역할이 많이 깨져 버렸지만, 아직도 인간의 의식이나 무의식에는 원시 시대부터 유래된 이런 성적 차이가 존재하고 있는 것을 관찰하게 된다.

대부분 남자들은 감정 표현이 풍부하지 못하고 무뚝뚝하게 모든 것을 논리적으로 사고하는 경향이 있어 여성들이 이에 대해 불만을 갖기 쉽다. 예를 들어 보자. 한 여성이 차를 몰다 사고가 났다. 얼른 그 여성은 남자 친구나 남편에게 전화를 걸어 도움을 청할 것이다. 같은 여성이라면 "다치지 않았느냐, 얼마나 놀랬느냐." 하며 먼저 위로부터 하겠지만 남자들의 경우는 일단 상대방이 전화를 할 정도이니 많이 다친 것은 아니라 (논리적으로) 생각하고 "차 어디가 부서졌느냐, 보험 회사에 연락은 했느냐, 경찰에 신고는 했느냐." 등등 사태 수습을 위해 필요한 질문들을 먼저 한다. 여자는 이런 남자나 남편의 태도가 속으로 많이 서운하다. 몸이 다친 것을 먼저 걱정해야지 어떻게 그렇게 냉혹하게 딴청만 할 수 있냐며, 과연 그 사람을 앞으로 믿고 살 수 있을지 회의도 해 본다. 반면에 사고 현장에 나타난 남자 친구나 남편은 당황하며 얼이 빠진 여성이 할 일을 말없이 대신 해 주는 자신의 행동에 상대방이 감동받고 감사해 주길 내심 기대한다. 여성의 입장에서는 놀라 얼이 빠진 자기를 꼭 안아 주며 위로의 말부터 건네길 바라고 있었는데, 보험 회사 사람이나 사고를 낸 상대방하고만 상대하는 남자에게 몹시 서운하다는 것은 꿈에도 상상 못한다. 당연히 남자들은 실컷 고생한 자기에게 감사의 표현을 하지 않는 여성이 너무 괘씸하다. 이렇게 되면 남녀 간 오해와 감정의 골이 생기게 된다. 이성과 성취 지향적인 태도가 몸에 밴 남성과 감정과 관계 지향적인 태도가 몸에 밴 여성의 차이 때문에 일어나는 웃지 못할 일이다.

구렁덩덩 새 선비나 개구리 왕자의 허물을 이렇게 남성의 외면에 나타나는 논리적이고 차가운 모습이라고 이해해 보는 것도 재미있지만, 한편으로는 여성이 남성을 사랑할 때 수용해야 하는 부끄럽고 성가신 허물들, 즉 여성의 눈으로는 버렸으면 하는 껍데기들이라고 해석해 볼 수도 있다. 예컨대 결혼 기피 대상이라는 장남에 대한 조건을 생각해 보자(요즘엔 거의 외동들이니 장남, 차남이라는 개념도 없지만). 많은 여성들이 '장남'이라는 남편의 허물을 받아들이지 못하고 더 이상 장남의 아내 노릇을 할 수 없다고 선언하고 있다. 과거 장남이 장남답게 집안을 이끌 수 있었던 것은 사실상 많은 부분 여성들의 내조와 희생 때문이었다. 효자로 소문난 돌아가신 필자의 아버지와 큰아버지, 작은 아버지도 할머니께서 병석에 눕자 할머니 곁을 자주 찾긴 했지만, 막상 아들 세 분이 하신 일은 누워 계신 할머니 곁에서 바둑 두는 일뿐이었다. 직접 할머니를 먹이고, 씻기고, 기저귀를 갈았던 것은 피도 살도 섞이지 않은 세 며느리였다. 이제는 그런 헌신적인 며느리들이 거의 없다. 만약 현대 여성들이 시부모와 시댁 식구들과 인연을 끊고 살겠다고 고집한다면 대부분의 남성들은 속수무책이 된다. 그러다 보면 본가에서도 욕을 먹고 아내와도 사이가 좋지 않게 되는 임상 사례들이 점점 증가하고 있다. 무릇 현명한 남편이라면 아내의 희생에 대해 아낌없이 고마움을 표시하고, 무엇보다 처가 일이건 본가 일이건 힘든 일을 먼저 솔선수범할 것이다. 아내 또한 자신의 집안에서 대우받을

수 있도록 할 수 있는 한 지혜롭게 처신할 것이며, 본가의 식구들 역시 아들과 며느리에게 비현실적인 짐을 지우지 않도록 조심할 터이다. 그러나 이상과는 많이 다른 현실에서는 각자 자신들만 더 많이 희생하는 것만 같고, 상대방은 모두 자신을 착취하고 무시한다는 생각이 들 수 있다. 이렇게 남자의 본가에 대한 책임은 여자 쪽 입장에서는 태워 버리고 싶은 큰 허물이다. 결국엔 「구렁덩덩 새 선비」처럼 남편과 아내는 헤어지고 말 수도 있다.

꼭 시댁과의 관계뿐 아니라 아내가 받아들이기 싫은 남편의 개인적인 취향, 개인사, 인간관계들도 벗어 버린 허물의 상징일 수 있다. 예를 들면 재혼 가정에서 남편이 전처에게서 낳은 아이, 또 전처에게 보내야 하는 위자료 등이 남편의 허물이 될 수 있다. 물론 아내가 재혼일 때도 마찬가지다. 결혼을 할 때는 그 허물조차 감싸 안을 수 있다고 생각하였지만 막상 한 가정을 이루고 나면 빡빡한 집안 살림에, 배우자의 사랑이 분산되는 것만 같다. 초조한 마음에 배우자들에게 과격하게 과거, 즉 허물들을 태워 정리하라고 하는 이들도 적지 않다. 남편의 취미 역시 마찬가지다. 어떤 남자들은 아침마다 축구를 하고, 어떤 남자는 골프에 미친다. 또 어떤 남자는 밤을 새며 바둑을 두고 혼자 여행을 다니기도 한다. 골프 과부란 말이 있듯이 남편이 아내의 취향과는 상관없이 자기 세계에 들어가 버리면 아내는 외롭고 화도 나고 해서 어떡하든 그 취미를 그만두게 만들고 싶어진다. 그러나 막상 그 취미 생활마저 아내 때문에 그만두고 나면 남편들은 어디 가서 답답한 마음을 풀 데가 없어 잠재적 우울증에 빠져 엉뚱한 행동을 할 수도 있다. 구렁덩덩 새 선비처럼 아예 집을 나가 돌아오지 않기도 한다.

구렁덩덩 새 선비의 경우도 결혼한 후 남편이 자신의 허물을 고이 간직하라 했지만, 아내의 두 언니들이 그것을 태워 버린다.「큐피드와 프시케」에서도 친정 언니들이 신랑의 얼굴을 보라고 부추겨 촛농을 떨어뜨려 큐피드가 떠나게 된다. 이렇게 결혼 생활을 방해하는 언니들의 존재는 말 많은 처갓집 식구이기도 하지만 아내 속에 있는 의심, 분노, 부주의함 등을 나타낸다. 실제로 한번 배우자를 믿지 못하면 모든 것이 의심스러워 하나부터 열까지 상대를 감시하고 조이기도 한다. 남편이 늦게 들어오면 언제부터 언제까지 어디에 있었냐고 꼬치꼬치 캐묻고, 분 단위로 남편에게 전화를 거는 아내들. 또 아내가 낮에 어디 가면 안 될 것 같아 수시로 집에 전화를 거는 남편들은 의심의 노예가 되어 결국 의처증, 의부증이라는 망상형 정신병에 걸리기도 한다. 이렇게 배우자가 자신을 믿지 않으면 실제로 이혼이라는 형식으로 발전하건 그렇지 않건 간에 서로의 마음은 떠나갈 것이다. 「구렁덩덩 새 선비」에서도 허물을 태우는 냄새를 맡은 남편은 과거를 보러 갔다 아내 곁으로 다시 돌아오지 않는다.

물론 문제를 해결하는 실마리는 있다. 남편을 잃은 색시가 갖은 고난을 헤쳐 가면서 스스로를 단련하는 것이다. 색시의 첫 번째 시련은 구더기를 씻고 까마귀에게 도움을 받는 것이다. 구더기는 매우 더러운 벌레다. 짐승이 썩거나 분뇨에서 생기는 것이므로 가장 혐오감을 주는 존재라고 해도 과언이 아니다. 중국에 전해지는 관세음보살 전설 중에는 더러운 구더기에 대한 혐오를 극복하여야 성불할 수 있다는 메시지가 담긴 이야기도 있다.

까마귀는 일본에서는 길조라 여기지만, 한국에서는 사람이나 짐승의 썩는 시체가 있으면 날아오는 흉조다. 구더기와 까마귀 모두 썩거나 죽음과 관련이 있는 이미지란 뜻이다. 즉 아내는 과거의 자신을 일단 죽이고 정화시켜 새로 태어나야 한다.

두 번째 과제는 산에 있는 '칡뿌리 캐기'다. 산에 묻힌 질긴 칡뿌리를 캔다는 것은 매우 어렵고 고단한 노동이다. 멧돼지는 길들여지지 않은 야생의 동물이다. 칡뿌리를 다 캐서 멧돼지에게 준다는 것은 고된 노동을 통해 자신 안에 있는 야생성을 길들인다는 의미다.

세 번째 과제는 검은 옷을 희게, 흰 옷을 검게 하는 빨래다. 구더기를 씻어 내는 것보다는 훨씬 더 세련된 정화 과정이다. 검은 것을 희게 하고 흰 것을 검게 하는 것은 여성들의 미성숙한 이분법적인 사고방식을 극복하라는 주문이다. 아니무스, 즉 무의식의 남성적인 콤플렉스에 사로잡히면 여성들은 남성들보다 더 가혹한 잣대로 무엇이든 판단하고 재판하려 한다. "쟤는 나빠, 쟤는 좋아." 하면서 합리적이지 못한 이유로 사람들을 재판하기도 하고, 이유 없이 나는 옳고 상대방은 그르다면서 고집을 부리기도 한다. 왜 그러냐고 물어보면 '어쨌거나, 하여튼, 이유 불문하고'라면서 무조건 싫다고 말한다. 이는 사고 기능이 배제된 채 좋고 싫은 판단만 하는 열등한 감정 기능에 사로잡힌 여성들의 태도이다. 이런 태도를 버리지 않으면 창조적인 감성은 말라 버린 채 여성들의 정신세계는 그대로 썩고 만다. 흰 것과 검은 것을 바꿈으로써, 즉 자신의 경직된 이분법적 태도를 극복함으로써 여성은 옹달샘, 즉 창조적 원천을 만나게 된다.

다음으로 옹달샘에서 여성이 만난 것이 왜 은 바가지일까? 바가지란 무언가를 담는 그릇vessel이다. 융 심리학에서 그릇은 매우 중요한 여성적 상징이다. 그릇이 있어야 음식도, 물도 담을 수 있

> 굳이 vessel이란 영어를 다시 언급하는 것은 융 심리학에서 vessel의 개념이 매우 중요하기 때문이다. vessel은 무언가를 담아 내고, 섞어서 요리를 만들어 사람들을 배불리 만드는 도구이다. 상징적으로는 여자의 자궁, 작업실, 일하는 공간, 상담 장소 등 무언가 변화와 창조를 이룰 수 있는 곳이 종종 그릇으로 꿈에 등장한다.

듯이 마음의 그릇이 있어야 나와 다른 상대방의 의견과 감성도 담을 수 있다. 또 지성의 그릇이 있어야 갑자기 떠오르는 영감을 잘 붙잡아 두어 새로운 창조적인 무언으로 구체화시킬 수 있다. 예컨대 번뜩이는 예지와 아이디어는 많은데 진득하니 앉아서 무언가를 만들어 내는 창의성은 부족한 이들이 있다. 멋진 그림에 대한 아이디어가 떠올라 실제로 화폭에 담기 위해서 화가들은 몇 달 이상 반복적인 붓 터치를 해야 한다. 아주 좋은 소설의 줄거리가 떠올랐다 해도 반복적으로 고치고 또 고치지 않으면 좋은 작품이 나올 수가 없다. 이렇게 자신의 이이디어를 안전하고 실용적인 용기에 담아 낼 때 자신의 창조성이 진정으로 발현되는 것이다. 은 바가지가 뒤집히는 곳에서 '누렇게 벼가 익는 들판' 즉, 창조적 결과물을 만나게 되는 것이다.

특히 이 시점에서 색시가 노래를 듣는다는 점도 재미있다. 바로 자

신의 남편이 새장가를 간다는 사연을 음악으로 듣는 것이다. 음악이나 미술은 아픔을 한 단계 높여 경험하게 하는 승화의 한 방식이다. 한없는 절망의 나락에 빠질 시점이었지만, 노래를 듣고 색시는 남편 찾기를 끝까지 포기하지 않는다. 이제 자신의 창조성을 발휘하면서 동시에 잃어버린 배우자도 찾을 수 있는 시점이 무르익은 것이다. 그리고 마지막으로 색시는 그 집에 머물기 위해 밑이 없는 자루에 쌀을 받아 일부러 흘러 은젓가락으로 하나하나 주워 담으며 머물 구실을 찾는다. 이런 설정은 자기실현에 필요한 매우 느리고 반복적인 노고를 이야기한다. 한 걸음 더 나아가 재워 줄 곳이 없다니 마루 밑이라도 자게 해 달라고 청한다. 자신을 거의 강아지와 같은 수준으로 낮추는 겸양이다. 성경에도 이방인 여성이 예수에게 도움을 청하며 "개도 식탁 밑에 떨어진 부스러기를 주워 먹지 않느냐."고 묻는 대목이 있다. 특히 현대인이라면 꺼릴만한 자기 낮추기인데, 짝과 만나 백년해로하기 위해서는 때론 이런 자기 낮춤과 버림이 필요한 게 인생이다.

물론 겸손과 자기 비하는 명확하게 구분해야 한다. 만약 색시가 병적인 자기 비하에 빠졌다면 애초에 남편을 찾아 그 먼 길을 떠나지도 않았을 것이다. 또한 "나 같은 것이 무슨 남편 복이 있겠냐."며 마지막 순간에 자신을 드러내지도 못했을 터이다. 구렁덩덩 새 선비의 아내는 겉으로는 한없이 몸을 낮추는 것처럼 보이지만, 결정적인 시점이 되자 자기의 본색을 드러내 적극적으로 오해를 풀 능력을 갖추고 있었다. 겸손의 단계를 거친 후 '드러냄'과 '말하기'의 동시 수행은 자기실현에 꼭 필요한 단계다. 이런 마무리 없는 한없는 겸양이나 무조건적인 양보는 피학적인 병리 현상에 불과한 경우가 많다. 자신이 원하는 것을 요구하지 못하고 희생만 하는 여성들이 나중에 큰 병을 얻거나, 혹은 깊은 원한 때문에 화병을 얻는 경우를 임상에서 적지 않게 만난다. 희생은 희생 그 자체로 가치를 지니는 것이 아니다.

예컨대 아들, 딸은 원하지 않는데, 자식들이 무언가 되는 것을 강요하는 여성들을 보자. 그들은 자식들을 본인이 원하는 방향으로 끌고 나가기 위해 온갖 희생을 감수한다. 친구도 만나지 않고 열심히 문전을 벼르고 자식들 먹을 것을 챙기다 병도 얻는다. 그러면서 자신이 몸이 부서져라 자식을 위해 동분서주하는 희생적인 자신을 자식들과 남들이 알아주길 바란다. 그러나 자식과 부모가 행복하지 않은 희생이 무슨 가치가 있는가? 또 남편의 출세를 위해 남편과 자신이 원하는 것을 모두 부정한 채 남편의 그림자가 되는 여성들이 있다. 그러나 한쪽만 일방적으로 희생할 경우엔 양쪽이 다 지치고 만다. 결국 한쪽은 피해자, 한쪽은 가해자가 되어 헤어지는 부부들도 있다.

오랜 헤어짐과 굴욕의 아픔을 딛고, 마침내 말하기와 드러냄을 통해 부부가 백년해로 하게 되는 이런 과정을 현대 부부들은 어떻게 볼까? "뭐 한 번 어긋나 헤어졌으면 두 말 없이 잊어버리고 또 다른 이성을 찾으면 되지." 하고 간단하게 말할까? 그렇게 힘들게 배우자와 다시 만나기 위해 고생 고생해야 한다면 차라리 혼자 살게 내버려 두라고 말을 할까? 물론 어느 쪽을 택하건 그것은 각 개인의 선택이다.

개구리 왕자

 옛날 아주 예쁜 공주님이 숲에 놀러갔다가 자기가 가장 좋아하는 황금 공을 잘못해서 우물에 빠트리게 되었습니다. 우물이 너무 깊어 공을 찾을 길이 없게 되어 울고 있으려니 어디선가 왜 울고 있느냐는 목소리가 들렸습니다. 고개를 돌려 보니 못생긴 개구리가 서 있었습니다. 그리고 자기가 공을 찾아 줄 테니 대신 나를 사랑해 주고 나와 같이 놀아 주고 내가 당신의 식탁에 앉게 해 주며 같은 침대를 쓰게 해 달라는 것이었습니다. 우선 다급한 마음에 공주는 그렇게 하겠다고 약속하니 정말로 개구리가 공을 찾아 주었습니다. 개구리는 결국 공주를 따라 왕궁으로 갔습니다. 공주는 못 생긴 개구리와 같이 있기 싫었지만 약속은 지켜야 한다는 임금님의 말 때문에 개구리와 함께 생활하게 되었습니다. 공주는 침대까지 따라와 같이 꼭 자지 않으면 임금님에게 이르겠다고 말하는 개구리에게 화가 나서, 개구리를 벽에 집어 던졌습니다. 벽에 부딪친 개구리는 아름다운 왕자님으로 변하고 왕자와 공주는 함께 잠을 자게 되었습니다. 다음 날 왕자의 시종인 헨리가 멋진 여덟 마리의 백마가 탄 마차를 몰고 나타났습니다. 시종인 헨리는 왕자가 사라지자 슬픔에 가슴이 터질 것 같아 가슴 주위에 세 개의 쇠로 만든 밴드를 두르고 살았다는 것입니다. 기쁨에 겨운 왕자와 공주가 마차를 타자 뭔가 부서지는 소리가 들려서 왕자는 마차가 깨진다고 소리를 질렀지만, 헨리는 자신이 차고 있던 쇠 밴드가 부서지는 소리이니 걱정 말라 했습니다.

| 2부 |

옛이야기, 현대인을 말하다

3장
남과 다른 나 찾기

반쪽이

─ 그림자를 넘어서는 개성화의 발견

옛날에 자식이 없는 할머니와 할아버지가 신령님께 자식을 달라고 간절히 빌었습니다. 그러던 어느 날 꿈속에 수염이 하얀 신령님이 나타나 잉어 세 마리를 잡아먹으면 아들 삼 형제를 낳는다고 점지해 주었습니다. 할머니가 꿈에서 신령님이 시키는 대로 물가로 가 보니(혹은 마당의 우물가에 가 보니) 잉어 세 마리가 있었습니다. 할머니가 잉어를 잡으려는데 그만 세 번째 잉어는 고양이가 달려들어 반쪽을 몽땅 먹어치워 버렸습니다. 할 수 없이 할머니와 할아버지는 잉어 두 마리 반을 삶아 먹었습니다. 할머니는 잉어를 먹은 뒤로 내리 아들 셋을 낳았는데, 막내는 반쪽이로 태어나고 말았습니다.

할머니와 할아버지는 반쪽이도 똑같이 사랑했지만, 위의 형들은 반쪽이가 창피해 죽을 지경이었습니다. 마을 사람들도 반쪽이를 구박했지만, 반쪽이는 열심히 농사일을 하고 나무를 했습니다. 하루는 형들이 자신들을 쫓아오는 반쪽이를 나무에 묶어 놓았습니다. 그러나 반쪽이가 힘을 주니 커다란 나무가 뿌리째 뽑혔습니다. 반쪽이는 나무를 짊어지고 집으로 돌아왔습니다. 어머니는 영문을 몰라 물어보지만 반쪽이는 내 잔치 떡 할 때 떡메로 쓸 것이라는 말만 합니다. 다시 형들의 뒤를 쫓아갔더니 또 창피해하는 형들이 반쪽이를 바위에 꽁꽁 묶어 버리고는 또 자기들끼리 가는 것입니다. 이번에도 힘을 주어 바위를 뽑아 짊어지고 돌아가서는 내 잔치 떡 할 때 떡돌로 쓰겠다고 합니다. 다시 형들을 따라갔지만 형들은 또 싫어서 칡넝쿨로 동여매고는 호랑이가 득실대는 굴속에 던져 놓고 가 버립니다. 굴속에 있던 호랑이들이 몰려왔지만 이번에도 반쪽이가 힘을 주니 칡넝쿨이 끊어지고 반쪽이는 차례차례 호랑이를 죽여서 가죽을 몽땅 벗겨 어깨에 가득 짊어지고 길을 떠납니다.

날이 저물어서 마을에서 가장 큰 부잣집으로 가 재워 달라고 부탁을 했는데 호랑이 가죽이 탐난 부자 영감은 장기 내기를 합니다. 만약 반쪽이가 이기면 자기 딸을 주고, 지면 호랑이 가죽을 달라는 것입니다. 그런데 내기 장기에서 반쪽이가 모두 이겨 버리니까 다음 날 오라고 해놓고는 자기 딸을 내 주지 않으려고 집안 식구들에게 준비를 시킵니다. 반쪽이는 사흘째 밤이 되어 식구들이 잠에 곯아떨어질 때 나타나서는 대문 앞에서 졸고 있는 하인들의 상투를 맞잡아 노끈으로 묶고, 아들의 손에는 북을 매고, 며느리에게는 시루를 씌워 놓았습니다. 또 부인의 소매에는 자갈을 넣어 두고 부자 영감 수염엔 유황을 발라 놓았습니다. 그리고 딸이 자고 있는 방에는 빈대와 벼룩을 뿌립니다. 잠시 후 빈대와 벼룩에 물린 딸이 방 밖으로 뛰쳐나오자 반쪽이는 딸을 넙죽 받아 달아나면서 자신이 딸을 데려간다고 외칩니다. 그러나 잠에서 깨어난 하인들은 서로 머리를 붙들고 싸우고, 아들은 팔을 허우적대지만 북만 둥둥 울렸고 며느리는 시루를 쓰고 있는 것도 모르고 하늘이 내려앉았다고 벌벌 떨었습니다. 부자 영감은 부싯돌을 켜다 유황에 불이 붙어 수염이 타들어 가고 부인은 소맷자락의 자갈로 영감 얼굴만 때립니다. 반쪽이는 부잣집 딸을 업고 집에 돌아와 자신이 갖고 온 돌로 떡돌을 삼고 나무로 떡메를 쳐 혼인 잔치를 멋지게 벌인 후에 오래오래 행복하게 살았답니다.

조금 먹고살 만해져서 그런지 대부분의 사람들이 점점 더 먹성, 입성에 까탈을 부리며 살게 되는 것 같다. 덩달아 몸에 대한 투자도 대단하다. 불과 수십 년 전 그저 세끼 밥만 배불리 먹을 수 있으면 행복했다는 가난했던 시절들의 이야기가 까마득한 과거처럼 들릴 만큼 외모에 대한 관심과 사랑이 끝없이 확대 재생산되고 있다. 외모 가꾸기에 몰두하는 이를 볼 때마다 우리가 소비하여 탕진하는 자연에 미안하고 부끄럽지 않은 이가 과연 얼마나 될까 의문이 든다. 지구 환경까지 들먹일 것도 없이 그동안 건강한 신체를 갖고 살면서 알게 모르게 누렸던 입장을 주위에 과연 얼마나 되갚으며 살고 있을까 궁금해진다. 옛날 할미니들 말투를 흉내 내자면 이차피 세상 뜰 몸, 왜 그렇게 신주단지 모시듯 아끼며 살고들 있을까. 피부 관리하고 성형 수술하고 명품으로 포장한다고 사람 몸이 늙지도 않고 썩지 않는 것도 아닌데 말이다.

민담 속 반쪽이와는 달리 운 좋게 헌헌장부, 천하일색으로 태어나 흠잡을 데 없어 손도 대지 않은 몸이라 치자. 그 몸을 가진 사람들 역시 남들에게 이런저런 신세를 지지 않고 홀로 성장할 수 없는 존재다. 어찌 보면 우리들은 서로 의지해야 하는 반쪽의 존재이기 때문이다. 빛나는 외모와 재능도 누군가 봐주고 들어주는 사람이 없으면 다 소용없는 일이다. 일도, 사랑도, 예술도, 알아주는 그 누군가가 존재하지 않는다면 그 자체로는 아무런 의미가 없다. 그런데도 사람들은 오로지 자신의 몸치장에 목숨을 건다.

삶 자체도 그렇다. 탄생 이전과 죽음 이후가 있기 때문에 삶은 그 의미를 부여받는다. 주어진 시간이 유한하니 더 많이 일하고 더 많이 사랑해야 하는지도 모른다. 그러나 내가 태어나기 이전과 사망한 이후, 존재의 피안까지 우리의 언어는 도시 닿을 수가 없다. 존재의 시작과 끝에 대해 죽을 때까지 완전하게 파악할 도리가 없으니 삶에 대한 인식 역시 영원히 완성되지 않는 반쪽일 수밖에 없다. 반쪽밖에 알지 못하고, 반쪽이 없으면 온전하지 않은 인생은 우리가 우리의 삶에 대해, 그리고 남의 삶에 대해 좀 더 겸손해야 할 이유이기도 하다.

「반쪽이」 이야기에는 반쪽인 우리 존재에 대한 깊은 문제 제기와 치유가 동시에 담겨 있다. 장애아의 성장 동화쯤으로 단순화시키기보다는 그 속에 들어 있는 여러 신화소(神話素, mythologem)들을 하나하나 들여다보면서 그 상징을 이해하면 훨씬 더 풍요로운 자기 성찰이 가능하다.

우선 자식이 없어 외로운 할머니와 할아버지가 산신령께 빌어 우물 속에 있던 잉어를 먹고 회임을 하는 부분부터 보자. 늙은 부부가 신령한 힘으로 잉태에 성공하여 아들을 낳는 이야기는 성경의 아브라함과 사라뿐 아니라 제주의 무속 신화 등 많은 신화와 민담의 시작에 등장한다. 늙은 부부에게 '아이가 없는 것'은 희망과 순수한 마음, 열정 등 살아가는데 필요한 정신적 에너지의 고갈과 쇠락을 의미한다.

다행히 반쪽이의 부모는 신령님의 분부대로 세 마리 잉어를 먹고 수태에 성공한다. 잉어는 특히 동아시아에서 영험한 신적인 기운을 지니고 하늘로 올라가거나 혹은 올라갈 수 있게 도와주는 영물로 간주되었다. 이규보는 「동명왕편(東明王篇)」에서 하백이 해모수와 싸움을 벌일 때 잉어로 변신하는 장면을 마치 판타지 소설처럼 묘사한다. 잉어와 자라를 함께 고아 만든 용봉탕을 임산부에게 먹이는 민간요법의 유래도 아마 여기 있을 터이다. 잉어가 물살을 헤치며 거슬러 올라가다 용으로 변하는 그림을 어변성룡(魚變成龍)이라 한다. 등용문이란 말도 잉어와 관련이 있다.

그러나 잉어 세 마리 중 한 마리를 고양이가 끌고 가서 반쪽을 먹어 치우자 이야기는 꼬이기 시작한다. 고양이는 나라마다 그 의미가 달라 일본과 불교, 켈트족 신화에서는 나쁜 징조와 악마의 상징으로 생각하지만 힌두, 이집트, 이슬람 문화권에서는 성스러운 인류의 보호자로 믿는다. 고양이는 삵과 같은 종류이지만 집 안에서 길들였기 때문에 야생 동물로서의 특성과 가축의 특성을 같이 가지고 있다. 또

한 목숨이 아홉 개이며 악귀와 질병을 물리치는 동물이다. 분석 심리학의 관점으로는 고양이가 갖고 있는 철저한 자기중심적 자발성, 자기보호 본능, 민첩함 등을 생각할 수 있다. 그런 고양이가 잉어 반쪽을 먹어 치웠다는 설정은 무엇인가. 신체가 온전하지 못한 반쪽이 고양이처럼 외부에서 받는 억압과 조롱을 극복하고 진정한 자기를 찾기 위한 자발성을 지니면서도 잉어와 같은 영리함과 힘을 습득하게 되는 힘든 과정을 미리 알려 주는 것은 아닐까.

무언가를 새롭게 만들어 내는 창조 정신은 항상 결핍과 장애에서 시작한다. 중국의 기서(奇書)인 『산해경』에는 기굉국(奇肱國)이란 나라의 외팔이 종족이 손재주가 뛰어나서 날아다니는 수레를 만들었다는 기록이 있다. 그리스 신화의 유명한 대장장이 신 헤파이스토스는 절름발이이고, 힌두 경전 『리그베다Rig-veda』의 신 바루나Varuna는 팔이 네 개다. 고대 북유럽 신화의 대장장이 신 오딘Odin은 눈이 한쪽뿐이고, 티르는 팔이 하나였다. 신화에 묘사되는 신체의 결함은 이렇게 지식과 힘의 대가로 감수해야 될 부분이자, 무언가를 만들어 내는 조건이기도 하다. 헤파이스토스가 아프로디테와 아레스의 밀회를 잡아 낼 수 있었던 것은 그가 그물을 만드는 재능이 있기 때문이었다. 오딘은 지혜를 얻기 위해 현인 미미르Mimir에게 눈을 하나 바쳤고, 위그드라실(Yggdrasil, 신성한 우주에 뿌리와 가지를 뻗치고 있는 영원한 생명의 나무)에 매달려 몸을 스스로 찔렀다.

반대로 우리의 머리가 너무나 많은 것을 넘쳐 나게 가지고 있다면 우리의 몸은 벌을 받을 수도 있는 것이다. 재승박덕(才勝薄德), 미인박명(美人薄命) 이라는 말이 있다. 재능이 많으면 덕이 부족하고, 또 너무 아름다우면 명이 길지 못하다고 했다. 반쪽이는 몸 한쪽이 없는 대신 힘이 장사이고 꾀도 많다. 형들이 나무와 바위에 묶어 놓으면 그것들을 통째로 뽑아 집으로 가져 오고, 묶인 상태에서 호랑이들과 대적해 호랑이 가죽을 몽땅 벗겨 올 정도니 그야말로 천하무적이다.

　하지만 반쪽이는 다른 신화 속의 장애를 가진 신들과 마찬가지로 외로움도 많이 타고 사람들에게 박해도 많이 받는다. 장애인들의 진가를 모르는 멍청한 갑남을녀들, 또는 자신과 피를 나눈 이기적인 형제들에 의해서다. 자신의 아름다움을 모르고 오리들 사이에서 미운 오리 새끼가 된 백조처럼 반쪽이는 외로운 처지가 된다. 심지어 형들은 반쪽이가 굶어 죽건 말건 나무와 바위에 묶어 놓고 사라진다. 구약 성경 속의 요셉이 열한 명의 형들에 의해 흙구덩이에 버려지는 장면과 유사하다. 마침내 형들을 용서하고 가뭄과 기아에 시달리는 가족들을 구해 준 요셉과 마찬가지로 반쪽이 역시 씩씩하게 자신에게 떨어진 위험 앞에 누구를 원망하지도 않고, 그렇다고 누구에게 꿇리지도 않는다. 얄팍한 수를 써서 자신이 어렵게 얻은 호랑이 가죽을 가져가려는 나쁜 부자 영감과도 선선히 내기를 해서 부잣집 외동딸과 결혼을 도모한다. 신화 속의 모든 영웅들은 그들을 방해하는 적들을 이런저런 방법으로 물리쳐야 한다. 대문을 지키는 하인들, 아들과 며느리, 영감 부부는 모두 반쪽이가 딸을 데려가지 못하도록 눈을 부릅뜨고 지키지만 중과부적이다.

우선 반쪽이는 대문 앞 하인들 상투를 서로 묶어 버린다. 장래의 배우자가 갇혀 있는 닫힌 문을 지키는 수문장들의 상투는 반쪽이의 성스러운 결혼^{Sacred marriage}을 향한 첫 번째 관문이다. 상징적으로 볼 때 상투는 남자의 쓸데없는 자존심, 조직에 대한 지나친 충성, 혹은 이성애로 넘어가기 전 단계인 동성애적 형제애나 퇴행적 동지애 등에 대한 비유로 이해할 수도 있다. 결혼을 하고도 여전히 가족은 소홀히 한 채 오로지 출세와 명예에만 집착한다든가, 남자 친구들과 술자리 하느라 아내를 소홀히 하는 카우보이 같은 남자들을 떠올리면 될 것이다.

두 번째 방해 세력인 아들의 손에 맨 북은 무엇을 의미할까. 반쪽이를 잡으려 팔을 허우적댈 때 부잣집 아들은 북만 둥둥 울려 대는데, 이는 실속은 없고 말만 많고 허풍만 떠는 미숙한 남자들의 행동에 다름 아니다. 시루를 뒤집어쓴 채 무서움에 벌벌 떠는 며느리는 또 무슨 뜻인가. 여성에게 시루는 큰 잔치와 제사를 위해 꼭 필요한 부엌 도구^{utensil}이자 그릇이다. 예전 종갓집 제사와 집안일에 치여 살던 종부들은 스스로의 신세를 "국솥에 빠져 죽고 시루에 엎어져 죽는다."라는 식으로 자조 아닌 자조를 하기도 했다. 사랑하는 가족이지만 그 가족을 먹이고 입히느라 몸도 마음도 황폐할 수도 있다는 뜻이다. 반쪽이가 묶어 놓은 부싯돌에 수염이 홀라당 타 버린 부자 영감과 소맷자락 속의 자갈로 영감 얼굴만 때린 부인은 또 무엇을 상징하는가? 진짜 자신의 길을 가며 창조성을 발휘하기 위해서는 때로 전통과 권위(수염), 혹은 개성화를 훼방하는 이기적 가족주의(소맷자락) 역시 극복해야 한다는 뜻이다.

이렇게 모든 관문을 다 해결하고 난 후에야 반쪽이는 부잣집 딸을 가뿐히 업고 집으로 돌아와 결혼에 성공해서 오래오래 잘살게 된다.

지구 반대편 미국의 인디언 체이엔Cheyenne 부족에는 반쪽이와 유사하면서도 다른 민담이 있다. 두 개의 머리와 긴 팔 다리의 귀신이 살았는데 어디든 갈 수 있는데다 힘도 장사였지만, 부인이 없어서 행복하지가 않았다. 부모와 사는 예쁜 아가씨에게 반했지만 귀신에게 딸을 주고 싶지 않은 아버지가 귀신과 내기를 해서 이기는 바람에 두 머리 귀신은 그냥 물러설 수밖에 없었다.

반쪽이는 몸이 온전치 못했지만 꾀가 많아 장가를 갈 수 있었고 두 머리 귀신은 머리도 하나 더 많고 팔 다리도 더 길지만 지혜롭지가 않았다. 무의식 깊은 곳의 여성과 남성이 통합되어 하나의 인격이 완성되는 성스러운 결혼에 꼭 필요한 것은 이처럼 단순한 육체적 힘이 아니라 지혜와 통찰인 것이다. 보다 완전한 삶을 동경하는 이들이 정말로 챙겨야 할 것은 남들의 눈을 즐겁게 하는 껍데기가 아니라 우리 내면 깊숙이 숨어 있는 마음의 힘이다. 그리고 우리가 믿어야 할 사람들은 어쩌면 세상의 어떤 힘 있는 정치인도, 엄청난 부자도, 학식이 고매한 지식인도 아니다. 어리석고 힘없고 가진 것도 별로 없지만 자신을 가장 소중하게 생각할 줄 아는 우리 자신이 아닐까. 세상 사람들 모두가 어떤 면에서는 반쪽이처럼 불완전하다. 그러나 자신의 불완전함을 인정하는 그 순간 역설적으로 보다 완전하게 되는 과정, 개성화 individuation 의 여정에 한 발 들여놓는 것이다.

> 융 심리학에서 개성화란 의식의 자아, 겉으로 드러나는 가면(페르소나), 제대로 의식화시키지 못해 불편하게 느끼는 그림자, 그리고 이 모든 것의 기로에 있는 무의식 등을 아울러 참자기Self를 찾아가는 여정을 뜻한다.

복 타러 간 총각

— 내 마음속의 행복, 어디서 찾을까

옛날 어느 마을에 석순이라는 총각이 살고 있었는데 부지런하고 착했지만 매우 가난했습니다. 석순은 운이 없어서 뒤로 넘어져도 코가 깨지고 마른하늘에도 벼락을 맞고 두부를 먹는데 이가 부러집니다. 그날도 석순이가 소나기를 쫄딱 맞고 떨고 있으려니 아주머니가 그러지 말고 서천 서역국으로 가면 복을 많이 받을 수 있다고 말해 주는 것이었습니다. 석순이 서역국을 향해 길을 떠나는데 해가 넘어가자 외딴집으로 들어가 묵어가기를 청했습니다. 그 집에는 아름다운 처녀가 혼자 살고 있었는데, 저녁상을 내면서 서천 서역국에 가서 부처님을 만나면 제가 어떤 사내를 만나야 시집을 갈 수 있는지 꼭 가르쳐 달라고 부탁하는 것입니다.

다음 날 또 구불텅구불텅 고개를 넘어가다 또 외딴집이 보여 하룻밤 묵어가게 되었습니다. 그 집에는 머리가 하얀 노인이 살고 있는데 석순이의 이야기를 듣고는 서역국에 가거든 우리 집 뜰의 나무가 심은 지 수십 년이 지나도 자라지 않는 이유를 물어봐 달라고 했습니다.

다음 날 석순이 노인의 집을 떠나 들판을 건너는데 해가 넘어가려는 순간 검푸른 강 앞에 서게 되었습니다. 난 참 복이 없다며 앉아 울고 있자니 강물 속에서 비늘로 덮인 이무기 한 마리가 쑥 올라와서는 석순에게 왜 우느냐고 물었습니다. 사연을 들은 이무기는 강을 건너게 해 줄 테니 부처님을 만나면 왜 내가 강에서 수천 년을 살아도 용이 못 되는지 알아봐 달라고 했습니다.

이무기를 타고 순식간에 강을 건넌 석순은 서천 서역국에 도착해 부처님 앞에 머리를 조아리고 말했습니다. 그러자 부처님이 너는 이미 복을 타고났으니 돌아가라고 말했습니다. 석순은 그 뜻을 알 수가 없었지만 부처님이 가라고 하니 하릴없이 돌아오려 길을 나섰습니다. 그러면서 처녀와 노인과 이무기가 물어본 것들을 여쭤 보았습니다. 부처님은 "이무기는 여의주 두 개 중 하나를 버려야 하고, 노인에게는 나무 밑에 금덩이가 있으니 파내라 하고, 처녀는 그 집을 두 번 찾아온 사내가 신랑감이다."라고 말씀하셨습니다.

석순은 그 길로 서천 서역국을 떠나 강가에 다다라서는 여의주 하나를 버리라는 이야기를 하였습니다. 이무기가 그 말대로 여의주 하나를 토해 내고 나니 정말로 용이 되어 하늘로 올라갔습니다. 두 번째 노인의 집에 가서 노인이 시키는 대로 금덩이를 파고 나니 나무는 쑥쑥 자라 하늘로 치솟았습니다. 끝으로 석순이 처녀의 집에 다다라 부처님의 말을 전하니, 처녀는 "그렇다면 바로 석순님이 제 배필이군요."라고 말하는 것이었습니다. 석순은 처녀와 혼인해 여의주와 금덩이를 팔아 복 있게 살았습니다.

이야기는 복이 없는 석순이라는 총각이 계속해서 불운한 일을 겪는 데서 시작한다. 많은 옛날이야기에서 가난하고 복 없는 농부나 어부 혹은 외로운 나무꾼들이 주인공으로 등장한다(왕과 왕비, 혹은 고을 원님도 등장하지만). 이야기에서 '가난함'이란 물질적인 결핍과 곤란, 상징적으로는 정신적인 빈곤을 의미할 수 있다. 특히 석순의 경우는 열심히 일을 해도 운이 없어 자꾸 불행하게 변하니 정신적으로 더 절망하고 황폐해질 수도 있다. 이렇게 고향에서는 어떤 일을 해도 일이 잘 풀리지가 않으니 무언가 돌파구를 찾아 아예 먼 타향으로 향하게 되는 것이다. 그런데 하필이면 왜 서천 서역국일까. 여기서 서천 서역국은 저승을 의미한다. 무당들이 노래인 무가나 전설 등에서는 부처님이나 서왕모가 사는 곳을 신성한 장소로 간주한다. 물론 지리적으로 인도가 서쪽에 있긴 하지만 심리적으로는 서쪽 나라란 해가 지는 장소, 즉 세상이 끝나는 곳이니 바로 죽은 다음에 가는 저세상인 것이다. 이승에서 무엇을 해도 안 되니 석순은 아예 죽을 각오를 하고 부처님을 향해 떠나게 된다. 일종의 영웅적 여정이 시작된 셈이다.

그런데 가는 길에 처음 도착한 곳이 하필 처녀 혼자 사는 외딴집일까? 만약 현실에서 이런 일이 일어난다면 두 청춘 남녀는 곧 눈이 맞아 처녀는 석순을 눌러 앉히고 둘이 그냥저냥 평범하게 백년해로했을 수도 있다. 그런데 이 민담에서는 별 드라마 없이 심드렁하게 처녀가 석순을 떠나보낸다(물론 도덕관념이 엄격한 옛날 어느 시점에서는 아주 불가능한 일은 아닐 수도 있겠지만). 그리고 자신의 짝이 누구인지 알아봐 달라고 짐짓 딴청을 한다. 총각인 석순으로서는 어쩌면 서운한 태도일 수도 있는 상황이지만, 자신의 여정이 더 중요했는지(아니면 그야말로 성정이 순수하고 담백했는지) 석순은 "그러마." 하고선 다시 묵묵히 자신의 길을 떠난다. 이때 이 아가씨가 상징하는 것은 성숙한 합일을 이루기 위한 준비가 덜된 여성성이라고 볼 수도 있다.

다음으로 석순은 자라지 않는 나무 때문에 애가 타는 노인과 만난다. 나무는 사람의 창조성, 자연과 몸에서 우러나는 에너지 등을 상징한다. 죽음을 바라보고 있는 노인은 자라는 나무에게 생명에 대한 희망을 걸고 싶다. 그러나 나무가 자라지 않으니 노인의 건강한 기(氣)는 꽉 막혀 있는 셈이다. 매너리즘에 빠져 뭔가 새로운 것을 해내지 못하고 일상에 갇혀서 진짜 자신의 재능을 발휘하지 못하는 꽉 막힌 상황과도 비슷하다. 노인이 석순을 재워 주는 순간, 이런 권태로운 일상은 깨지고 노인은 젊은이를 통해 새로운 가능성을 만난다.

다음에는 커다란 강물 앞에서 절망하며 과연 여정을 마칠 수 있는지 난감해할 때, 이무기를 만나는 장면이 나온다. 석순을 도와주는 이무기는 용이 되지 못한 자신의 비원을 석순에게 말한다. 용으로 승천하기 위해 준비하는 이무기와의 만남은 석순이 자기실현을 하는 데 필요한 마지막 관문이다. 마침내 서역국에 도달해 부처님을 찾아 복을 비니, 부처님의 말씀은 오히려 싱겁다. 이미 너는 복을 받았다는 말씀이다. 이런 처방은 단순해 보이지만 사실은 매우 심오한 설법으로 불교의 핵심을 건드린다. 불교에서는 절대자의 존재를 외부에서 찾지 않고, 자신의 내부에 이미 존재하는 불성을 들여다보고 그것을 되찾으라고 주문한다. 이런 주문은 분석 심리학에서 말하는 자기Self와 대면해보라는 메시지와 통한다. 자아가 사로잡혀 있는 콤플렉스를 걷어내면 우리 마음속에는 불성과 매우 유사한 참자기가 숨어 있다는 사실을 보라는 뜻이다. 서역국에 계시는 부처님의 말씀은 굳이 행운을 먼 밖에서 찾아다니지 말고, 자신 속에 있는 행운의 씨앗을 다시 보고 되살리라는 이야기다.

매우 가난한 절망 속에서 절대자를 만나 자신의 희망을 찾는 약한 인간의 비원을 다룬다는 점에서 이 이야기와 설정은 비슷하지만, 전개와 결말이 전혀 다른 그림 형제의 동화가 있다. '죽음'을 대부God father로 삼은 사나이의 이야기다. 서천 서역국의 석순이 미련하게 부처님의 뜻을 그

> 이해를 돕기 위해 「죽음을 대부로 삼은 사나이」의 이야기 요약본을 뒤에 별도로 실었다.

대로 받아들이고 자신의 운명, 즉 행과 불행을 조정하려 하지 않았던 반면에 「죽음을 대부로 삼은 사나이」는 대담하게 죽음을 속이고, 하느님께는 세상이 불공평하다고 불평을 한다. 이를 물론 기독교적 세계관과 불교적 세계관의 차이에 의해 민담이 오염된 것이라고 말할 수도 있다. 그러나 민담의 내용은 꼭 문화와 종교에 의해서 단순하게 만들어지는 것이 아니기 때문에 이를 동양과 서양의 차이라고 즉각 해석

하는 것은 위험하다. 유럽의 민담 중에도 석순 이야기처럼 운명을 그대로 받아들이고 순응하는 주인공들이 나오고, 동양의 민담 중에도 「바리데기」와 「내 복으로 산다」 같이 자신의 운명을 개척하는 주인공들이 등장하기 때문이다.

민담에서 우리가 읽어 내야 할 것은 문화의 차이보다는 석순이 행운과 불행을 누구의 탓도 하지 않고, 왜 그런 일들이 자신에게 닥치는지 또 그것을 위해 어떻게 하는지 부처님을 만나 물어보겠다고 하는 인류 공통의 보편적 태도다. 앞서 언급한 「죽음을 대부로 삼은 사나이」의 경우는 하느님을 만났건만 "세상을 불공평하게 만든 하느님의 실존을 받아들일 수 없다."라고 말한다. 이는 이성과 합리적인 사고에 사로잡혀 이 세상이 논리나 목적을 넘어서는, 우리로서는 이해하기 힘든 신비로운 세계란 점을 받아들이지 못하는 태도다. 정확하게 따지자면, 세상은 과학이나 목적론으로는 설명할 수 없는 불합리한 일들로 가득 차 있다. 또한 불공평하고 정당하지 못한 사건들이 매일 계속되는 곳이 세상이다. 이를 불교적 사고방식의 연기론(緣起論)이나 인과론으로 해석하건, 혹은 하느님의 섭리로 받아들이건, 또는 유교적인 사고로 도(道)와 기(氣)의 발현으로 생각하건, 혹은 현대 물리학의 불확실성의 원리나 카오스 이론으로 설명하건 물론 그것은 각자의 선택이다. 민담은 어떤 세계관이 옳고 정답이라고 말하지 않고 그냥 무의식과 세상에서 벌어지는 사건들을 그대로 담담하게 보여 줄 뿐이다.

민담의 이와 같은 가치 중립적인 태도는 사실 모든 정신 분석의들이 갖고 있어야 할 태도일 수도 있다. 나름대로 훌륭한 철학, 방대한 의학 상식을 갖고 있는 치료자들은 환자들에게 논리적인 시원한 처방을 내려 주고 유려한 해석을 해 주려는 유혹을 종종 받는다. 마치 "이렇게 하면 저런 복이 내리니 당신에게는 항상 좋은 일만 있을 것이다."라고 말하는 교주나 무당과 비슷한 마음의 상태다. 그러나 내담자들이 이런 처방을 외부로부터 피동적으로 수용하게 된다면 시간이 간 후에는 그 처방을 쉽게 잊어버릴 것이 뻔하다. 자신이 고민하고 체험해 스스로 만든 것이 아닌 처방은 쉽게 사라지기 때문이다.

서역국을 찾은 석순은 집에 가만히 앉아 질문만 하고 있던 처녀, 노인, 혹은 강물에 갇혀 있던 이무기와 달리 긴 여정을 혼자 떠나 부처님과 직접 대면한다. 제일 적극적인 태도다. 그런데 만약 누가 중간에 나서서 당신 안에 행운이 이미 감추어져 있다고 말한다면 석순이 여정을 포기하고 그대로 주저앉을 수도 있다. 이것이 옳은 태도인가? 물론 그렇지 않다. 석순이 서역국에 가기까지 갖은 고생을 했기 때문에, 부처님의 말씀이 무엇인지 비로소 이해할 수 있었고, 행복도 누릴 수 있던 것이다. 이와는 대조적으로, 앞서 이야기한 그림 형제의 동화에서는 주인공이 그런 노력을 하지 않은 채 '죽음'이 말하는 대로 움직이다 결국 불행해진다. 고된 과정이 생략된 행운은 행운이 아니라 불행이 아니겠는가.

현실에서도 로또가 당첨되었다고 좋아하던 사람이 불과 몇 년 만에 파산했다는 이야기를 들은 적이 아마 있을 것이다. 갑자기 땅을 보상받아 벼락부자가 되었다고 좋아하던 이의 집이 서로 재산 싸움을 하고 낭비를 하면서 풍비박산이 났다는 얘기도 많다. 어떤 기업이 주식 상장을 하면서, 혹은 어떤 사업을 수주하면서 수십 억, 수백 억을 벌었다고 기사가 나온 지 불과 몇 달, 몇 년 만에 그 기업가가 구속되는 일도 적지 않다. 줄을 잘 서서 졸지에 고관대작이 되었지만 정권이 바뀐 후에 감옥에 가는 일을 어디 한두 번 보았던가. 노력이 없는 성공과 부는 그만큼 허무하다.

이무기가 여의주를 두 개 물었기 때문에 용이 되지 못하고, 노인의 나무 아래 황금이 묻혀 있기 때문에 나무가 자라지 못했다는 상황도 재미있다. 여의주는 하나만 있으면 충분한데 이무기는 욕심을 버리지 못하고 둘씩 물고 있다가 용이 되지 못한 것이다. 노인 역시 노인답게 지혜롭지 못해서 황금의 주인이 누군지 모르고 땅에다 그냥 묻어 둔 것이 아닐까. 재물이나 지혜는 제 주인을 찾아야 되고, 또 불필요한 재주는 미련을 버리는 것도 한 방법이란 교훈으로 읽을 수도 있겠다.

마지막으로, 아가씨를 두 번 찾아갈 때까지 석순이 그 아가씨가 자신의 짝이란 것도 모르고 있다는 설정도 재미있다. 어쩜 대부분의 처녀와 총각들이 이처럼 눈앞에 자신의 영혼의 짝을 보고도 무심히 지나가는 게 아닐까. 석순과 처녀의 만남을 자꾸 먼 곳에서만 행운을 찾고, 자신의 내면에 깊이 존재하는 보물은 보지 못한다는 은유라고 이해할 수도 있겠다. 비현실적인 몽상에 빠져 정작 주어진 재능을 그대로 썩히는 젊은이들이 이 민담을 읽는다면 어떨지 사뭇 궁금해진다.

이무기를 용으로 만들어 주고, 자라지 않는 나무를 크게 자라게 만드는 주인공의 이름이 하필이면 왜 석순인가. '석'은 돌을 의미하고 '순'은 새싹을 의미한다. 즉 돌에서 나오는 새로운 가능성이 아닌가. 이는 융 심리학에서 돌을 황금으로 만드는 능력을 가진 철학자들의 신비한 돌Philosopher's stone과 너무나 유사하다. (한국의 민담을 한 번도 만난 적이 없는 융의 설명과 스위스라는 존재를 알지도 못했던 옛날 한국의 이야기에서 놀랍게도 유사한 상징들을 발견되는 것은 바로 인간 안에 원형이라는 존재가 있기 때문이다.)

비천한 돌 같은 석순이 힘든 어려움을 통해 황금으로 변환시키는 비의가 숨어 있음을 알게 되면 석순의 이야기는 단순한 민담이 아닌 치유의 여정으로 느껴지기도 한다. 심리 분석을 하다 보면 정말로 자신의 경험이 똥보다 더 지저분하고, 돌보다 더 비천한 것 같다고 호소하는 이들을 많이 만난다. 그러나 그런 힘든 불행과 추한 황폐함의 끝자락에서 문득 무언가 위대한 것을 흘끗 보는glimpse 느낌이 들 때가 있다. 그 대상이 하느님이든, 깨달음이든, 황홀경이든, 사람에 따라 표현하는 방식은 다르지만, 내 안에 나를 넘어서는 그 무엇이 있다는 사실을 실감하게 되는 것이다. 바로 그 순간, 우리는 융 심리학에서 말하는 개성화 과정individuation process을 경험하기 시작한다. 그리고 이 개성화 과정은 무수히 경험하게 되는 실패와 좌절을 거름으로 피어나는 아름다운 꽃이다.

죽음을 대부로 삼은 사나이

옛날 열두 명의 아이를 두었는데 열세 번째 아이를 다시 가지게 된 농부가 있었습니다. 굶주림 때문에 어떻게 아이를 키울지 막막한 아버지는 절망 속에서 아이를 도와줄 수 있는 대부를 찾아 헤매게 되었습니다. 처음 농부에게 '하느님'이 나타나 자신이 하느님이라고 밝히며 대부가 되겠다고 하니 농부는 하느님은 부자에게만 많은 것을 주고 가난한 사람은 더 가난하게 하니 싫다고 말했습니다. 두 번째는 '악마'가 나타나서 똑같은 제안을 했습니다. 이번에도 농부는 악마가 사람들을 속이고 결국 재로 만들어 버리니까 싫다고 했습니다. 세 번째는 '죽음'을 만났습니다. 죽음은 세상 사람들을 똑같이 만들어 준다고 했습니다. 항상 운이 없어서 세상이 불공평하다고 생각한 농부는 죽음을 아이의 대부로 삼았습니다. 아이가 자라자 죽음은 아이를 매우 실력이 뛰어난 의사로 만들어 주었습니다. 그리고 의사가 나타날 때 항상 같이 따라가 죽을 사람이 누구인지를 알려 주었습니다. 덕분에 아들은 방방곡곡 소문난 유명한 의사가 되었습니다. 마침 공주가 병이 나서 의사를 불러들였는데 이번에도 죽음은 그 공주를 데려가겠다고 했습니다. 그러나 공주의 뛰어난 아름다움과 왕궁의 재물이 탐이 난 의사는 죽음을 배반하고 공주를 살리려 했습니다. '죽음'은 촛불들을 보여주면서 이 순서에 따라 죽음이 결정된 것이라 말하였지만 의사는 '죽음'을 속이려 하다 결국, 실패하고 자신도 같이 죽게 되었습니다.

바리 공주

― 개성화 과정의 비의

옛날 우리나라에 오구대왕이 살고 있었습니다. 왕이 열여섯 되던 날 점쟁이는 올해 결혼을 하면 일곱 명의 공주를 둘 것이고 내년에 혼례를 올리면 세 왕자를 낳게 된다고 했지만, 왕은 그 말을 무시하고 그 해에 혼례를 올렸습니다. 예언대로 왕은 일곱 번째까지 모두 공주만 낳았습니다. 왕과 왕비는 실망하여 막내 공주를 뒷산에 버리라 명령하였습니다. 버린 아이니 '바리데기'라는 이름을 붙여 일부러 죽으라고 여름에는 솜바지를 입혀 땡볕에 놓고, 겨울에는 삼베옷을 입혀 음지에 두었지만 하얀 학과 푸른 학이 내려와 아이를 보호해 주었습니다. 뱀한테 물려 죽고 대나무에 찔려 죽으라고 대나무 밭에 갖다 놓아도 아이는 죽지 않았습니다.

바리데기가 아직 살아 있다는 것을 알게 된 왕은 옥으로 만든 함에 넣어 아이를 바다에 버리라 했습니다. 그러나 그 함은 가라앉지 않고 오히려 물속에서 올라온 큰 금 거북이가 함을 등에 지고 헤엄치기 시작했습니다. 마침 지나가던 가난한 할머니와 할아버지가 함을 주워 열어보았더니 아기 입에 왕개미, 코에는 불개미가 가득했습니다. 또 허리에는 구렁이가 얽혀 있었으나 아이는 살아 우렁차게 울고 있었습니다.

할머니와 할아버지는 아기가 불쌍해서 거두어들이고 그저 되는대로 먹였지만, 무럭무럭 잘 자라 날이 갈수록 영민해졌습니다. 바리데기가 일곱 살이 되었을 때 아이는 자신의 부모가 누구냐고 물어보았지만 할머니는 "하늘이 아버지요, 땅이 어머니다."라고 둘러댔습니다. 하지만 똑똑한 바리데기는 그 말을 믿지 않고 자신의 부모가 누굴까 생각하며 수심에 잠겼습니다.

한편 딸을 버린 왕과 왕비도 슬픔과 죗값을 치러 병이 들었습니다. 의사들은 저승의 수양산 큰 바위 밑에 숨을 다시 살리는 샘물이 있으니 가져오라 했습니다만, 여섯 딸들은 모두 못하겠다고 거절했습니다. 막내딸을 백방으로 수소문한 끝에 바리데기를 발견한 신하는 바리데기의 넷째 손가락에서 피를 받았습니다. 아버지의 피를 받은 금 쟁반과 어머니의 피를 받은 은 쟁반에 넣어 바리데기의 피가 합쳐 엉기는 것을 보고 바리데기가 공주인 줄 알게 되었습니다. 궁궐로 돌아오게 된 바리데기는 부모가 병환 중에 있는 것을 보고는 스스로 수양산으로 가겠다고 했습니다. 그러고는 무쇠 창옷, 무쇠 지팡이, 쇠 패랭이, 석죽 삼십 벌을 각각 달라고 했습니다.

이렇게 장군의 옷을 입고 지팡이를 한 번 짚으니 천 리를 가고 두 번 짚으니 이천 리를 가서 삼세번을 짚으니 삼천리강산을 지나갔습니다. 향기가 진동하는 산중에서 장기를 두고 있는 백발노인을 만나 수양산을 어떻게 가냐고 물어보니 신선은 낙화(혹은 다른 이본에서는 모란꽃)를 가져왔냐고 하였습니다. 바리데기는 깜박 잊고 가져오지 않았다 했습니다. 신선은 낙화 세 송이를 줄 테니 급할 때 흔들라 말하고는 온데간데없이 사라졌습니다. 또 삼천리를 가는데 앞뒤로 모두 열 두 바다가 있어서 낙화를 던지니 바다가 육지가 되었습니다. 다시 삼천리를 가니 가시밭이 나타났습니다. 낙화를 던져 보니 가시밭이 열렸습니다. 또 삼천리를 가보니 귀신들이 득시글거려 이번에도 낙화를 던졌더니 옥문이 깨어지고 옥성이 무너지면서 무지개를 타고 산중의 극락으로 가게 되었습니다.

산중으로 들어가니 구 척의 키와 넓은 이마에 팔은 무릎 아래로 떨어지는 무장승을 만났습니다. 무장승은 '약수'를 지키고 있다 했습니다. 무장승이 약값, 길 값, 산 값을 가져왔냐고 바리데기에게 물었습니다. 바리데기가 가져오지 않았다 하니 앞동산과 뒷동산 꽃밭의 밑 빠진 독에 삼 년 동안 물을 주라 했습니다. 다음에는 불씨 없는 불을 삼 년 때 주라 하였습니다. 또 그다음에는 자신과 부부가 되어 일곱 아기를 낳아 달라고 하였습니다. 일곱 아들을 낳고 나니 석삼년 아홉 해가 흘렀습니다. 바리데기가 이제는 그만 약수를 달라고 하니 무장승은 "네가 그동안 먹었던 물이 바로 약수다."라고 말하였습니다. 바리데기 공주는 피가 돌아오는 붉은 피살이 꽃, 살이 돌아오는 노란 살살이 꽃을 꺾고 옥으로 된 병에 약수를 가득 담아 궁으로 향했습니다. 아이들도 엄마와 같이 가겠다고 하여 업고 안고 걸어 왕궁으로 돌아갔습니다. 그러나 왕과 왕비는 이미 죽어 온 나라에 곡성이 가득했습니다. 바리공주는 비녀를 빼고 일곱 왕자와 무장승을 숨기고는 왕궁으로 들어가 숨살이 약수와 피살이, 살살이 꽃으로 아비어미를 모두 살려 냈습니다.

되살아 난 왕이 큰 상을 주겠다 하니 무장승에게는 벼슬이, 일곱 아들은 모두 왕으로 봉해졌습니다. 아들들은 잘 살다가 하늘로 올라가 북두칠성이 되고 바리데기는 저승길 가는 길의 혼령들을 도와주는 무조신이 되었답니다.

사실 「바리데기」는 규모가 방대하고 삶과 죽음의 비의를 깊이 건드리고 있기 때문에 민담이라기보다는 일종의 창조 설화라 해도 틀린 말이 아니다. 그러나 어린아이를 포함해 일반인에게 비교적 잘 알려진 민속적인 이야기이고 여성의 자기실현과 결혼, 출산, 부모와의 관계들을 총체적으로 보여 주기 때문에 이 책에 포함시켰다.

우선 왕이 점치는 사람이 권하는 해에 결혼을 하지 않고 급하게 혼례를 서두르는 상황에 주목하자. 왕은 원하지만 해서는 안 되는 일이 있다는 사실을 무시하고는 자기 욕망대로 빨리 결혼한다. 그러다 보니 결국 자신이 원하는 아들을 가지지 못하게 되고 마지막 딸을 버리게 된다. 오랫동안 시련을 참아 낸 끝에, 약수를 얻기 위해 무장승과 결혼한 바리데기와는 달리 급하고 미숙한 태도를 지니고 있다.

물론 이런 상황을 남아 선호 사상과 관련시켜, 과거 우리나라에서 여성들이 받았던 박해와 불평등에 주목을 할 수도 있겠다. 성숙하지 않은 남성성이 역시 미성숙한 여성성의 과잉을 제대로 다루지 못한 채 병이 나는 상징으로 읽어도 재미있다. 왕은 남성다움이 무엇인지 제대로 알지 못한 채 결혼부터 먼저 했고 그 결과로 자신이 원하는 아들, 즉 창조적인 남성성을 성취하지 못하게 된 것이다. 그러나 이런 결과의 원인인 자신의 성급함을 들여다보고 반성하는 대신, 애꿎은 막내딸을 죽이려 한다. 그러나 이 막내딸은 매우 뛰어난 생명력을 지니고 태어나 아무리 죽이려 해도 죽지 않는 immortal 특별한 존재다. 이 딸을 보호하는 것은 인간적인 왕의 권력이 아니라 신적인 영역 즉 자연의 힘이다. 의식 속의 남성적 특징은 인위적인 방법으로 여성적 특성을 박해하지만 자연과 교감하는 여성성은 그렇게 쉽게 죽지 않는다. (이때 남성적, 여성적 특징은 정치적인 의미의 남성성이나 여성성이 아닌 생리적 성적 특징을 말한다.) 의식의 영역에 속하는 왕과 왕비가 죽어 가고 있을 때 쇠약한 의식을 구원해 주는 바리데기는 자연과 교감하는 여성적 상징이다.

이를 임상 사례와 연결해 보자. 적지 않은 기성세대의 남성들은 오로지 출세와 돈만 쫓아 앞만 바라보면서 산다. 그러다 보면, 아내나 아이들과의 관계도 소원해지고 자신의 감수성도 황폐해진다. 그런데 어느 날 실직을 한다거나 정년퇴직을 하고 보니, 아무도 자신에게 관심을 갖지 않고 있다는 것을 발견하게 된다. 모든 사회적 껍질을 벗어 버리고 난 후 어떻게 하나의 자연인으로서 살아야 하는지 모르는 시절에 다다르는 것이다. 변변한 취미 생활도 없고, 감정도 메말라 텔레비전을 봐도 우습지도 즐겁지도 않은 석회 같은 인간으로 변한 자신이 난감하다. 이런 마음의 상태를 어떤 사람은 술이나 도박으로 풀고, 어떤 사람은 주변 사람들에게 화를 내며 해소하려 한다. 또 어떤 사람은 난데없이 젊은 여성을 만나 제2의 인생을 시작하겠다고 말하기도 한다.

그러나 반대로 새로운 취미 생활을 갖고 봉사 활동을 하면서 가족과 새롭게 다시 만나 즐거운 노후를 보내는 이들도 있다. 이들은 자신의 무의식에 있는 여성성(감정이 풍부하고, 사람들과 관계를 잘 형성하며, 예술적인 소양을 갖춘), 즉 숨겨진 선물들을 다시 만나는 행운을 누리는 사람들이다. 바리데기의 아버지 역시 바리데기로 인해 살과 피와 숨이 새롭게 살아나 제2의 진짜 인생을 누릴 수 있게 되었다고 해석해도 될 것이다.

버려진 바리데기의 여정의 시작이 들, 산, 뱀 밭, 대나무 밭, 그리고 마지막에는 바다인 것도 의미가 있다. 산, 들, 뱀 밭, 대나무 밭은 어린 아이가 자라기에는 적합지 않은 공간이다. 그러나 한 아이가 어른으로 성숙하기 위해서는 이런 여정을 모두 거쳐 내야 한다. 산과 들이 아이가 뛰어노는 유년 시절의 은유라면 뱀이나 대나무는 각각 성적 욕망이 생기기 시작하는 사춘기와 옳고 그름을 따지는 청년기의 상징으로 볼 수 있다. 또 바리데기를 담은 옥함이 떠내려가는 바다는 무의식의 세계, 혹은 여러 가지 위험한 곤경을 만날 수 있는 넓은 세상에 대한 비유일 수도 있다. 이런 여러 가지 과정을 거쳐 가난한 할머니와 할아버지를 만나 성장한다는 것은 바리데기가 가지고 있는 공주로서의 특권을 버리고 갖은 고생을 한 이후에야 온전히 자기 자신으로만 세상과 대적해 넓은 세상을 만난다는 뜻이다.

많은 부모들이 자식이 귀하다 생각해서 무어든 최고로 다 해 주려는 경향이 있다. 분유도 최고급, 옷도 명품, 유치원도 제일 비싼 데, 최고의 과외 등등 아이를 위해서 무조건 돈을 많이 쓰는 것이 제대로 교육시키는 것이라 착각한다. 그러나 그렇게 아이를 키우다 보면 아이는 자기 절제를 배우지 못하고 겸손, 절약 정신, 노동의 즐거움 등 한 사람의 생활인으로써 꼭 필요한 많은 덕목들을 지니지 못한 채, 결국 나이 들어서도 부모에게 기생하는 쓸모없는 존재가 된다. 이와는 반대로, 귀하디귀한 공주로 태어난 바리데기가 신성한 '무조신'으로 환골탈태하기 전까지는 반드시 '버려짐'과 '결핍'의 단계를 지나가야 했다. 내 아이가 귀할수록 아이의 환경을 편하게만 만들기보다는 특권 없이 조금은 거칠고 부족한 환경에서 키워야 한다는 점을 배울 수 있다.

자기를 버린 부모가 이제는 병이 들어 자기를 찾게 되니 바리데기가 다른 공주들은 가지 않는 저승으로 약을 찾아 길을 나서는 장면은 그렇다면 또 어떻게 보아야 할까. 얼핏 '효'를 강조하는 이데올로기 같아서 거부감을 갖는 사람이 있을지도 모르지만, 바리데기가 저승으로 가는 길을 떠나는 설정은 반드시 부모를 위해서만은 아니다. 그보다는 자신의 뿌리가 무엇인지 모른 채 자라다 병든 부모의 소식을 접하고 진정한 자기를 찾아 떠나는 영웅적인 여정이라고 해석하는 것이 옳다.

거의 모든 영웅 설화에서 영웅들은 버려지거나 안온한 환경을 박차고 떠나면서 역경에 처하게 된다. 현실에서도 대부분의 성공 신화는 불우한 환경, 어려웠던 어린 시절을 극복하여 혈혈단신 타지에 나와 무서운 의지로 역경을 이겨 내는 것으로 요약된다. 바리데기 역시 자신의 의지대로 저승을 찾아 자발적으로 인고의 세월을 거쳐 낸 것이다.

저승길의 첫 머리에 만난 신선이 지니고 있는 현자 Wise old man의 이미지도 중요하다. 서둘러 결혼하고 자식을 버리고 병까지 걸린 성숙하지 못한 아버지와는 달리 바둑을 두는 여유를 가진 이 신선은 바리데기가 앞으로 처할 위험을 예측해 주고 그 처방까지 내려 준다. 성장 과정 중에 꼭 대면하고 만나야 하는 현자 원형이 구체화된 이미지다.

바리데기가 만나게 될 위험인 가시밭, 바다, 귀신들의 나라는 그렇다면 또 무엇인가. 말 그대로 한 어린아이가 성인이 되기 위해 거쳐야 할 관문이다. 가시밭 같은 일생, 바다처럼 넓고 험한 세상, 그리고 살아 있지만 살아 있지 않은 영혼이 죽은 귀신 같은 인간들이 넘쳐 나는 현실은 대부분의 사람들이 진짜 어른이 되기 위해 넘어야 할 산이고, 현자들은 이들과 대적할 방법을 준비시켜 주는 스승이다.

그러고 나서 만나게 되는 무장승은 얼굴만 못생긴 것이 아니라 바리데기에게 힘들고 험한 일을 시킨다. 바리데기는 생명수를 얻기 위해 묵묵히 그 과제를 수행하고, 더구나 무장승의 아들까지 일곱이나 낳아 준다. 바리데기의 부모가 딸만 일곱을 낳은 것에 대비되는 일곱 아들은 바리데기의 무의식 속의 남성성, 즉 아니무스가 새롭게 태어나는 과정을 의미하기도 한다. 이제 원하는 약수를 달라고 청하니, 이미 바리데기가 오랫동안 마셔 왔던 물이 그 생명수였다고 무장승이 대답해 준다. 바리데기는 의식하지 못했지만, 어려운 일들을 수행하는 과정에 영원한 생명을 약속하는 물을 마시면서 자기도 모르게 신의 반열에 오른 셈이다. 바리데기는 인고의 세월을 견디면서 생명수뿐 아니라 살과 피와 숨을 살리는 불로초까지 받게 되었다. 사람의 인생도 마찬가지다. 목표를 향해 달리다 보면 정말로 가치 있는 것은 어쩌면 그 과정 중에 다 얻게 되는 것이 아닐까? 인생에서 중요한 것은 마지막에 누리는 성과물이 아니다. 그 과정 중 만나는 내적 체험이다.

분석 심리학 영역에서 생명수water of elixir와 불로초, 혹은 생명수philosopher's tree는 매우 중요한 상징이다. 『주역』에도 언급된 바 있지만 물은 여성성, 혹은 음(陰)을 상징하기도 하고 또 생명을 포함하는 수용체로서의 기능을 담당한다. 자궁 속의 물, 옹달샘 속의 물, 표주박 속의 물 등 여러 가지 형태로 변환이 가능하지만 그 핵심은 모두 생명 그 자체에 닿아 있다. 관세음보살을 그린 오래된 그림들을 자세히 보면 거의 예외 없이 표주박이나 주전자를 들고 있거나, 연못, 파도 위에 서 있거나 하는 등 물과 관련된 것을 관찰할 수 있다. 기독교에서도 파티마나 나주의 성모님 영상에는 기적의 치유 능력을 갖고 있는 물을 선물로 주는 이미지들이 등장한다. 구약에도 엘리사가 소금으로 물을 정화하는 장면이 나온다.

물론 물이 항상 신성한 정화와 창조의 기능만 갖고 있는 것은 아니다. 때론 웅덩이에서 물이 썩을 수도 있고 시체가 썩으면 진액과 고름이 나오기도 한다. 오염된 물 때문에 많은 사람들이 병들 수도 있다. 바리데기가 부모에게 가져다주는 '약수'와 '되살이 꽃'들은 이미 시체가 된 부모의 몸속에 있는 썩은 피를 정화시킨다. 바리데기는 정화되어 치유된 부모에게 무장승과 아이들을 보여 준다.

어찌 보면 바리데기에게는 부모도, 남편도 모두 원망의 대상일 수 있고 안고, 업고 데리고 왔을 아이들 역시 짐스러운 존재일 수 있다. 그러나 바리데기는 이런 주변의 모든 사람들을 용서하고 보듬고 껴안아, 아들들은 북두칠성이 되었고 바리공주 자신은 저승길 가는 혼령들에게 길을 잡아 주고 죄 많은 혼령들을 씻겨 주는 신으로 다시 태어난다. 놀라운 변환transformation의 과정이다.

「바리데기」에 반복되어 나오는 숫자들도 중요한 상징이다. '열둘', '일곱', '석삼년', '삼십' 등은 모두 창조와 관련된 숫자들이다. 「바리데기」 민담이 기본적으로 무당들의 창세 설화인 '무가'를 기초로 만들어졌다는 것을 반증한다.

바리공주의 삶은 역경을 딛고 주변 사람들에게 큰 기쁨과 도움이 되는 그릇 큰 사람들이 공통적으로 보여 주는 여러 가지 특징들을 구체적으로 묘사한다. 버려짐, 홀로 있음, 가난함 등의 부정적인 조건들에도 불구하고 인내와 겸손, 노고를 아끼지 않는 부지런함, 그리고 마지막으로 용서와 관대함을 지닌 참된 자기를 찾아 나가는 개성화 과정을 아름다운 이야기로 풀어낸 것이다. 「바리데기」 이야기는 그래서 한 여성이 가부장적인 사회의 조건을 이겨 낸 여성주의적 시각을 포함해, 어려운 상황을 딛고 자기실현을 하고 있는 남성들에게도 충분히 도움이 되는 감동적인 내용이 아닐 수 없다.

쥐둔갑타령

─ 참자아로의 여정

옛날에 어떤 영감 하나가 손톱 발톱을 깎아서 집에 사는 생쥐에게 주었다고 합니다. 생쥐는 그것들을 덥석 받아먹으면서 날이 갈수록 살이 쪘다고 합니다. 그러던 어느 날 영감은 쥐가 자신으로 변해 자신의 방을 차지하고 있는 모습을 보게 됩니다. 두 영감은 서로 자신이 진짜라며 싸우게 되는데, 식구들이 와서 진짜인지 가려보자고 합니다. 식구들이 집의 가재도구에 대해 이것저것 물어보니, 진짜 영감보다 가짜가 더 잘 알고 있는 것입니다. 당연히 진짜는 쫓겨나서 여기저기 헤매게 됩니다. (다른 이형에서는 원님이 질문을 던져서 진짜를 쫓아내고 가짜를 세우는 것으로 되어 있다.) 그러다 보니 차라리 죽는 게 낫다고 생각해 산으로 가다 보니 작은 암자가 있는 것이었습니다. 스님(혹은 다른 지혜로운 원조자)을 만나 자기 처지를 하소연하니, 스님이 고양이 한 마리를 주고는 가족들을 모아 놓고 가짜 영감 앞에 던지면 가짜가 들통 날 것이라고 말해 줍니다. 영감은 거지가 되어 집으로 돌아가서는 자신을 몰라보는 식구들과 가짜 앞에서 자신이 겪은 이야기를 하면서 품에 있던 고양이를 던집니다. 고양이가 가짜 영감에게 달려드니, 가짜는 생쥐로 변하게 됩니다. (혹은 삽살개를 던져서 가짜와 가짜가 낳은 자식들을 모두 물어 죽인다는 내용도 있다.)

이렇게 해서 자신의 자리를 찾은 영감은 자신을 내쫓은 식구들에게 불호령을 내립니다.

이 이야기는 전형적인 진가쟁주(眞假爭主), 즉 진짜와 가짜가 서로 내가 진짜라고 싸우는 민담의 하나로 쥐가 변신을 하였다는 점에서 신이담(神異談), 변신담(變身談)의 하나이다. 특히 쥐가 가짜 영감으로 등장하는 것은 병을 옮기면서 몰래 양곡을 갉아먹는 쥐의 특성 때문일 것이다. 그래서 이규보나 정약용의 시, 혹은 한문 소설 『서대주전(鼠大主傳)』같은 고전에서 쥐는 백성의 곡식을 수탈하는 관리, 간신배, 도적의 은유가 된다. 그리스에서는 쥐가 전염병을 가져오기도 하지만 동시에 치유의 힘을 가지고 있다고 믿기도 했다. 신데렐라 이야기에서도 쥐는 백마로 변해 신데렐라를 왕궁으로 데리고 간다. 어느 쪽이건, 쥐 둔갑 설화에서 쥐는 사람으로 변신해 갈등의 단초를 제공하는 존재다. 「쥐 둔갑 타령」은 이와 같은 '가짜 나'를 경험한 후, '진짜 나'를 찾아가는 과정을 상징적으로 보여 주는 이야기다. 「옹고집전」이라는 소설로 만들어지기도 한 비슷한 유형의 이야기는 동양뿐이다. 하지만

「왕자와 거지」처럼 가짜와 진짜가 바뀌는 모티프는 전 세계에서 광범위하게 채집된다. 「철가면 이야기」 같은 근대 소설에서부터 현대에 들어와서는 한때 유명했던 『유리의 성』 같은 만화나 드라마, 혹은 영화에서도 자주 다루어지는 주제다. 가짜가 진짜의 자리를 꿰차고 거짓된 삶을 살다가 마침내 파멸의 길로 들어서게 되는 모티브다.

이런 주제가 시대와 공간을 초월해서 반복되고 있다는 것은 그만큼 사람들이 자신의 존재가 진실한 삶을 살고 있는지에 대해 불안해하고 회의하고 있다는 뜻이다. 특히 어디 가서 무얼 하든 항상 '나'를 앞세우는 자아 중심적인 현대인들은 더욱 내가 그렇게 강조하는 '나'라는 존재는 과연 무엇인가 라는 의문이 들 수 있다. 현대인들은 내가 먹고 싶은 것, 내가 하고 싶은 것, 내가 만나고 싶은 사람, 내가 가고 싶은 곳 등 생각과 행동의 모든 중심에 '나'를 두지만, 과연 자신이 어떤 사람인지 제대로 알고 있는 이들은 몇 안 된다. 분석 심리학자 노이만E. Neumann은 그래서 현대인의 의식은 '자아'란 개념에서부터 시작한 것이라고 지적하기도 했다. 급속한 현대화를 겪은 한국 사회에서 개인보다는 집단의 평화와 행복을 더 중요시했던 전통 유교의 가치관과, 각 개인의 삶에 비중을 더 주는 산업화된 서구의 개인 중심적 가치관이 충돌하는 현실을 '나'와 '우리'의 갈등으로 이해하는 사람도 있다. 많은 사람들이 모임에 나가면 자기 자신에 대해 이야기하고, 자신의 생각을 우선 인정받으려 하고, 좋은 의미에서 좌중의 주목을 받고, 남들이 자기의 고민을 듣고 이해해 주었으면 하고 은근히 바란다. 일종의 자기애적 경향이라고 이야기 할 수도 있다. 주변에게 주목받고 싶은 것이 꼭 병적이라고 말할 수는 없겠지만, 때로는 이기적이고, '자아 중심적인ego-centered' 태도로 작용할 수 있다.

문제는 과연 그렇게 중요하게 생각하는 '나'란 존재가 과연 무엇인지 아는 사람이 별로 없다는 점이다. '나는 이런 사람이다.'라고 개념 짓는 것 자체가 내 마음이 지어낸 일종의 미망illusion이 아닐까. 십 년 전의 '나'와 십 년 후의 '내'가 과연 같은 사람인가? 가족을 만날 때의 '나', 고객들을 만날 때의 '나', 애인을 만날 때의 '나'가 정말 같은 사람인가? 만나는 사람이나 하는 일에 따라, 자신의 모습을 바꾸어야 할 때도 있고, 때로는 바꾸고 싶지 않아도 바꾸라고 강요를 당하는데, 그렇다면 진짜 나는 무엇인가?

다른 사람들과의 관계만 의식하면서 살다 보면 진짜 나는 잃어버리고 가짜 나만 남게 되기 십상이다. 소위 잘나가는 사업가, 교수, 정치인, 완벽한 현모양처, 모범적인 학생 등 주위의 기대를 저버리지 않고 열심히 사는 사람들 중에는 어느 날 문득 과연 이렇게 사는 것이 옳은 일일까, 지금 내 삶이 행복한 것인가 하는 회의를 남몰래 가슴에 품고 사는 사람들이 많다.

이런 상황을 코헛Kohut 같은 자기 심리학Self Psychology 학자나 호나이Horney 같은 문화 사회적 이슈를 중요시하는 정신과 의사들은 진짜 나true Self를 잃어버리고 가짜 나false self에 빠져 버리는 경우라 말한다. 환자들이나 사회 구성원들에게 참자기를 찾아 나가도록 주문하는 것이다. 융 심리학자들은 이런 상태를 외부의 주문에 맞추어 일종의 가면persona을 쓰고 참자기와의 연결축Ego-Self axis을 잃어버린 상태라 진단하기도 했다.

분석 심리학자 융은 자신의 모습이 완전히 변하면서 새로운 나를 발견해 가는 과정의 이미지(像)를 역사 속에서 발견한 바 있다. 3세기경의 연금술사이며 영지주의학파의 초기 교부(요즘의 신부와 비슷한 위치)인 조시모스Zosimos는 끔찍한 환영에 대해 자세히 기록했다. 즉, 자신이 전혀 다른 생물로 변해 자신의 이빨로 스스로의 팔과 다리를 찢고 난 후, 다시 자기 몸으로 들어가는 괴이한 환영을 본 것이다. 의지와 지능은 있지만 마치 골렘처럼 추악한 존재가 이와 같은 고통스런 변형을 거쳐 놋쇠 인간, 납 인간이 되었다가 새로운 존재로 태어나는 내용인데, 융은 이를 새롭게 개성화된 자기를 찾아가는 과정의 구체적인 형상화라고 설명했다. 한 사람이 고통을 겪으며 새롭게 태어나기 위해서는 이런 끔찍한 과정을 거지게 된다.

「쥐 둔갑 타령」에서는 쥐에게 자신의 손톱과 발톱을 먹이고 난 후 쥐가 자신과 똑같은 존재로 변해 자신의 자리를 차지하고 정작 본인은 쫓겨나서 고생을 하다 결국 자기 자리를 다시 찾는다는 비교적 간

> 자아와 자기와의 연결축Ego-Self axis을 구체적으로 예를 들어 설명해 보자. 오랫동안 좁은 자아에 갇혀 있어서 일, 가족, 사회적 관계, 돈 등이 모두인 것처럼 사는 시기가 있다. 이럴 때는 자아와 자기와의 연결축이 완전히 단절된 상태이다. 그러나 어떤 기회로 그런 좁은 자아 중심적 생활이 통째로 흔들릴 때가 있다. 예컨대, 일자리에서 쫓겨났다든가, 믿었던 자식들이 결혼을 계기로 자신과 완전히 등을 돌리게 되었다든가, 오랫동안 일해 온 조직에서 밀려났다든가, 혹은 큰돈을 잃어버렸다든가 하면 사람들은 자신의 인생이 송두리째 흔들린 것 같은 심정에 빠져서 우울해지고 불안해진다. 심지어는 심각한 정신 질환에 걸리는 사람들도 있다.
> 그러나 역설적으로 이런 상황이 되어 무의식의 여러 가지 콤플렉스 같은 찌꺼기들이 의식의 수면으로 떠오르면서 성숙해 가는 과정을 겪는 것을 자아와 자기와의 연결축이 회복되는 과정으로 파악할 수가 있다.

단한 내용이지만, 조시모스의 경험만큼 실제로 당하는 사람에게는 훨씬 더 끔찍한 일일 수가 있다. 자신과 똑같은 존재 때문에 주위의 모든 사람들에게 버림받고, 이뤄 놓은 모든 것을 잃게 되는 상황이 실제로 일어난다면 얼마나 황당하고 화가 나는 일이겠는가.

우리나라에도 소개된 일본 공포 영화 중에 「도플갱어」(2004)가 있다. 자신과 똑같이 생긴 존재와 만나게 되면 불운이 겹쳐 결국 죽게 만든다는 내용인데, '도플갱어Doppelganger'란 말의 유래는 독일이지만, 그 이야기의 뿌리는 북구 민담의 인물 발도거Vardoger에 있다고도 할 수 있겠다. 실제로 영국의 시인 존 던John Donne, 퍼시 셸리Percy Shelly는 자신과 똑같은 존재를 만난 경험을 기록한 바도 있다. 에이브러햄 링컨이 거울에서 자신과 똑같은 존재를 만나고 두려움에 떤 사실 또한 유명한 일화다. 따지고 보면 괴테의 『파우스트』나 도스토예프스키의 『분신The Double』, 또 영화로도 만들어진 메리 셸리의 『프랑켄슈타인』 역시 소설 속의 어두운 인물antagonist들이 다 주인공들protagonist 내면의 어두운 그림자라고 해도 틀린 말이 아니다. 영화 「서로게이트Surrogate」에서도 완벽하게 컴퓨터화한 자신의 분신이 피로하고 우울한 실제 자신 대신 세상에서 활동을 하는 모습을 보여 준다. 게임이나 온라인상에서 나를 대신해 활동하는 캐릭터인 아바타 역시 이런 분신의 개념이다. 한국의 온라인 게임 아이온Aion에는 인간과 같이 창조되었으나 권력욕의 화신이 되어 결국 인간을 파괴하려는 악마와 비슷한 드라켄족이 등장한다. 예수와 부처를 유혹하고 시험했던 악귀나 사탄 역시 우리 인간의 어두운 그림자에 속할 것이다. '쥐'와 '영감'은 이와 같은 맥락에서 하나의 쌍으로 이해할 수가 있다.

이처럼 선한 인간의 악한 적, 혹은 괴물이라는 설정은 실제로 인간의 모든 드라마가 가지고 있는 가장 중요한 기본 플롯 중 하나다. 행복이 무엇인지 알려면 불행을 겪어야 하고, 악인이 어떤 사람인지 경험해 보아야 주변의 착한 사람에 대한 고마움을 안다. 불황이 있어야 호황이 있고, 산이 높으면 골도 깊다. 그래서 어떤 원시 부족은 높고 낮고, 많고 적고, 크고 작은 식의 반대 개념을 아예 한 단어로 표현한다. 양극이 있어야, 서로의 존재 가치를 알 수 있기 때문이다. 궁극적으로는 양극이 합일되어 보다 완전하고 조화로운 상태로 가는 상태를 융 심리학에서는 양극이 대극의 합일 the coincidence of the opposites 을 지향하는 하나의 과정 enantiodromic process 이라고 말한다. 전통적인 기독교의 교리 중 하나인 하느님이 악의 존재를 창조한 것이 아니라, 하느님의 선한 의지를 부정하고 무화시켜 버린 상태 privatio boni 즉 인간의 사악한 의지가 악의 상태를 만든 것이라는 믿음과는 상당히 차이가 있다.

> 분석 심리학에서는 대극의 합일을 매우 중요하게 다룬다. 선과 악의 대립, 여성과 남성의 대립, 페르소나와 그림자의 대립, 본능과 양심의 대립 등 우리 심성 속에는 매우 다양한 대립이 항상 일어나지만, 그 대립이 해결되고 변화하는 과정 중에 보다 더 성숙하고 큰 진짜 자기를 만들어 가게 된다.

> 기독교에서 악의 문제는 오랫동안 신학적 숙제였다. 완전하고 선하기만 한 하느님께서 어떻게 사탄, 혹은 악마를 창조했느냐에 대한 질문이다. 성 아우구스티누스와 성 아퀴나스는 악은 하느님의 존재를 거부하여 구멍이 뚫린 것, 혹은 진공 상태와 같은 것이라 결론 내렸다.

「쥐 둔갑 타령」은 주인공이 깎아서 버려야 하는 발톱과 손톱을 쥐

새끼에게 장난처럼 먹이자, 그 쥐가 자신과 똑같은 존재로 변하게 되는 설정으로 이야기가 시작된다. 만약 쥐가 손톱과 발톱을 먹는다면 영양가는 없이 소화 기관만 상하게 만들 것이니 틀림없이 병에 걸리게 될 것이다. 사람에게는 쥐란 박멸시켜야 할 대상이지만 그것은 어디까지나 인간의 관점이고, 쥐의 입장에서 보자면 손톱 발톱을 자신에게 먹인 사람은 참으로 사악한 존재다. 불교적 관점에서 보자면 이는 일종의 악업을 짓는 행위다. 「쥐 둔갑 타령」의 주인공 영감은 무의식 상태에서 쥐가 대신 손톱과 발톱을 치워 주니 편하다고만 생각했을 것이다. 살다 보면, 이와 비슷한 경우가 있다. 아무 생각 없이 던진 자신의 말과 무심코 버린 쓰레기가 남에게는 큰 상처가 되고, 주변 환경을 더럽힐 수 있다. 인생의 아이러니는 주인공의 경우처럼 자신이 했던 악업들이 그대로 부메랑이 되어 결국 돌아온다는 것이다.

한편 자신의 집에서 쫓겨나 일종의 노숙자가 된 영감의 여정은 무엇을 의미하는 것일까. 이제껏 당연하게 생각했던 모든 소유들이 박탈된 채, 그야말로 맨몸으로 온갖 구박과 고난을 당하며 세상을 헤매는 힘든 과정들을 견디지 못하고 자살하기 위해 엉금엉금 산비탈을 올라간다. 만약 주인공의 하소연을 듣고 난 후 고양이로 변할 물건을 건네줄 스님이나 삽살개를 줄 원조자가 없었다면 틀림없이 이생을 하직했을 것이다. 실제로 많은 이들이 부도가 난 후, 실직하게 된 후, 사기를 당해 모든 것을 빼앗기고 가족들마저 자신을 버린 후, 한번쯤은 자살을 생각한다. 자책감, 후회, 외로움, 분노 등 마음속에 품으면 독이 되

는 감정들을 추스르지 못하고 자살을 기도하기도 한다. 이런 방황과 절망의 시간들을 분석 심리학자들은 밤바다의 여로 Night Sea Journey라 표현한다. 망망대해에서 아무것도 없이 간신히 부유하며 누군가 구원해 주기를 기다리는, 혹은 멀리 육지가 보이기를 바라는 그런 심정과 같다. 그러나 죽음에 가까이 가는 이와 같은 외로운 여정을 꾹 참고 견디고 나면, 사람들은 정말로 강하고 성숙한 사람이 될 수 있다. 「옹고집전」의 주인공이 고생을 하고 나서 자신이 얼마나 주변 사람들에게 모질고 악독했는지 깨닫고 개과천선하듯, 생의 바닥까지 떨어져 봐야 주변 사람도 배려할 줄 알고, 자신을 객관화시켜 볼 줄도 안다. 스크루지 영감도 일단 죽어 본 후 전혀 다른 사람으로 변했다. 또한 자신이 진정으로 원하는 것이 무엇인지, 자신에게 가장 소중한 것이 과연 무엇인지를 아는 지혜도 같이 찾아온다. 결국 영감에게 생쥐는 생쥐를 물리칠 수 있는 방법을 알려 준 스님만큼이나 진정한 자신을 알게 해 준 스승인 셈이다. 내가 미워하고, 무시하고, 멀리하고, 혹은 함부로 대하는 존재들, 즉 우리의 그림자가 사실은 내가 섬기고 배워야 할 진짜 스승인 것이고, 이 스승들에게서 배우는 것이 바로 참자기를 알아 가는 개성화 과정이다. 그리고 이런 개성화 과정은 신화에 나오는 시지푸스처럼 우리가 죽을 때까지 멈출 수 없는 인간의 운명이기도 하다.

호랑이 잡은 피리

— 인생의 바닥에 대한 경험

옛날에 아들 삼 형제를 둔 가난한 아버지가 죽으면서 맏이에게는 지게 작대기를, 둘째는 반닫이를, 막내는 피리를 남겨 주었습니다. 삼 형제는 각자 돈을 벌어 와서 함께 살자고 하며 맏이는 왼쪽 길로 둘째는 가운데로 막내는 오른쪽 길로 떠났습니다.

지게 작대기를 들고 간 맏이는 갈 데가 없어 뒷산 무덤가에서 잠을 자게 되었습니다. 그런데 바스락 소리가 나서 보니 꼬리 아홉 달린 여우가 무덤을 파헤치더니 꼬부랑 할머니로 둔갑을 하는 것입니다. 할머니로 둔갑한 여우가 마을로 내려가 잔칫집으로 들어가는 것을 쫓아간 맏이는 할머니가 주인 영감의 옆구리를 몰래 찌르는 것을 보았습니다. 주인 영감이 갑자기 배가 아프다고 데굴데굴 구르고 잔칫집은 난장판이 되었습니다. 맏이가 이를 보고 지게 작대기로 할머니를 쳤습니다. 그러자 할머니가 꼬리 아홉 달린 여우로 변하면서 주인 영감도 나았습니다. 주인 영감은 맏이에게 고맙다며 쌀이랑 비단을 잔뜩 싸 주어서 맏이는 부자가 되어 집으로 돌아갔습니다.

둘째는 반닫이를 짊어지고 마을에서 일해 주면서 살게 되었는데 어느 날 아가씨가 나쁜 사람들이 쫓아온다고 구해 달라 했습니다. 아니나 다를까. 무서운 사람들이 아가씨를 찾았지만 둘째는 시치미를 뗐습니다. 아가씨는 도둑놈들이 식구들을 해치고 재산을 몽땅 빼앗았다고 했습니다. 그래서 둘째는 예쁜 색싯감을 얻게 되었습니다.

막내는 피리를 불며 오른쪽으로 가다 보니 깊은 산이 되어서 밤이랑 도토리를 주워 먹으면서 새우잠을 자게 되었습니다. 그런데 숲 속에서 무당 호랑이들이 나타나 막내는 허둥지둥 나무 위로 기어 올라갔습니다. 금방이라도 잡아먹힐 것 같은 막내는 죽기 전에 피리라도 불겠다며 피리를 불었습니다. 그러자 서로의 등에 올라타 막내를 잡아먹으려던 호랑이들이 씰룩씰룩 춤을 추다가 그만 떨어지고 말았습니다. 그 바람에 호랑이들이 깔려 죽게 되어 막내는 호랑이 가죽을 벗겨 팔아 부자가 되었습니다. 막내도 고향에 돌아가 삼 형제는 의좋게 행복하게 오래오래 살았답니다.

부모의 사망은 삶의 지지 기반에서 뿌리가 뽑히거나 의지할 데가 없어 어쩔 수 없이 독립해야 하는 심리적(혹은 현실적) 상황을 의미한다. 아버지와 어머니로부터 안락하게 보호받는 삶에서 추방되어 외롭고 고단하게 새로운 자신의 삶을 시작해야 하는 순간은 그러나 꼭 고아들에게만 일어나는 삶의 변화는 아니다. 온실 속 화초처럼 편하게 살던 부잣집의 귀한 자제들, 사회의 상류층에 속해 있어 스스로가 타고난 귀족(?)이라고 생각하는 사람들도 마치 황량한 사막에 혼자 남은 것 같은 순간이 일생에 한 번 이상은 온다. (물론 어려서부터 갖은 풍상을 다 겪으면서 눈칫밥을 먹으며 생존해야 했던 이들의 눈으로 보면 아무것도 아닌 일들이겠지만.)

인간이면 누구나 아무 근심 걱정 없이 편안하고 안락했던 에덴동산에서 쫓겨난 듯한 기분을 경험하게 되기 때문에, 이런 감정 역시 일종의 원형적 심성의 한 부분이라고 할 수 있다. 그래서 이런 '내쳐짐 rejection'의 모티프가 신화나 전설, 민담, 소설 등에 반복해 나타나는 것이다. 예컨대 에덴동산에서 쫓겨난 아담과 이브, 마고할미의 성에서 쫓겨나게

> 어린 시절, 거의 모든 아이들이 아무리 훌륭한 부모 밑에서 성장했다 하더라도 이와 같은 거절의 경험을 하게 된다. 만약 이런 거절의 경험을 하지 않았다면 그것은 부모가 지나치게 과잉보호하고 모든 것을 다 해 주는 교육적이지 않은 부모란 뜻이다. 아이들은 거절을 당한 후, 처음에는 부모를 미워하고 나쁜 부모라 원망도 해 보지만 조금 지나, 부모가 때로는 자신들이 원하지 않는 방향을 자신들에게 강요할 수도 있다는 사실을 배우게 된다. 대상관계 이론 Object theory에서 가장 중요한 이슈 중 하나인 심리적으로 좋은 엄마 good mother와 나쁜 엄마 bad Mother가 다르지 않고 하나라는 사실을 배우게 되는 것이다.

된 지소를 포함한 네 명의 신, 메소포타미아의 길가메시, 그리스의 페르세포네, 성배 이야기의 파르시팔 등 신화의 많은 주인공이 부모를 잃는 '상실'을 경험한다. 되풀이해 강조하지만 아주 중요하고 가치 있는 것을 잃게 되어 안온하던 인생이 갑자기 슬프고 고단하고 외롭게 되어야 진정한 영웅의 드라마가 시작할 수 있다.

「호랑이 잡은 피리」 이야기도 늙은 아버지의 죽음으로 졸지에 고아가 된 삼 형제가 보잘것없는 유산을 물려받고 집을 떠나는 장면이 드

라마의 단초가 된다. 유명한 프랑스 민담 「장화 신은 고양이」와 비슷한 설정이다. 방앗간 집 노인인 아버지가 갑작스레 죽으면서 큰아들과 작은아들에게는 재산을 주지만 막내아들에게는 고양이 한 마리만 남긴다. 방앗간만 해도 시골에서는 얼마든지 편안하게 잘 살 수 있는 여건이다. 그럼에도 불구하고 힘없는 막내란 점 때문에 유산을 전혀 못 받고 달랑 고양이 한 마리와 홀로 길을 떠나게 된 것이다. 물론 고양이의 꾀로 결국 막내아들은 크게 성공하긴 하지만, 자신의 앞날을 모르는 막내아들로서는 참으로 한심하고 막막했을 것이다.

한국의 민담에 등장하는 삼 형제는 프랑스 민담보다 더 극단적으로 전개된다. 아버지가 살아 있을 때도 정말 찢어지게 못살았는지 모두 아주 보잘것없는 유산만 받는다. 큰아들은 작대기, 둘째는 반닫이, 셋째는 피리다. 먹고사는 데는 아무 보탬이 되지 않는 한심한 것들뿐이다. 집도 땅도 없었는지 사는 것이 막막한 삼 형제는 집을 나와 흩어져 노숙자, 혹은 걸인이 되어 외롭고 고단한 여행을 떠난다.

환자들의 꿈을 분석하다 보면 노숙자나 걸인이 되어 길거리를 유랑하거나 구박을 받는 등 고난에 처하는 내용이 가끔 나온다. 이른바 '걸인 원형'을 만나는데 심리 분석 과정에서 이런 원형을 만나는 것은 매우 중요한 성숙의 고비에 있다는 것을 말해 준다. 그야말로 이

> **걸인 원형Beggar Archetype**은 종종 피분석자가 심리적으로 고갈이 되어 있거나, 주위 사람의 도움을 간절히 원할 때, 또 고립무원의 상태에 있는 기분이 들 때 꿈속에 자주 등장할 수 있다. 현실에서 내가 만약 걸인이 된다면 엄청나게 당황하고 부끄럽겠지만, 실제로 걸인처럼 주변 사람들의 도움을 간절히 원할 때가 일생에 한 번 이상은 오게 되어 있다. 그래서 이런 시점에 도움을 주는 친구만이 진짜 친구라고 하지 않는가.

제는 아무 배경 없이 혼자 이 세상과 맞닥뜨려야 한다는 뜻이기 때문이다. 그러나 현실에서는 길거리에서 구걸을 하는 이들을 만나면 대부분의 사람들은 별 다른 느낌 없이 지나치고 만다. 자신과는 전혀 상관없는 사람이니 걸인이나 노숙자를 보면서 가슴 아파하기에는 도시 생활이 너무 팍팍할 수도 있다.

그러나 만성 환자들을 주로 수용하는 정신 병원이나 행려병자들을 수용하는 시설 등에서 노숙이나 구걸의 경험이 있었던 이들을 면담해 보면 의외로 그들 중 대부분이 한때는 단란한 가정과 일터를 갖고 있었다는 것을 알게 된다. 특히 요즘 같은 경기 불황에는 빚에 몰리거나 일터를 잃고 가족까지 외면하여 멀쩡한 정신과 능력을 갖고 있음에도 결국 노숙자로 전락하는 이들의 숫자가 점점 증가하고 있다. 상황과 조건이 안 좋아지면 사실은 누구나 걸인이 될 수 있다는 뜻이다. 생각해 보라. 부모로부터 바른 교육과 정신적 물질적 유산을 받지 못했다면, 과연 누가 건강하고 정상적인 삶을 살아갈 수 있다고 장담할 수 있겠는가. 의식에서는 그런 일들은 나에게는 절대 일어나지 않는다고 믿으며 마음 편하게 살고 있지만, 무서운 세상의 진실을 의식보다 더 잘 아는 우리 무의식은 너도 걸인이 될 수 있다고 경고한다. 혹은 과거에 너는 걸인과 비슷했다고 말해 주기도 한다. 꿈이나 환상 등을 통해 걸인의 체험을 하게 되는 것이다.

돌보아 줄 부모도, 비비고 살 땅도 없이 산천을 떠돌아야 하는 불쌍한 이들이 과연 어떻게 행복을 다시 찾게 되는지를 보여 주는 「호랑이 잡은 피리」 이야기는 걸인과 같은 상황에 처한 심리적 이들에게 도움이 된다. 큰 위안이 될 수 있다. 오갈 데 없는 큰형은 사람 많은 장터에 닿았지만 밥 한 끼 얻어먹지 못한다. 재워 주는 집도 없어 뒷산에 올라가 무덤가에서 새우잠을 자게 된다. 돈 있고 권력 있는 이들한테는 뭔가 부스러기라도 얻어먹을 수 있을 것 같아 사람들이 꼬이고, 끈 떨어진 비렁뱅이는 피하는 것이 세상의 인심이다. 기댈 곳 없는 맏이가 무덤을 찾는 행위는 상징적으로 보자면 일종의 일시적 자살 충동의 발현일 수 있다. 힘들고 험한 세상, 사람들에게 멸시당하며 사느니 차라리 죽어 버리겠다는 심정이다. 실제로 사업에 크게 실패해서 거리로 떠밀려 가는 이들 중에는 자살 충동을 느끼지 않는 이가 거의 없을 것이다.

재미있는 것은 무덤에서 자다가 꼬리 아홉 달린 여우를 만나는 상황이다. 해골을 뒤집어쓰고 재주를 아홉 번 넘어 꼬부랑 할머니로 변한 할머니는 마을로 내려가더니 주인 영감님의 옆구리를 꾹 찔러 급작스런 복통을 유발한다. 그렇다면 현실에서 부잣집 주인 영감을 아프게 하는 여우는 과연 어떤 사람일까. 혹시 돈만 보고 부잣집 남자들을 호리는 약빠르고 교활한 화류계 여성? 혹은 남편이나 남자 친구 잘 만나 무임승차를 꿈꾸는 명품족? 돈 많은 남편을 실컷 조종하고 이용해 먹고는 막상 남편이 아프면 구박하는 이기적인 아내? 아들이야 병에 걸리건 말건 과로하건 말건 "너 능력 있으니, 무조건 나 호강시켜라." 하는 대책 없는 어머니? 아마 현실에서 한두 번쯤은 다 만나 봄직한 평범하지만 사실은 끔찍하고 무서운 여성들이다.

　이런 여우를 물리치게 한 영물은 맏이의 작대기이다. 그렇다면 과연 작대기란 무엇인가. 대개의 남자들이 일단 실패도 하고 무일푼도 되어 보아야 진짜 자신을 위해 주는 여성이 누구인지 감별할 수 있게 된다. 돌아가신 아버지가 물려준 단 하나의 유산인 작대기는 바로 무일푼이 되었을 때 내가 유일하게 기댈 수 있는 대상이다. 작대기는 내리치면서 무언가를 부수거나 부러뜨린다. 중세 철학자 오캄의 면도날처럼 필요 없는 것은 과감하게 버리게 만들고 해체시키는 수단인 것이다. 즉, 남자들에게는 작대기와 같은 과감한 결단과 냉철한 변별력이 필요하다는 것이다. 예컨대 기생 애랑이처럼 꼬리를 치는 여성의 실체를 제대로 보면서 과감하게 관계를 정리한다든가, 막상 돈 한 푼 없으면 상대도 안 해 줄 사람들인데 내 속을 곶감 빼먹듯 빼는 인물들을 추려내는 것 역시 작대기 같은 결단력이다.

　둘째의 사연 또한 실패한 남성이 어떻게 여성과 관계를 다시 맺으며 재기하는지를 잘 보여 준다. 비렁뱅이 노릇을 하는 맏이와 달리 둘째는 장작을 패 주는 등, 날품을 팔아 밥을 얻어먹으며 제 갈 길을 간다. 험상궂은 도둑놈에게 쫓기는 한 여성을 만나 반닫이 속에 숨겨 주게 된다. 둘째가 아름다운 색시를 얻을 수 있었던 것은 아버지에게 물려받은 보잘것없는 반닫이를 버리지 않고 이고 다녔던 때문이다. 그렇다면 반닫이는 또 무엇을 의미하는가. 반닫이는 옷이나 물건들을 넣는 가장 기본적인 살림 밑천이어서 나름대로 자물쇠만 잘 달면 훌륭한 금고 역할도 한다. 살림을 하기 위한 가장 기본적인 조건을 이고 다니면서, 진짜 살림의 기본인 여자를 만난 셈이다. 또한 험상궂은 무뢰한을 만나도 그 기에 눌리지 않고 아주 지혜롭게 처신해서 아내가 될 여자를 구하게 된 것이다. 결혼에 이르기까지 얼마나 많은 굴곡과 함정과 주위 사람들의 방해가 있는지 생각해 보면 충분히 둘째의 상황이 어떤 의미가 있는지 짐작해 볼 수 있을 것 같다.

마지막으로 막내에게 주어진 것은 얼핏 생존에는 아무 소용없을 것 같은 피리다. 사람 사는 동네로 가는 길을 택한 첫째와 둘째와 달리 막내가 간 길은 더 한심한 숲 속 길이다. 산속에서 밤이랑 도토리를 주워 먹고 나뭇잎을 덮어 새우잠을 잤으니, 거의 늑대 소년과 다름없는 삶이 아닐 수 없다. 이런 소년에게 그래도 자신이 사람이란 것을 일깨워 준 것이 바로 피리다. 배가 고파 숲을 헤맬 때, 어둠 속에서 산짐승이 무서워 공포에 떨 때 아버지가 남겨 준 피리, 즉 예술적 영감을 마음속에 간직하면서 힘들고 외로운 순간을 견딘 것이다.

경제가 곤두박질을 치면, 사람들은 우선 문화생활 비용부터 줄이게 된다. 먹고살기 힘든데, 사치스럽게 노래니 그림이니 책이니 하는 것들이 무슨 소용이 있느냐는 얘기다. 옛날 노인들은 자녀들이 무언가 창조적인 일들을 할라치면 '그거 해봤자 밥이 나오니, 떡이 나오니.'라며 말리기도 했었다. 예컨대 가위질을 해서 무언가를 예쁘게 만들고 있으면 여우 밥 만드냐며 야단을 치고, 밤중에 휘파람을 불면 귀신 나온다 못하게 하고, 흥에 겨워 춤을 추면 무당 굿거리 하냐며 핀잔을 주기 일쑤였다. 그런 전통이 남아서인지, 아직도 예술을 하면 배고프고 팔자가 고되다며 부모들이 말리는 경우도 적지 않다. 물론 터무니없는 교습비와 교육비가 겁나는 것은 무시할 수 없는 현실이다. 막상 취업을 하자면 정말 어려운 예술인들의 현실도 고려하지 않을 수 없다. 피리 하나 달랑 들고 숲 속을 헤매는 막내의 여정은 주위의 도움 없이 좋아하는 예술을 하겠다고 마음먹은 현실적으로는 대책 없는 젊은이처럼 보인다.

그런데 간신히 잠을 청하는 막내에게 왜 하필이면 무당 호랑이가 나타날까? 호랑이는 오로지 본능적인 야생의 힘만을 지니고 있다. 그 중에서도 무당 호랑이는 더더욱 통제 불능이다. 가진 것이라고는 피리밖에 없는 예술가 소년이 가장 경계해야 하는 상황의 상징일 수 있다. 현실에서는 극적인 영화나 소설과는 달리, 감당할 수 없는 큰 우여곡절을 겪고 있으면 예술가의 창조성을 제대로 발휘하지 못할 수 있다. 예컨대 고흐도 정신병이 아주 악화되었을 때는 거의 제대로 된 작품을 남기지 못했다. 라흐마니노프도 우울증과 알코올 중독에 빠져 있던 시기에는 악보에 손도 대지 못했고 슈만 역시 정신 분열증이 심각해지면서 그의 창조력이 소진되었다. 재능 있는 미국의 소설가 엘라 피츠제럴드Ella Fitzgerald나 시인 실비아 플라스Sylvia Plath도 의부증과 우울증 때문에 남편들 만큼 역작을 많이 남기지 못하기도 했

> 『위대한 개츠비』의 작가 피츠제럴드의 부인 엘라 피츠제럴드나 레드휴즈의 부인이자 「Bell jar」로 유명한 시인 실비아 플라스는 둘 다 훌륭한 문인을 남편으로 두었지만, 개인적으로는 행복한 부부 생활을 하지 못했고, 시대적 배경 때문에 자신의 재능을 끝까지 펼치지 못한 불운한 작가로 기록되고 있다.

었다. 우리나라에서도 나혜석, 이중섭, 최욱경 같은 화가들이 정신 건강을 잃으면서 예술 작업은커녕 정신 병원에 입원을 하거나 목숨을 잃게 되고 말았다.

막내가 피리를 불면서 춤추게 하여 나무에서 떨어뜨려 물리쳤던 무당 호랑이들은 아마도 예술가들이 경계해야 하는 광기의 범람, 혹은 현실 감각 상실의 상징일 수도 있다. 피카소나 미로, 데미안 허스트 같이 현실 적응과 사업 수완이 뛰어난 예술가들이 비싸게 그림을 팔 수 있는 게 어쩌면 냉혹한 현실 세계가 아닐까.

피리를 잘 불어서 호랑이를 물리치고 그 가죽으로 돈을 번 막내, 낡은 반닫이를 잘 써서 예쁜 색시와 결혼한 둘째, 작대기로 여우를 물리친 큰형이 집에 돌아와 오래오래 행복하게 살았다는 이야기는 분석 심리학자의 눈으로는 마치 '인생의 바닥에서 다시 올라가 행복해지는 법'에 관한 훌륭한 교범처럼 보인다.

해와 달이 된 오누이
― 완전한 자아의 독립을 위하여

옛날 어느 산골에 가난한 홀어머니와 남매가 살고 있었습니다. 어느 날 어머니는 이웃 마을 잔칫집에서 일을 돕고 돌아오는 길에 호랑이를 만났습니다. 이고 가는 떡을 주면 안 잡아먹는다 해서 호랑이에게 떡을 주고 나니, 팔을 주면 또 안 잡아먹는다 해서 팔을 주고, 그다음에는 다리를 주고, 결국 어머니는 호랑이에게 잡아먹히고 말았습니다. 어머니를 잡아먹은 호랑이는 어머니 옷을 입고는 오누이가 살고 있는 집으로 갑니다. 처음 아이들은 목소리가 엄마 목소리가 아니라 하고, 엄마 손도 발도 아니라 하지만 호랑이는 감기에 걸렸다, 손이 거칠어졌다, 발이 부었다 하면서 아이들을 속이고 집으로 들어갑니다. 호랑이는 아이들을 잡아먹으려고 부엌으로 갔는데, 오빠가 보니 치마 밑으로 꼬리가 보였습니다.

깜짝 놀란 오누이는 마당의 나무 위로 도망쳐 올라갑니다. 아이들을 찾던 호랑이가 나무 밑 우물을 보면서 오누이가 거기 있는 줄 알고 잡으려 하자 여동생이 바보 같다고 웃습니다. 오누이가 위에 있다는 것을 눈치챈 호랑이가 어떻게 올라갔냐고 묻습니다. 꾀 많은 오빠가 참기름을 듬뿍 바르고 올라왔다 말합니다. 자꾸 미끄러지는 것을 본 누이가 또 웃으며 도끼로 찍으며 올라오면 될 것이라고 말합니다. 결국 호랑이가 오누이를 잡으려고 나무 위로 올라오게 되고, 오누이는 기도를 합니다.

"하느님, 저희를 살려 주시려면 새 동아줄을 내려 주시고 죽이시려면 헌 동아줄을 내려 주세요."

새 동아줄이 내려와 오누이는 하늘에 올라가 오빠는 해가 되고 동생은 달이 되었다고 합니다. 하늘에서 새 동아줄이 내려와 남매가 올라가는 것을 본 호랑이도 역시 기도를 합니다. 그러나 이번에는 헌 동아줄이 내려와 호랑이는 얼마 못 가 수수 밭으로 떨어집니다. 수수가 붉은 이유는 이때 호랑이가 흘린 피 때문이라고 합니다.

역시 이야기의 시작은 깊은 산골 가난한 과부 집안이다. 특히 「해와 달이 된 오누이」 이야기는 몽고, 중국, 일본, 독일 등 각지에서 동물의 종류와 상황 설정만 조금씩 다른 유화(類話, parallel story)의 형태로 채집되고 있다. 민담에서는 가난함보다는 호랑이가 출몰할 만한 외진 산골에서 어머니가 호랑이에게 잡아먹히고, 호랑이가 어머니 모습으로 변장한 사실, 또 그 변장한 호랑이에게 잡아먹힐 수도 있는 위태한 상황이 도드라진다. 즉 진짜 어머니와 가짜 어머니의 대비이다. 얼핏 좋은 어머니와 나쁜 어머니는 전혀 별개의 인물이라고 생각하기 쉽지만, 사실 현실의 모든 어머니들은 다 좋기도 하고 나쁘기도 한다.

부모님의 은혜는 하해와 같은 희생으로만 가득한 것이 아니란 얘기다. 회한과 사랑으로 절절한 사모곡들은 부모를 마치 관세음보살이나 성모 마리아처럼 그린다. 그러나 부모 심성이 과연 그렇게 성스럽고 아름답기 만할까? 자녀들의 빛나는 앞날을 위해 못 먹고 못 입으며 공부시켰던 예전 부모들이나, 사교육으로 허리가 휜다는 요즘 부모들이나 그들의 자녀 사랑이 과연 오롯이 자녀를 위한 성스러운 봉사 정신에서만 기인한다고 할 수는 없다.

자녀의 취업과 결혼 생활까지 일일이 간섭하고 조종하며, 자녀를 통해 잃어버린 자신의 삶을 보상받으려고 하는 부모들일수록 자신들의 양육 과정을 감동적으로 묘사하고 싶어 한다. 하지만 그와 같은 모성과 부성의 뒷모습이 실은 매우 냉혹하고 잔인할 수 있다. 「해와 달이 된 오누이」 이야기는 잘 포장된 자식 사랑의 이기적인 뒷모습에 대해 엄정하고 객관적으로 묘사하는 이야기로 읽어도 좋다.

아버지의 부재와 고단하지만 무능한 어머니의 조합은 비참하고 외로운 아이들 처지의 원인을 제공하는 환경이다. 오누이의 가난은 물질적 빈곤만은 아니다. 돈이 많아도 일과 술, 사회 활동으로 바쁜 아버지는 항상 집을 비우고, 어머니는 어머니대로 자기 일에 바쁘니 도시의 아이들은 툭하면 아파트에 홀로 남게 된다. 낯선 사람 아무에게도 문을 열어 주지 말라는 당부를 하며 21세기의 부모들도 곧잘 아이들을 남겨 두고 나가 버리니, 홀로 남은 아이들은 마치 해와 달이 된 오누이처럼 지금 이 순간에도 어디선가 두려움과 외로움에 떨고 있을 것이다.

오누이의 어머니는 고개 너머 이웃 마을 잔칫집에 일하고 돌아오는 길에 만나는 호랑이를 만나 무서운 거래를 한다. '떡 하나 주면, 팔 하나 주면, 안 잡아먹지.'라고 말하는 호랑이의 유혹은 무엇일까. 세상의 어머니는 자녀들과 자신의 생존을 위해 나름대로 최선의 선택을 한다고 생각했을 것이다. 그러나 그 선택들이 사실은 자신의 신체와 영혼이 모두 먹히는 결과를 초래한다는 것일 수 있다. 예컨대, 가족을 먹여 살리고, 자녀를 잘 키운다는 명목으로 때론 비루하게, 때론 포악하게 변하는 게 우리 부모들이 아닌가? 아이 과외비를 마련하기 위해 몸을 팔았다고 말하는 어머니들, 과연 그들이 아는 돈 버는 방법은 매춘뿐이었을까? 잔인한 마피아들을 그린 영화 「대부 God father」와 드라마 「소프라노스 Sopranos」에 나오는 자녀 사랑과 효심은 또 얼마나 그지없는가. 심지어는 자녀들을 학대하고 착취하는 부모들도 이게 다 너를 사랑하기 때문이라 강변하기도 한다. 반대로 독립적 삶을 피하면서 부모를 착취하는 영원한 아이 eternal child 같은 자식들도 효심 때문이라며 영악하게 자신의 의존심을 포장한다. 내 아이만 잘되면 된다는 가족 이데올로기의 폭력적 실상은 또 어떠한가. 장애아나 결손 가정의 아이처럼 약하고 불운한 아이들을 따돌리는 철없는 어린 자녀보다 한술 더 뜨는 편견과 이기심에 가득한 부모들, 자기 아이는 조금이라도 손해 보면 안 된다며 물불 가리지 않고 마구 떼를 쓰는 부모들은 호랑이보다 더 사악하고 위험하다.

떡 하나라도 더 먹이기 위해 뼈가 빠지게 일하고 험한 길을 넘어 오는 어머니는 착한 어머니이고, 그 어머니를 잡아먹고 어머니로 변장해 오누이마저 잡아먹으려는 호랑이는 나쁜 어머니라는 식으로 '나는 좋은 엄마, 저 여자는 나쁜 엄마'와 같은 이분법으로 생각하면 마음은 편할지 모른다. 헌신적으로 자녀들을 위해 모든 걸 다 해 주는 어머니가 전자라면 아이를 버리거나 학대하는 어머니는 후자라고 단순화시켜 적어도 자신은 죄책감에 시달리지 않을 수 있을 터이니까. 그러나 조금 더 깊이 들여다볼 때, 과연 누가 선하고 악한지 구별이 가지 않을 때가 많다. "내가 널 어떻게 키웠는데." 하고 억지를 쓰는 막무가내 어머니와 어떤 일이건 자녀 앞을 막아서며 나서는 바람에 결국 무기력하고 수동적인 자녀를 만드는 어머니들이 자신을 지극히 헌신적이고 희생적인 어머니라고 강조하는 웃지 못할 경우도 많다. 떡 하나라도 더 먹이겠다고 고개를 힘들게 넘고 넘던 어머니가 아이들을 잡아먹는 나쁜 호랑이 어머니로 변하는 건 그만큼 순식간이다. 제 허영과 욕심에 자녀의 건강한 삶을 압살하는 부모들의 이기심이 모습을 감추고 있기 때문이다.

민담 속의 오누이는 다행히 호랑이의 진짜 모습을 알아채고 우물가 나무 위로 숨고 도망간다. 이때부터 아이들과 호랑이의 두뇌 싸움이 시작되는데, 마치 자녀들이 부모의 정체를 객관적으로 파악한 후 바야흐로 독립해 나가려는 과정과 흡사해 보인다. 호랑이는 우물 속에 비

친 아이들을 바가지로 건지려 하는데 이는 훌쩍 커버린 아이들의 실체를 보지 못한 채 자녀의 퇴행을 조장하고 유아기의 그림자에서 벗어나지 못하는 부모들 모습의 상징이다. 꾀 많은 오빠는 참기름을 바르라 하고, 동생은 도끼로 찍고 올라오면 된다 말한다. 옥죄는 부모를 따돌리는 방법으로 처음엔 참기름 바르듯 거짓말도 하고 적당히 둘러대는 것이 통하겠지만, 언젠가 닥쳐올 정면충돌의 순간엔 도끼로 찍듯 확실하게 서로 분리 독립이 이루어져야 한다는 뜻이다.

마지막으로 왜 하필 하늘에게 동아줄을 내려 달라고 기도하였을까? '하늘'이란 부모들의 수준을 훌쩍 뛰어넘는 초월적 단계를 상징한다. 부모와 엉겨 살던 자녀들이 자신의 길을 확고하게 떠나게 되면 아무리 자녀의 옷자락을 붙잡고 놓지 않으려 해도 소용이 없는 시점이 온다. 이미 부모 자식을 이었던 인연의 끈은 썩은 동아줄에 불과해지기 때문이다.

어쩔 도리가 없어진 부모들은 자녀들의 새로운 세계로 끝까지 따라가려 해서는 안 된다. 그저 본래의 자기 자리인 땅으로 다시 하강해서 떠난 아이들의 장도를 축하해 주어야만 한다. 호랑이가 수수 밭에 떨어져 피 흘리듯 죽어야 산다는 뜻이다. 그래야 오누이가 해와 달이 되듯, 자녀들은 자신들의 세상에서 새롭게 태어날 수가 있다. 자녀들의 독립을 방해했던 부모들이 집착의 끈을 놓고 나면, 호랑이가 붉은 수수로 다시 환생한 것처럼 오히려 더 아름다운 사랑을 베풀 수도 있다. 부모가 묵은 가치관을 과감히 버리고, 새로운 세계로 진입해 진짜 자신의 길을 가려는 자녀들의 독립을 확실하게 축하하고 믿어 줄 때 부모의 진가는 제대로 발휘 될 수 있다.

오누이가 각각 변한 해와 달은 창조의 시작이며 우주의 두 축이다. 태양이 우주의 대부라면 달은 땅의 대모이다. 이집트의 태모신 Great Mother Goddess 이시스는 태양과 달을 모방한 뿔을 달고 있고, 아메리카 인디언 부족은 해와 달이 오누이로 우주의 시작이라고 말한다.

이제 자녀들은 새로운 세계를 주재하는 창조자이며 그들 자신이 부모가 될 준비를 한다. 물론 새로운 세계를 만들기 위해서 호랑이 상징으로 구체화된 어머니 콤플렉스와 아버지 콤플렉스는 계속 해결해 나가야 할 과제로 남겠지만 말이다.

> 여기서 태모 Great Mother 를 위대하고 훌륭한 어머니로 이해하면 곤란하다. 태모는 사회에서 말하는 헌신적이고 희생하는 윤리적인 위대한 모성이라기보다는 오히려 어머니인 자연의 이미지에 가깝다. 즉, 우리의 모든 것을 존재하게 해 주었고, 또 많은 것을 주고 있지만, 동시에 우리를 순식간에 파괴시키는 자연의 힘은 때론 우리를 매우 미약하고 무기력한 존재로 만든다. 엄청난 홍수와 가뭄을 해마다 겪는 이집트에서 이런 태모신의 존재에 대해 일찌감치 의식한 것은 그래서 매우 당연한 일처럼 보인다.
>
> 태모는 종종 숲 속의 늙은 마녀로 나타날 수도 있지만, 인자한 삼신할머니의 모습으로 등장하기도 한다. 그러나 삼신할머니가 우두라는 무서운 전염병을 앓게 하는 마마 신을 종종 동반하는 것 역시 태모의 부정적 측면을 강조하는 것이다.

부모 콤플렉스의 상징인 호랑이는 힘없고 약한 동물을 통째로 먹어 치우는 동물이란 점에서, 화가 나면 해일과 지진과 화산 폭발 등으로 살아 있는 모든 생물을 집어 삼키는 배고픈 자연 hungry earth 이자 끔찍한 어머니 terrible mother 라고 이해할 수 있다. 해와 달처럼 자신의 세계를 창조하게 만드는 의식 consciousness 은 호랑이와 같은 자연적 무의식 unconsciousness 의 정체를 제대로 알고 분화된 후에야 비

> 이제는 심리학이 많이 대중화 되어 사람들이 의식과 무의식의 차이를 어렴풋하게나마 알고 있다. 의식이 논리적으로 언어화할 수 있고 기억되는 부분이라면, 무의식은 비합리적이면서 언어화하기 힘들고 잠재 기억 속에 들어가 있는 부분이라고 이해하면 된다. 실수, 꿈, 예술적 작업을 통해 무의식 속의 내용들이 의식의 바깥으로 나오게 된다.

로소 탄생한다. 호랑이, 즉 물질과 육체의 영역을 떠나 하늘 즉 정신적이고 영적인 세계에 상승한 후에 경험하는 보다 높은 단계다.

자, 그렇다면 낳고 키웠다는 이유로 우리의 독립과 행복을 방해하는 부모를 과연 어떻게 극복하란 말인가. 또 그렇게 키운 자식들과는 어떻게 건강한 거리를 유지할 수 있는가? 단순히 물리적으로 떨어져 있다고 독립 선언이 될까? 화내고 다투면 부모 자식 간의 인연이 끊어지는 것일까? 그렇지는 않다. 뇌세포 속의 의식과 무의식의 잠재적 기억 속에 들어 있는 부모로부터 받은 모든 유산들을 보다 객관적이고 명징한 의식으로 파악하기 전에는 지구 반대편에 살거나 부모와 매일매일 소리 높여 싸운다 해도 내 안에 들어 있는 부모 콤플렉스를 제대로 소화시켜 배설해 낼 수가 없는 법이다.

너랑 똑같은 아들딸 낳아 키워 보라는 부모들의 저주는 자신 안에 들어 있는 부모와 닮은 우리 콤플렉스를 제대로 들여다보라는 주문일 수 있을 터이다. 바로 그 부모들도 똑같은 소리를 들었던 당신 부모들의 자식이 아니었던가. 부모 자식 간의 질긴 인연의 끈은 이렇게 우리 마음속 깊이 면면히 전해지고 있다.

4장
껍질을 벗어 버린 진짜 나는 누구인가

불가사리

— 내 마음속 욕망과 허기의 존재

옛날 깊은 산속에 외롭고 가난한 할머니가 혼자 살고 있었습니다. 너무 심심했던 할머니는 어느 날 몸에서 밀리는 때를 뭉쳐 때 뭉치를 만들고 불가사리라 불렀습니다. 불가사리는 쇠붙이로 만든 할머니의 가재도구를 몽땅 다 먹더니 마을로 내려가 솥이며 바퀴며 다 잡아먹어 커다란 괴물이 되었습니다. 이에 마을 사람들이 불을 붙여 불가사리를 죽이려고 했지만 불가사리는 죽지 않았습니다. 그때 할머니가 다가와 "왜 이리 장난이 심하냐."라고 하자 불가사리의 입에서 쇠붙이가 와르르 쏟아져 나왔습니다. 불가사리는 조금씩 작아져서 조그만 때 뭉치가 되고 할머니는 다시 깊은 산속으로 들어가 버렸습니다.

&

옛날 전쟁에서 아들과 남편을 모두 잃은 아주머니가 밥풀을 뭉쳤더니 불가사리란 괴물이 태어났습니다. 불가사리는 전쟁을 일으킨 온갖 쇠붙이는 다 먹어 치웠습니다. 불가사리가 오랑캐를 다 물리쳤는데 이를 의심하고 경계한 왕이 아주머니를 잡아 놓고 불가사리를 불태워 죽이려 했지만 불가사리는 이 불꽃을 아랑곳하지 않고 아주머니를 구하고는 어딘가로 사라져 버렸습니다.

똑같은 불가사리 이야기지만, 한쪽은 사람들의 생활을 통째로 불가능하게 한 나쁜 존재이고, 또 한쪽은 오랑캐를 물리쳤지만 이를 시기한 왕에게 잡혀 억울하게 세상을 떠나게 된다. 또 다른 구전에서는 태조 이성계가 숭유억불 정책을 펴서 불교를 탄압하자 숨어 있던 승려 하나가 밥풀을 뭉쳤더니 불가사리란 괴물이 되었다고 한다. 불가사리가 이성계의 군사들이 갖고 있는 모든 창과 칼을 다 먹어 버렸는데, 아무리 공격해도 죽지 않아 불가살(不可殺)이란 이름을 갖게 되었다는 이야기도 전해진다. 결국 승려를 숨겨 준 친척이 불로 불가사리를 녹여 제압했다는 결말이다. 고려 시대 말에는 불가사리가 외적을 물리친 영웅적 존재였다고 하고, 반면 맨 앞에 서술한 민담에서 불가사리는 악한 존재로 묘사된다. 어떻게 같은 대상이 그렇게 전혀 다르게 전해지는지 묻고 싶겠지만 실제로 불가사리가 갖고 있는 무엇이든 먹어 치우는 속성, 즉 무언가에 대한 욕망은 선도 되고 악도 될 수가 있다.

예컨대 잘살고 싶은 욕심을 보자. 박정희 시대까지 너무나 많은 사람들이 헐벗고 굶주리고 있을 때, 우리에게 '잘살아 보자.'란 구호는 의욕과 희망을 주는 선한 무엇이었다. 허무감, 패배감에 싸여 "엽전이 별

수 있어……."라는 말을 하거나 '코리안 타임'과 같은 단어를 만들어 내는 등 가난한 민족에 대해 자기비하나 하던 시절에 우리도 남부럽지 않게 살아 보자고 했던 의욕은 대한민국의 발전을 위한 큰 덕이었다. 그러나 큰 재산을 갖고 있는 재벌이 "나같이 가난한 재벌이 어디 있냐."며 남들과 나누며 윤리 경영을 추구하기는커녕 수단과 방법을 가리지 않고 "우리 집안만 잘살아 보겠다."라고 한다면 어떻겠는가.

우리에게도 필요 없는 물건을 꼴사납게 탐하는 모양을 부끄러워하는 선비 정신을 높이 샀던 시절이 있었기에 물질에 대한 허기를 벗어 보이기에 급급한 요즘의 시대 풍경은 참혹하고 황량해 보일 때가 많다. 남보다 좋은 차, 호화로운 집을 갖는 게 부자의 정의라면 나보다 더 잘사는 '남'이 그 어딘가 꼭 존재할 터이니 이제 되었다고 자족할 순간이 올 리가 만무하다. 돈만 많이 번다면 개가 되건 사기꾼이건 상관 않는 이들도 있긴 하다. 만약 그런 이들만 넘쳐 난다면, 도덕이나 윤리란 단어는 사어(死語)가 되지 않을까 걱정도 된다.

더운 여름, 산속에 혼자 살던 할머니는 땀이 줄줄 흘러서 때를 밀다 때 뭉치를 만든다. 이렇게 만든 작은 때 뭉치가 방 속의 쇠붙이들을 하나씩 먹어 치우더니 불가사리란 괴물로 변해 온 마을의 쇠붙이란 쇠붙이는 다 먹어 치운다. 창으로 찔러도 구덩이에 파묻어도 불을 질러도 불가사리의 식탐을 막을 길이 없다. 난리가 난 마을을 보고 할머니가 큰일 났다 싶어 산에서 내려와 해결사가 된다. "이놈, 불가사리야. 왜 이리 장난이 심하냐." 하고 등을 탁탁 치니 불가사리 입에서 쇠붙이가 쏟아져 나오고 다시 조그만 때 뭉치를 할머니는 그것을 들고 산으로 돌아가고 그 후론 아무도 그 불가사리를 본 사람이 없다. 영화 「괴물」에선 불화살에 급소를 맞아 괴물이 죽어 버리지만, 옛날이야기 「불가사리」에선 그저 할머니의 싱거운 말 한마디와 허술한 손아귀에 힘을 잃고 만다.

> 마귀할멈 원형 Witch Archetype은 융 심리학에서 매우 중요한 원형 중 하나이다. 마귀할멈 혹은 마녀는 일단 때로는 공포와 혐오감을 유발시킨다. 그러나 이들에게는 일반인들은 갖고 있지 않은 특별한 능력이 있다. 즉 치유와 변환이다. 마녀들의 김이 나는 큰 솥에는 약물로 해골, 고양이, 지네 같은 이상한 재료들이 있다. 그러나, 바로 그 솥 안에 있는 약물이 때로는 마술적인 힘을 가진 영약으로 변한다. 실제로 중세 시대 의사가 없는 시기에 마녀의 솥은 신비한 약을 만들어 내는 도구였다. 중세부터 18세기까지 유럽과 미국에서 계속되었던 마녀사냥은 이들 마녀의 신비한 힘에 대한 주류의 견제였고 박해이기도 했다.

산속에 사는 할머니는 마귀할멈이나 마녀witch의 현현(顯現)이다. 자손이 많아 다복한 할머니와 달리, 혼자 산속에 사는 할머니에겐 한과 화만 가득할 것이다. 생식 능력도 노동력도 없으니, 만들어 내는 거라곤 말라 버석거리는 피부의 더러운 때밖에 없다. 한데 그처럼 별 볼일 없는 할머니의 유일한 생산물인 때 뭉치의 불같은 복수극이 할머니의 장난치지 말라는 주문 한마디로 해결되다니. 욕망의 범람을 욕망의 끈조차 놓아 버려야 했던 숲 속 할머니의 비루함이 막아 준다는 재미있는 반전이다. 본능과 무의식의 콤플렉스에 사로잡힌 우리 정신을 깨우쳐 주는 매서운 죽비는 버림받은 할머니의 가난과 외로움이다. 배고픔과 고독

> 16세기 프랑스 소설가 프랑수아 라블레의 작품 속 인물로 엄청난 식욕과 탐심으로 유명하다.

은 가르강튀아 같이 멍청한 탐심의 그림자이기 때문이다. 잊고 살던 그림자를 직면하고 돌본 후에야 무한 질주하던 욕망을 멈출 수 있는 브레이크를

안전하게 장착할 수가 있다. 황폐한 영혼을 더러운 탐욕으로 감추고 사는 괴물이 되지 않으려면, 장난치지 말라는 할머니의 평범한 말 한마디가 꼭 필요한 것이다. 그래야 뱃속의 빵빵한 쇠붙이들로 자폭하지 않을 터이니 말이다.

다른 이형에서 불가사리는 밥풀로 만들어져 침략을 한 오랑캐 군사들의 무기를 무력화시키는 좋은 일을 한다. 앞서의 불가사리가 '때'란 불필요한 존재에서 만들어졌다면 뒤의 불가사리는 우리에게 꼭 필요한 '밥'에서 만들어진 부산물이다. 불필요한 욕망은 괴물이 되어 사람들을 도탄에 빠트리지만, 꼭 필요한 만큼의 적절한 욕망은 우리를 안전하게 한다는 의미가 아닐까. 이 불가사리를 대하는 태도 역시 심리학적으로 설명이 된다. 쇠를 먹어 치우는 존재이니, 사람들은 쇠를 녹일 수 있는 불로 불가사리와 맞붙으려 한다. 그리고 선한 불가사리는 그런 노력에도 상관없이 아주머니를 구하고는 어디론가 사라져 버리고, 악한 불가사리는 할머니의 손에 의해 다시 때가 되어 숲으로 간다. 욕망이 그 존재의 이유를 다하면, 즉 자신이 원하는 무언가를 얻어서 더 이상 기능할 필요가 없다면 숲으로건, 허공으로건 사라져야 한다는 뜻이 아닐까.

비정상적인 식욕에 시달리는 식이 장애 환자들은 더 이상 배도 고프지 않고, 음식이 맛있지도 않지만 음식으로 향하는 손을 멈출 수 없다고 호소한다. 위장이 아니라 마음속이 헛헛하기 때문이다. 돈, 돈, 하면서 끝없이 부자 되기만을 목표로 삼는 스크루지 같은 이들 역시 마찬가지이다. 돈으로 무언가를 즐기고, 다른 사람들과 나누면서 행복을 느끼기보다는 장부와 곳간에 재물이 쌓이는 그 자체가 중요한 것이다. 양쪽 다 탐심과 허기 때문에 몸과 마음이 힘들고 괴로워지게 될 것이다.

이런 탐심을 다스리는 아주머니나 할머니의 손길은 단순하다. 일단 불가사리의 존재를 인정하고 그에게 손을 뻗치는 것뿐이다. 불로 녹이려 할 때는 오히려 더 힘이 세졌던 불가사리가 따스한 여성의 손길, 특히 자신을 만들어 낸 어머니 같은 존재에게는 꼼짝을 못한다. 이를 죽이려던 임금이나 군사가 할 수 없는 여성의 힘은 그렇다면 과연 무엇인가. 그것은 다른 사람과 따뜻한 관계를 맺고, 어렵고 힘든 사람을 돌보고 나누면서 무언가를 새롭게 생성하는 여성성의 힘이다. 그렇다면 불과 쇠란 상극의 갈등에 머무는 것이 아니라 쇠와 물, 혹은 쇠와 흙 같은 상생의 또 다른 국면으로 한층 더 발전하는 것이 아니겠는가.

혹부리 영감

— 내가 좋아하는 인생, 남이 좋아하는 인생

옛날에 노래를 무척 잘 부르는 얼굴에 큰 혹이 달린 영감이 살았습니다. 하루는 나무를 하다 어두워져 (혹은 비가 와서) 숲에 있는 집에 들어가게 되었습니다. 한참을 자다 보니 도깨비들이 '금 나와라 뚝딱, 은 나와라 뚝딱' 하며 노래를 하고 있었습니다. 겁에 질려 덜덜 떨다 그만 도깨비에게 잡히자 혹부리 영감은 죽는 대신 노래를 불러 주겠다고 제안을 하고 아름다운 노래를 불러 줍니다. 도깨비들이 신기하게 생각하며 어떻게 그런 노래를 부를 수 있느냐 하니 노래가 얼굴에 달린 혹에서 나오는 것이라 둘러댑니다. 이에 도깨비들은 혹과 자신들이 뚝딱뚝딱 만들어 낸 보물과 바꾸자 합니다.

도깨비들이 준 보물들을 갖고 돌아와 부자도 되고 얼굴도 말쑥해진 혹부리 영감을 보고 건너편 마을의 거짓말쟁이 혹부리 영감이 도깨비가 나타났다는 집으로 가서 도깨비를 기다립니다. 도깨비를 보자마자

이 혹에서 노래가 나온다 하며 노래를 부르려 하지만 이미 떼어간 혹에서 아무 노래도 나오지 않는다는 것을 안 도깨비들이 혹 하나를 더 붙여 주고 내쫓고 맙니다.

「혹부리 영감」이란 민담이 일본에서도 비슷하게 채록되고 기록되기 때문에 일제 강점기의 잔재라고 주장하는 이들이 간혹 있다. 그러나 1924년 조선 총독부가 발행한 『조선 동화집』과 1915년 『보통학교 조선어와 한문 독본』에 비슷한 이야기가 한국의 전래 동화로 소개되어 실려 있다. 또한 「혹부리 영감」의 구전은 전국 각지에서 발견이 된다는 점에서 뒤에 이야기할 「견우와 직녀」 이야기처럼 동아시아에 퍼져 있는 원형적 이야기일 가능성이 많다. 그러니 「콩쥐 팥쥐」가 「신데렐라」와 비슷하다고 해서 해방 직후 유입된 신데렐라의 이야기가 우리나라 사람들에게 전해져서 콩쥐 팥쥐 이야기가 만들어진 것이라 결론 지을 수 없다는 것이다. 마찬가지로 「혹부리 영감」 속의 도깨비나 장승이 일본의 오니(鬼)와 비슷하다고 해서 일제 강점기의 잔재라고 말하는 것 역시 지나친 것이 아닐까 싶다.

도깨비들과 노래를 하면서 노는 인물은 사실 『삼국유사』의 도화녀와 비형랑 이야기에도 등장한다. 신라 제25대 진지왕의 혼령과 도화녀가 교혼해서 낳은 아들 비형은 밤마다 서천 가에 가서 도깨비들과 놀다 온다. 이를 시기한 신하들이 비형에게 하룻밤에 돌다리를 놓으라는 불가능한 주문을 하지만 비형은 거뜬히 이를 해낸다. 또 도깨비 중에

선발된 길달은 흥륜사의 누문(樓門)을 지었지만 거만해져서 도를 넘자 비형이 다른 도깨비를 시켜 죽여 버린다. 「처용가」로 유명한 또 다른 전설적인 도깨비이자 사람인 처용 역시 밤늦도록 도깨비와 놀다 들어와서 아내가 바람이 난 것을 발견하게 된다.

도깨비 혹은 장승의 외모는 혹부리 영감과 비슷하면서도 다르다. 무조 신화 「바리공주」에 나오는 무장승의 모습을 보자. '얼굴은 쟁반만 하고 눈은 등잔만 한데 코는 줄 병 매달린 것 같아' 도저히 바리공주와 결혼할 얼굴이 아니다. 삼국 시대나 발해의 귀면와(귀신 모습이 새겨진 기와)들을 보면 역시 눈이 왕방울 같고 머리에는 두 개의 뿔이 있는 것을 볼 수 있다. 혹부리 영감 역시 혹이 크게 나 있으니, 잘생긴 얼굴은 아니다. 당연히 장가도 못 가니 외롭고 서글플 수 있다. 처용이 바람난 아내와 사내의 발을 보면서 화를 내는 대신 노래한 것처럼 혹부리 영감 역시 그 서글픈 기분을 노래로 승화한 사내다.

다시 상상력을 발휘해서 혹부리 영감과 도깨비의 마음을 구체적으로 보자. 만약 내 얼굴에 혹이 생겼다면 어떤 기분일까. 거울을 볼 때마다 혹에 먼저 시선이 꽂힐 것이니 우선 남 앞에 나서는 게 꺼려질 것이다. 무심코 혹에 손이 닿으면, 혹이 자라고 있는지 어쩐지 걱정이 되어 일이나 공부에도 방해가 될 것이다. 특히나 의학의 손길이 닿지 않는 옛날 옛적 산골짝에 산다면 하릴없이 그 운명에 순응하며 살 수밖에 없다.

다만 혹부리가 된 자신의 처지를 비관해서 은둔 생활을 하든, 그런 세상이 미워서 더 퉁명스럽게 굴든, 아니면 외려 더 명랑한 척, 밝은 척 살면서 남들에게 사랑을 듬뿍 받든, 받아들이는 방식은 자신이 선택할 수 있다. 혹부리 이야기의 두 주인공은 각자 나름의 삶의 방식을 택한다. 아랫마을의 명랑한 혹부리는 노래도 잘 부르고 사람들을 즐겁게 해 주지만, 윗마을의 심술쟁이 혹부리는 심술이 나서 주위 사람들을 못살게 군다. 당연히 유쾌한 혹부리는 인기가 많지만, 불만 많은 혹부리는 사람들이 싫어하고 멀리한다.

아랫마을 혹부리 영감은 비록 흉한 혹을 얼굴에 달고 살지만 남들을 행복하게 해 주는 노랫소리로 마을에서 꼭 필요한 존재다. 그런 영감에게 큰 시련이 온다. 땔감이 필요해서 혼자 숲으로 나무를 하러 가다가 그만 길을 잃게 된 것이다. 노래 좋아하는 밝은 겉모습과는 달리 쓸쓸하고 고단한 혹부리 영감 삶의 한 단면을 엿볼 수가 있다. 밤이 되어 길을 잃고 캄캄한 숲에 홀로 남겨진 혹부리 영감의 모습은 인생의 전환을 예고하는 모티프로 민담에 자주 등장한다. 내가 현재 어디 있는지, 또 어디로 가는지도 모르겠고, 먹을 것도 없어 기운은 없는데 날씨는 점점 추워지니 컴컴한 숲 속에서 얼마나 춥고 무섭고 아득하겠는가. 이는 마치 난파된 작은 배에 홀로 탄 후 정처 없이 표류하는 밤바다로의 여정과도 같다. 혹부리 영감도 '이 나무가 저 나무 같고, 저 나무는 이 나무 같고, 이 돌은 저 돌 같고' 하는 혼란스런 시간과 공간에 홀로 던져지는 것이다. 그러나 역설적으로 혹부리 영감은 이런 절체절명의 순간에 오히려 큰 행운을 만나게 된다. 절망 속에 지친 몸을 쉬러 들어간 집에서 도깨비를 만난 것이다. 처음엔 도깨비가 자신을 해칠 것 같아 엄청난 두려움에 싸이지만, 도깨비들의 노래를 따라 흥얼거리는 바람에 도깨비와 정면으로 맞닥뜨리게 된다.

살다 보면 이런 상황을 한 번쯤은 겪을 수 있다. 홀로 낯선 환경에 처해 도대체 어디로 가고 있는지도 모르는 상황이 살면서 한 번도 없었다면, 실은 그 사람의 인생이야말로 공허하고 황량한 것이다. 좌표를 모르는 낯선 시간과 공간을 경험했다는 것은 역설적으로 그만큼 새로움을 찾아 호기 있게 나섰다는 사실을 의미하기 때문이다.

혹부리 영감은 이런 공포 속에서도 삶과 죽음의 경계를 오가는 도깨비들의 노래에 천진하게 동참한다. 사실 노래나 춤은 사람과 귀신의 구분도, 적과 아군의 구분도 극복하며 화해하게 만드는 마술적 방편이다. 김수로 왕의 탄생 설화에는 부족장인 구간들이 노래하고 춤을 추니 여섯 개의 황금 알이 하늘에서 내려오는 장면이 등장한다. 동해 용왕의 아들 처용이 아내와 잠자리에 든 사내를 춤과 노래로 감읍시키는 것과 유사하다. 이렇게 무가와 무당춤은 이승과 저승을 이어 주는 신비한 가교인 동시에 우리의 의식과 무의식을 연결해 주는 수단이다. 혹부리 영감이 노래를 통해 도깨비들과 소통하고 친구가 되는 장면 속에 숨은 진짜 의미다.

도깨비들이 혹부리 영감더러 노래의 비밀을 말하라고 닦달하는 장면도 재미있다. 초자연적 힘을 가진 도깨비에게 우리가 무엇을 비는 것이 아니라, 거꾸로 도깨비가 우리에게 요구한다. 인간의 지혜와 감성은 어쩌면 그만큼 위대할 수도 있다는 뜻이 아닐까. 자연을 모방한 예술이 때론 자연 그 자체보다 더한 감동을 줄 때가 있다. 엄청나게 잔인한 자연재해도 인간이 겸손하고 철저하게 예방하면 의외로 잘 극복할 수도 있다.

도깨비와 혹부리의 관계를 인간관계로 비유해 생각해 봐도 좋다. 도깨비는 혹부리 영감에 비하면 마술적인, 거역할 수 없는 권위를 가진 대상일 수 있다. 바로 그 두려움의 대상이 오히려 당신에게 도움과 가르침을 청하는 상황이 꾹 참고 견디다 보면 언젠가 찾아온다. 구질구질하게 머리를 숙여야 했던 불쌍한 처지에서 속 시원하게 상대방을 때려눕히는 대반전이다. 예를 들어 상사 혹은 시어머니(요즘은 장모님도)가 자신을 괴롭히고 무시해서 오랫동안 주눅 들어 살아왔는데, 어느 날 문득 그 사람들이 내게 의존하며 사는 하찮은 노인네들에 불과하다는 사실을 발견하는 경우가 있다. 겉으로는 주인이 노비를 지배하는 것 같이 보이지만, 사실은 노비에게 의존하는 멍청이 주인을 발견하는 그런 상황이다. 혹부리가 도깨비를 보기 좋게 속이는 상황이다.

물론 도깨비들을 단순히 혹부리 영감을 괴롭히는 권력자로 단정 지을 수 없다. 그저 밤 시간이나 되어야 정체불명의 모습으로 출몰해서 꾀 많은 인간들에게 당하고 속기 십상인 멍청한 존재일 수도 있다. 하룻밤에 돌다리를 놓고 누문을 만들어 내는 비형이나 길달처럼 신통력 있는 도깨비도 있지만, 해녀(海女)나 미인에게 달라붙어 정신 착란을 일으키는 악동 같은 도깨비들도 있다. 그 밖에도 전염병을 일으키는 역신(疫神), 부엌살림을 도와주는 조왕신, 대장간에 상주하는 대장신, 산신각에 모시는 산신(山神)도 모두 도깨비인 셈이다. 즉 도깨비는 인간의 선악이나 도덕률을 뛰어 넘는 초월적 현상들의 다양한 구체적 형상화라 할 수 있다.

착한 혹부리가 의식적으로 부자가 되려고 하지 않고 단순하게 노래를 함으로써 부자가 되는 반면에 나쁜 혹부리는 부자가 되려는 의도를 가지고 도깨비를 찾아가 착한 혹부리를 따라 하다가 오히려 도깨비에게 벌을 받는 상황을 권선징악과 인과응보로 이해할 수도 있다. 그러나 한 걸음 더 나아가 세속적인 의도로 남을 모방한다면 우리의 창조적 에너지가 오염된다는 의미로 읽으면 어떨까. 설정은 다르지만 메시지는 비슷한 민담이 독일에도 있다. 난쟁이 요정들이 자고 있는 늙은 구두장이 부부를 밤중에 찾아와 노래를 부르며 구두를 만들어 주고 간다. 금방 부자가 된 노부부는 그에 대해 고마움을 표시하려 옷과 구두를 지어 놓아두었는데, 요정들은 그 옷을 보고는 다시는 찾아오지 않는다. 난쟁이, 즉 창조적 에너지에게 옷으로 상징되는 '의식적 겉치레'를 입혀 인위적으로 무언가를 도모한다면 자연 그대로의 창조성은 발휘될 수가 없다.

착한 혹부리와 나쁜 혹부리가 도깨비를 대하는 두 번의 장면은 자신의 무속한 점과 창조성을 대하는 두 가지 태도를 상징한다. 의도 없이 창조의 과정 그 자체를 즐기면 숨은 장애를 극복해 내는 과외의 수확까지 얻을 수 있지만, 부자가 되겠다는 둥, 남들에게 잘난 척해 보겠다는 둥의 순수하지 못한 의도로 남의 것이나 베끼고 있다면 그 결과는 보나마나 참담할 것이다. 「혹부리 영감」의 결론은 결국 "낙천적으로, 음침한 의도 없이, 좀 부족한 점이 있어도 그냥 예술과 인생을 즐겨라."가 아닐까? '무의식의 천진함'이 지닌 엄청난 능력을 일깨워 주는 반가운 소식이 아닐 수 없다.

도깨비감투

— 감투가 잡아먹은 참자아

옛날 부지런한 아저씨가 산에 나무를 하러 갔습니다. 그런데 갑자기 비가 내려 산길에 있는 낡은 기와집으로 들어가게 되었습니다. 깜박 잠이 들었다 깨어 보니, 밖에서 왁자지껄한 소리가 들렸습니다. 도깨비들이 모습이 보이지 않는 감투를 가지고 숨바꼭질 놀이를 하고 있는 것이었습니다. 아침이 되어 도깨비들은 기와집을 빠져나가면서 도깨비감투를 깜박 잊고 놓아두었습니다. 아저씨는 슬그머니 도깨비감투를 챙기고 집에 돌아온 후, 여기저기 다니면서 도둑질을 하기 시작했습니다. 그러나 사람들은 도둑 잡을 생각을 못하고 무서워 벌벌 떨기만 했습니다. 물건이 혼자서 둥둥 떠다녔기 때문입니다. 아저씨는 부자가 된 후에도 틈만 나면 다니면서 도둑질을 했습니다 그러던 어느 날 장터에서 웬 싸움이 벌어졌는데 불똥이 날아와 아저씨 감투에 옮겨붙었습니다. 아저씨는 집에 돌아와 아주머니에게 구멍이 났으니 비슷한 색실로 기워 달라고 했습니다. 그러고는 또 소금 가게로 가서 물건을 훔치려고 하는데, 소금 장수가 붉은 헝겊을 보고는 도둑이라고 외쳤습니다. 이에 사람들이 몰려나와 작대기를 휘둘러 감투가 훌렁 벗겨져 버리고 아저씨는 두들겨 맞게 되었습니다. 사람들은 저 부지런한 사람이 왜 저렇게 되었을까 하고 쯧쯧 혀를 찼습니다.

모습을 보이지 않게 하는 특별한 옷의 모티프는 동양 뿐 아니라 현대 서양에서도 관찰된다. 유명한 투명인간 이야기에서부터 해리 포터가 입었던 보이지 않는 망토까지, 어쩌면 누구나 한 번쯤은 공상해 보았을 법도 하다. 특히 자의식이 강해서 남들이 자신을 어떻게 볼까 의식하느라 하고 싶은 것을 못하고 참는 법을 배우는 청소년들에게는 보이지 않는 도깨비감투라도 쓰고 어디든지 가서 못된 짓이라도 실컷 해 보고 싶은 비밀스런 희망이 있을 수도 있다.

「도깨비감투」의 주인공이 처음 감투를 손에 얻게 되는 사건은 그러나 매우 우연히 일어났다. 애초에 의도적으로 자신의 몸을 숨겨서 나쁜 일을 하려는 것이 아니었다는 뜻이다. 그런데 우연한 기회에 도깨비들이 흘리고 간 감투를 주은 다음에는 남들에게 들키지 않고 얼마든지 물건을 가져와서 부자가 된다. 어떻게 보면 여기까지는 부지런한 나무꾼 아저씨에게 도깨비감투가 큰 행운이 아닐 수 없다. 여기서 이 행운의 의미를 심리학적으로 좀 더 생각해 보자.

대부분의 사람들은 스스로에게는 잠재 능력이 참 많은데 운이 없거나 부모를 잘못 만나 인생이 잘 풀리지 않았다고 생각하는 경향이 있다. 반대로 나름대로 성공한 사람들은 자신들이 피나는 노력을 해서 그만큼 일군 것이지, 운이 따른 것은 아니라며 자신의 능력을 과시하기도 한다. 하지만 엄정하고 객관적인 눈으로 보면 그야말로 능력은 출중한데 지지리 복도 없고 운이 없어 고생하는 사람도 있을 수 있고, 자신의 능력보다 과중하게 일을 벌려 어이없이 실패하는 사람도 있다. 또 별로 노력은 하지 않으면서 세상에 대한 불만에 싸여 사는 사람들도 있다. 정말로 남보다 몇 배로 출중한 능력을 갖추어서 남보다 몇 배로 잘 살아가는 이들도 물론 있겠지만, 그저 단순하게 타고난 환경이 좋아, 좋은 부모 만나 좋은 교육 받아 몇 대에 걸쳐 잘사는 사람도 있다. 또 무능하기 이를 데가 없는데 어쩌다 보니 기가 막히게 줄을 잘 서서 감투도 쉽게 쓰고 잘난 척하는 사람들도 있다. 사실 돈이 다시 돈을 버는 것이니, 일단 큰돈이 생기면 그다음부터는 땀 흘리지 않고도 몇 대를 사는 경우도 없지 않다. 어쩌면, 그렇게 불공평하고 불합리하게 운과 불운이 찾아오는 것이 냉혹한 이 세상살이가 아닌가도 싶다. 생각해 보라, 숲 속의 어떤 나무는 음지에 뿌리를 내려 비실비실거리다 금방 죽어 버리고 어떤 나무는 하늘을 찌를 듯 크게 자라지 않는가. 그것이 과연 나무가 잘나서 그러한 것이고 작은 나무는 못나서 그러한 것이겠는가.

물론 한참 자라나는 아이들에게는 "열심히 노력하면 잘 살 수 있어."라고 이야기하지만, 막상 나이가 들면서 인간의 운명이 정확한 수학 공식처럼, 혹은 딱 들어맞는 인과응보의 논리로 돌아가는 것 같지는 않다는 의심도 가지게 된다. 즉 행운과 불운의 관점에서 보자면 세상은 그리 공평하거나 합리적인 것은 아니라는 회의적 운명론이다.

「도깨비감투」는 이와 같이 골치 아픈 질문에 대한 대답일 수 있다. 이야기는 성실하게 사는 나무꾼이 우연히 도깨비들의 잔치를 엿보다가 그들의 감투를 주워 쓰면서 시작된다. 처음에는 그 감투의 힘이 어떤 것인지 몰랐지만, 감투를 뒤집어쓰면서 투명인간처럼 사람들에게 자기 모습을 감출 수 있게 되자 부지런했던 나무꾼은 본래의 자기 일을 관두고 이것저것 닥치는 대로 집으로 훔쳐 가서 부자가 된다. 얼핏 보면 엄청난 행운이다. 실제로 도깨비감투를 얻어 이런 일이 가능하다면 아마 많은 사람들이 도둑질을 할지도 모른다. 살면서 사람들이 나쁜 일을 하지 않는 이유는 물론 마음속 깊이 자리 잡은 양심의 소리 때문이기도 하지만, 그보다는 다른 사람들의 시선이나 벌을 받는다는 사실 때문일 수 있다. 예컨대 길거리에 고액의 수표와 똑같은 액수의 돈다발이 떨어졌다고 치자. 아마 돈다발은 누군가 곧 주워 가서 사라지고 말겠지만, 수표는 회수될 확률이 높을 것이다. 잃어버린 수표를 잘못 썼다가는 철창행이고, 돈다발은 추적이 되지 않으니까. 닳고 닳은 공자 말씀 인용이지만, 군자는 혼자 있을 때 도를 깨치기 위해 노력하고 소인은 혼자 있을 때 나쁜 짓을 한다지 않는가. 어쩌면 우리는 모두 소인에 가깝다.

「도깨비감투」 이야기는 이처럼 타인의 시선이 하나의 잣대로 작용해서 잘못된 행동을 하지 않게 만드는 도덕적 기제에 대한 비유로 읽게 된다. 특히 청소년기로 넘어가는 시기에는 남의 시선과 평가를 아주 예민하게 의식하기 시작하면서 자아 정체성을 쌓아 나가는 것이 정상이다. 오히려 감투 쓴 나무꾼처럼 타인의 시선으로부터 완전히 자유롭다면, 심리적으로는 양심, 방향성, 자기 조절력 등 꼭 필요한 자아 기능들을 상실한 채 매우 위험하고 불행한 상황으로 치달을 수도 있는 것이다.

그러나 한 걸음 더 나아가 보면, 도깨비감투는 단순히 남들의 시선에서 자유로운 상황뿐 아니라 감투, 즉 지위나 신분 등 잘못된 가면 persona 뒤에 숨어 서서히 망가져 가는 자아에 대한 은유로 읽어 낼 수 있다. 높은 지위에 올라가거나, 큰 부자가 되어 진짜 자기는 사라지고 그 페르소나와 동일시하게 되는 경우가 있다. 이렇게 과도한 동일시가 일어나면 자아는 오히려 붕괴되기 쉽다. 감투를 쓰니 나무꾼의 본래 모습은 사라지고 탐욕스런 도둑의 마음만 남는 것과 같은 이미지다.

사람들은 높은 자리에 앉아 있는 사람들 앞에서는 허리를 구부리고 아부를 하지만, 실제로 존경하고 어려워하는 것은 그 사람이 아니라 그 사람이 앉은 자리일 뿐이다. 그러나 감투를 쓰고 의자에 앉아 있는 사람들은 알량한 감투 때문이 아니라, 자기 자신이 그만큼 잘나고 훌륭해서 남들에게 존경 받는 것이라는 착각을 하기 쉽다. 주변 사람들이 한 푼이라도 얻어 걸릴 것 같은 마음 때문에, 또 자신의 밥줄이 떨어지게 될까 봐 부자들의 비위를 맞춰 주는 것임에도 불구하고,

부자들 역시 다른 사람들이 주위에 꼬이면 그만큼 자신을 좋아해 주는 것이라고 오해하기 쉽다. 자신의 특별한 지위나 많은 재산을 이용하면 일단은 가능하니까 앞뒤 가리지 않고 나쁜 일을 도모하고 실행에 옮기기도 한다. 청소년들에게 왜 그런 쓸데없는 짓을 했냐고 물어 보면 단순히 '가능하니까' 한번 해보고 싶었다는 이야기들을 곧잘 하는데, 적지 않은 부자나 권력자들이 마치 청소년들처럼 그런 식의 철없는 인생을 살고 있다. 그들에게는 무언가 옳지 않은 짓을 벌이는 것이 마치 자신의 한계를 넓히는 하나의 모험심으로 받아들여지기도 한다. 독재자들은 안으로는 고문을 자행하고 밖으로는 미사일도 쏘고 테러도 일삼으면서 그런 자신들의 행동에 죄의식을 느낄까? 아니다. 오히려 우리의 능력을 온 천하에 과시해서 상대방을 제압하고 쓸어엎어 보자고 부하들을 부추길 뿐이다.

정말 씁쓸한 이야기지만 요즘 애들에게 꿈이 뭐냐고 물어보면 "부자 되는 거요."라고 대답하는 아이들이 많다. 그 뒤 "어떻게 부자 될래?"하고 다시 물으면 대개는 복권 당첨이요, 연예인이요, 운동선수요라는 대답들을 한다. 연예인이나 운동선수 역시 목숨 걸고 열심히 살아야 겨우 소수가 살아남는다는 사실을 대다수의 아이들은 알지 못하니까 쉽게 돈을 벌 수 있는 것이라 생각하는 것 같다. 어쩌면 아무 배경도 없이 단지 공부만 잘해서는 성공할 수 있는 가능성이 점점 희박해지고 있다는 사실을 어린아이들도 알아채고 있는지도 모른다. 사교육과 정보의 싸움에서 잘사는 집 아이들과는 경쟁이 되지 않는다는 현실을 전혀 모르고 그저 분홍빛 희망에 차 있는 저소득층 아이들은 오히려 소수다. 어쩌면 유일하게 남은 길은 도깨비감투 같은 것을 쓰고 남의 물건을 훔쳐 오거나 복권 같은 일확천금을 꿈꾸는 것뿐이라고들 생각하는 것은 아닌지 정말 걱정이다.

실제로 적지 않은 청소년들이 10억을 갑자기 벌 수 있다면 감옥에서 몇 년을 썩어도 좋다고 생각한다는 조사 결과도 있었다. 물건을 상습적으로 훔치는 한 가난한 집 아이에게 직접 물어보니, 감옥에는 에어컨도 있고 먹을 것도 공짜로 주지 않느냐고 오히려 순진한 얼굴로 반문했다. 쪽방에서 여러 식구가 비비적거리며 사는 것보다는 감옥에서 사는 것이 오히려 더 편할 것이라는 생각을 하고 있는지도 모른다. 어차피 밑바닥 인생인데 남의 물건 훔쳐서 실컷 써 보는 것도 괜찮다는 그들의 태도에 어른들이 부끄러움을 느껴야 할 것 같다. 이런 아이들 뒤에는 남에게 못할 짓 하더라도 혼자만 잘살면 된다고 자신과 자녀들에게 최면을 거는 부모, 화려하고 사치스럽게 소비하며 뜬구름만 잡는 이른바 상류층 젊은이들을 멋있게 조명하는 상업주의에 찌든 매스컴, 심지어는 돈만 잘 벌면 모든 것이 용서된다고 믿고 있는 정치, 경제 지도자까지 이 사회의 모든 냄새나는 물질지상주의자들이 있다.

물론 「도깨비감투」에서는 실수로 구멍이 난 감투를 기운 후 정체가 드러나 사람들에게 흠씬 두들겨 맞은 주인공이 결국 한심한 조롱거리가 되어 벌을 받는 것으로 끝나지만, 현실에서는 여전히 거짓말을 하거나 나쁜 짓을 상습적으로 하는 이들이 으스대며 잘난 척하는 것을

직접 간접으로 접해야 할 때가 사실 참 많다. 이런 상황에서 세상을 불공평하게 만들어 준 조물주를 원망하며 더러운 이 세상에 분노를 쏟아 붓는 사람들의 마음도 이해가 가지 않는 것은 아니다.

그러나 조금만 더 긴 호흡으로 주변을 잘 관찰해 보면, 잔머리를 굴리던 사람들이 결국 자기 꾀에 넘어가 혹독한 시련을 겪고 풍비박산 나는 경우를 본다. 또한 전혀 상상하지 못한 함정에 빠져 괴로움을 겪는 이야기도 듣게 된다. 수단과 방법을 가리지 않고 욕심을 부리다 보면 대개는 그 행운도 끝날 때가 오기 때문이다. 꽃이 피면 질 때가 있고, 달이 차면 기우는 게 세상 이치가 아닌가. 「도깨비감투」의 주인공처럼 우연한 기회에 지극히 사소한 실수를 해서 결국 그동안의 죄가 드러나는 사태가 결국 발생하게 되는 것도 또 심심찮게 전해 듣게 된다. 지위나 재산이라는 보호막이 없어지면 수치스러운 폭로만 남기는 스캔들이 어디 한두 개인가. 일단 일이 터지고 난 후에야 차라리 그 돈이 없었다면, 혹은 그 자리에 오르지 않았다면 이렇게 패가망신 당할 일은 없었을 것을……. 이런 탄식을 절로 하는 것이다. 도깨비감투 뒤에 숨어서 내 욕심대로 할 수 있었던 것이 엄청난 행운인 줄 알았지만 종국에는 끔찍한 상황일 뿐이다. 산이 높으면 골도 깊은 법이다.

감당할 능력도 여건도 되지 못한다면 시간이 가면 갈수록 바로 그 감투 때문에 자신과 주위 사람이 불행하게 되기 마련이다. 복권 당첨이나 땅 투기 등으로 갑자기 벼락부자가 된 경우도 마찬가지이다. 처음에는 마르지 않는 샘처럼 보이던 재산도 이러저런 일들로 금방 바닥이 나게 되는 것은 물론이고 본인과 가족의 영혼도 더불어서 바로 그 공짜 돈 때문에 점점 타락하게 되는 경우가 생각 외로 많다. 소리 소문 없이 성실하고 단란하게 삶을 꾸려 나가는 이들을 자세히 보면 돈 보태 주는 부모도, 좋은 학벌도, 큰 운도 없었기 때문에 스스로 열심히 살아야만 하므로 서로 위하며 소박하게 사는 법을 실천하고 있다.

 이처럼 인과응보의 법칙은 사람들이 예측하지 못하는 방법과 시기에 발현되는 것이 아닌가 싶다. 앞의 예를 들어, 잘 자란 큰 나무는 좋은 목재감이 되니 곧 사람들에게 베임을 당하고, 삐뚤삐뚤 못생긴 나무는 아무도 쳐다보지 않으니 오래오래 살았다는 우화도 있지 않은가. 실제로 남에게 못할 짓만 일삼고 오로지 자기 가족만 최고로 생각하며 잘난 척하던 사람들이 말년에는 바로 그 애지중지하며 키운 자녀가 제구실을 못해서, 혹은 믿었던 배우자에게 이런저런 일로 배반당하면서 비참한 처지에 빠지는 경우를 주위에서 참 많이 본다. 나쁜 짓 하는 이기적인 부모의 무엇을 보고 배우겠으며, 나쁜 돈으로 호의호식한 사람의 영혼이 얼마나 풍요롭겠는가. 우리 인생이 수학 공식처럼 나쁜 일을 하면 벌을 받고 좋은 일을 하면 즉각 상을 받는 논리적 셈법은 물론 아니겠지만, 도깨비감투를 쓴 나무꾼처럼 종국에 가서는 예상치 못한 방법으로 그 죗값을 치르게 된다는 사실에, 어쩌면 우리가 잘 모르는 세상살이의 비의가 있는 게 아닐까.

호랑이 뱃속잔치

— 고통의 터널을 견디는 힘

옛날 소금 장수가 소금을 잔뜩 짊어지고 다니다 날이 지자 소금 한 짐을 지고 깊고 어두운 산 하나를 넘는데, 집채만 한 호랑이가 입을 벌리고 소금 장수를 한입에 꿀꺽 삼켜 버렸습니다. 호랑이 뱃속에 들어온 소금 장수가 가만 보니까 대장장이와 숯장수도 잡아먹힌 채 있었습니다.

워낙 담이 큰 소금 장수는 호랑이 뱃속을 구경하고 다니다 슬슬 배도 고파서 대장장이에게 칼로 호랑이 고기라도 썰어 먹자고 합니다. 소금 장수는 대장장이가 준 칼로 호랑이 고기를 쓱쓱 베어 내더니 숯장수에게 숯으로 고기를 구워 보자고 합니다. 세 사람은 냉큼 숯에다 불을 붙이고 배가 터지도록 고기를 구워 먹었습니다.

뱃속에서 이 난리를 피우고 있으니 호랑이는 찢어질 듯 배가 몹시 아프고 또 불에 덴 것처럼 속이 뜨겁고, 코에서도 연기가 모락모락 나오니 펄쩍펄쩍 뛰고 아주 난리가 났습니다.

그러는 와중에 소금 장수와 대장장이 숯쟁이는 셋 다 힘을 합쳐 호랑이 뱃속을 빠져나왔습니다.

호랑이 뱃속에 들어갔다 살아 나온 민담에는 여러 가지 이형이 있어서 어떤 민담에서는 소금 장수가 밧줄을 호랑이 이빨에 걸어 호랑이가 겉과 안이 뒤집어져 세 명이 호랑이 뱃속에서 나오게 되었다는 내용도 있고, 또 다른 이형에서는 호랑이가 배가 아파 똥을 누어 나왔다는 이야기도 있다. 또 어떤 이형에서는 호포, 즉 호랑이를 잡는 포수가 생쥐로 변해 호랑이 뱃속에서 모든 장기들을 뜯어 먹다 보니, 호랑이가 아픔을 참지 못해 죽어 버린다는 내용도 나온다.

필자는 『성경에서 사람을 만나다』(생활성서사)란 책에서 이미 요나와 피노키오가 고래 뱃속으로 들어간 후 다시 나오는 대목에 대한 심리적 분석을 한 바 있어서 이런 상황에 대한 긴 해설은 하지 않으려 한다. 대신 조금 더 구체적으로 죽음과 관련된 어두운 뱃속 이미지에 대해 말해 보고자 한다.

수잔 발리의 『오소리의 이별 선물』(보물창고)에는 오소리가 긴 터널을 지나가는 꿈을 꾸고 난 후 자신의 죽음을 예감하며 친구들에게 이별 인사를 고하는 편지를 쓰는 대목이 있다. 실제로 임사 체험을 한 많은 사람들이 컴컴한 터널을 지나간 후 밝은 빛을 본다는 고백을 하기도 한다. 그래선지 사람들은 죽은 다음 천국과 지옥으로 가는 갈림 길 직전 긴 터널을 지난다는 상상을 하기도 한다. 물론 사후 세계로 건너가기 위해 정말로 그런 과정을 거칠 수도 있겠지만, 아직 죽어 보지 않은 우리들로서는 알 수가 없는 일이다.

한데 꼭 임사 체험이 아니라도 마치 죽음으로 가까이 가는 긴 터널을 지나는 것 같은 상황이 누구에게나 찾아 올 수가 있다. 정말 열심히 공부해도 몇 년 가까이 제대로 된 직장을 잡지 못한 사람들, 심각한 질병에 걸려 온 힘을 다해 병과 싸워도 차도가 없는 사람, 배우자가 도박이나 술에 빠져 재산을 탕진한 후에도 그 버릇을 못 고쳐 집안이 풍비박산 난 사람, 자녀가 비뚤어져서 갖은 사고를 다 치고 다니며 부모에게까지 패륜적인 행동을 하는 사람들 이야기……. 정말 견디기 힘든 일들이 아주 오랫동안 해결되지 않고 괴롭힐 때, 사람들은 도대체 이 이 길고 긴 터널이 언제 끝나는지 모르겠다는 표현을 한다.

「호랑이 뱃속 잔치」 혹은 「호랑이 뱃속 구경」은 그와 같은 힘든 과정을 견디는 이들에게 영감과 힘을 줄 수 있는 이야기다. 주인공은 소금 장수다. 이 마을 저 마을 다니면서 한 푼이라도 벌어 보려 애쓰지만 한 푼 벌기는커녕, 그만 해가 지고 만다. 앞에 큰 동굴이 나타나 무심히 다가갔는데 사실은 동굴이 아니라 큰 호랑이였던 것이다. 호랑이에게 통째로 먹힌 것이나! 얼마나 끔찍하고 무서운 상황인가. 그러나 소금 장수는 호랑이대게 물려 가도 정신만 놓지 않으면 산다는 속담처럼 호랑이 뱃속으로 더듬더듬 들어가는 배짱을 보인다. 그리고 아직 살아 있는 다른 사람 둘을 만난다. 하나는 태백산의 숯장수이고 또 하나는 속리산의 대장장이다. 신출귀몰하는 호랑이가 각 지방을 돌며 사람들을 잡아먹은 결과이다.

불안과 공포로 기절할 만한 상황인데도, 뜻밖에 그 세 사람은 당황하지 않고 모여 앉아 살길을 모색한다. 우선 배고픔을 해결하기 위해 호랑이 뱃속 고기를 먹기로 한다. 조금만 떼어 먹어도 호랑이 뱃속이 출렁거려 난리가 날 만한 일인데 그 와중에 대장장이는 낫으로 호랑이 모양, 소고기 모양, 멧돼지 모양으로 도려내 각기 다른 맛을 음미하며 먹는다. 소금 장수는 소금을 뿌리고, 숯장수는 숯불까지 피워 근사한 바비큐 파티를 하는 것이다. 세 사람을 삼킨 호랑이는 살점이 떨어져 나갔으니 아파서 동해로 서해로 펄쩍펄쩍 뛰다가 고꾸라진 후 죽을 똥을 싸게 된다. 그 똥 덩어리에 묻어 세 사람이 떨어진 곳은 전라도 김제 만경. 생명을 구하고 호랑이 고기와 가죽까지 얻고 땅이 비옥한 너른 들에 도달하게 된다.

필자의 글을 읽은 독자 중에는 아, 호랑이에게 잡아먹혔다는 설정은 엄청나게 무서운 존재에 통째로 먹히는 큰 불행이 닥쳤다는 뜻이구나 하고 짐작하는 이들이 있을 것이다. 그 말도 맞다. 옛날 호랑이 담배 먹던 시절, 이 고을 저 고을 다니면서 소금을 파는 사람에게 깊은 숲 속에서 맞닥치는 가장 무서운 상황은 바로 호랑이나 멧돼지 같은 맹수와의 조우다. 지금으로 치자면 강도, 강간, 살인의 피해자가 되는 것과 마찬가지다. 그러나 호랑이 상징에는 단순히 우리를 공포에 떨게 하는 폭력적인 가해자나 불운 이상의 매우 복잡한 뜻이 담겨 있다.

우선 한국인들의 정서에서 '호랑이'가 어떻게 묘사되고 있는지를 보자.「해와 달이 된 오누이」에서 호랑이는 엄마를 잡아먹은 후 아이들까지 해치려 하지만, 아이들의 기지와 하늘의 도움으로 퇴치되고 만다. 엄청난 힘을 갖고 있는데다가 어머니로 위장하는 등 나름대로 잔머리도 굴리지만 결국 미련하게 죽고야 마는 조금은 바보 같은 존재다. 이 책에서도 이미 호랑이를 부정적인 어머니 상으로 분석해 놓은 바도 있지만, 한 걸음 더 나아가 인간 속에 숨어 있는 포악하지만 미련한 악(惡)의 존재도 같이 생각해 보아야 한다. 즉 우리 마음속의 악한 부분이 어떻게 우리를 파괴적인 상황으로 몰고 가는 것인지, 또 그 악을 어떻게 잘 다루고 퇴치해야 하는지에 대한 상징적 해석이 가능하다.

두 번째로는 각지에 퍼져 있는 전설이나 신화 속에 등장하는 호랑이의 긍정적 의미를 보아야 한다. 은혜를 갚거나 『삼국유사』에서처럼 훌륭한 사람이 될 아이에게 젖을 먹이고, 또 효자도 돕고 하는 등 때론 어머니같이 돌보는 행동을 하는 것이다. 중국의 남방 지역이나 동남아시아에서는 호랑이가 신령한 존재로 존경받는 대상이 되기도 한다.「호랑이 뱃속 잔치」의 호랑이는 그런 긍정적인 의미는 크게 드러나시 않으나. 나반 호랑이란 이미시 속에 내재한 보성 본능은 고려해 보아야 한다. 즉 힘든 위기의 상황에서 우리는 누군가 우리를 도와줄 대모(大母)같은 존재가 나타나길 바란다. 때론 대모의 이미지를 국가, 회사, 혹은 위대한 특정 인물에게 투사하는데, 현실에서는 매번 그런 기대가 어그러진다. 곤경에 빠져 있을수록 나를 구해 줄 어머니 뱃속으로 들어갈 생각을 하지 말고 오히려 그 속에서 탈출해 나와 혼자 설궁리를 해야 한다.

세 번째로는 「호랑이와 토끼」나 「호랑이와 곶감」 이야기처럼 힘은 세지만 미련해서 사람이나 꾀 많은 토끼에게 당하는 설정이다. 이때 호랑이는 인간이 갖고 있는 본능적인 측면, 특히 완력만 쓰고 지혜롭지는 못한 미련퉁이에 대한 비유처럼 보인다. 이 민담 속의 주인공들이 호랑이에게 잡아먹힌 것도 어쩌면 그들의 미련한 선택 때문일 수도 있다. 밤이 깊었는데도 숲 속을 혼자 돌아다니고, 호랑이를 동굴로 착각해 자진해서 들어가는 바보 같은 행동을 이름이다.

호랑이라는 동물에게 투사하는 위와 같은 상징을 요약해 보자면, 소금 장수가 호랑이 뱃속으로 들어간 상황은 단순한 불운이 닥친 것이 아니라, 우리가 가지고 있는 본능이나 악 때문에 불행을 스스로 초래하기도 하고, 또 그 불행을 극복해 나가기도 한다는 점을 알 수가 있다. 실제로 많은 이들이 어렵고 고통스런 일이 닥치면, "나는 왜 이리 운이 없나." 하는 생각을 하며 팔자 탓, 부모 탓을 하지만, 조금 더 자세히 들여다보면 그런 상황까지 몰고 간 데에는 스스로의 책임이 더 크다는 것을 알 수가 있다. 구체적으로 예를 들자면, 똑같이 어려운 가정 환경에서 자라 똑같이 가정 폭력에 시달리며 성장한 이들이 있는데 어떤 이는 위험한 범죄자가 되어 버리지만, 어떤 이는 역경을 딛고 일어나 성공한다. 후자는 자신에게 주어진 고통스런 상황과 맞서 싸워 이길 의지와 희망이 있었지만, 전자는 자포자기해 버리고는 자신에게 위해를 끼친 사람과 그대로 동일시하고 만 것이다.

물론 모든 불행의 원인을 다 개인에게 돌리는 것처럼 무책임한 일은 없다. 아무리 능력이 있고 머리가 좋아도 미개척 오지 같은 곳에서 태어나면 뜻 한 번 펼치지 못하고 굶어 죽고 말 수도 있고, 특출한 재능이 없고 공부도 많이 하지 않아도 핀란드나 스웨덴 같은 나라에 태어났다면 세상이 불평등하다는 생각 없이 나름대로 행복하게 살 수 있을 것이다. 그러나 반대로 모든 책임을 구조와 정치에서만 찾고 개개인이 노력하지 않는 사회 역시 발전은 없다고 본다. 호랑이에게 먹힌 세 사람이 만약 그런 위험한 숲을 돌아다닐 수밖에 없었던 자신들의 운명이 무능한 나라님과 부패한 양반님들의 책임이라고만 생각하고 (물론 일정 부분은 그런 생각이 옳다.) 원망만 하고 있었다면, 호랑이 뱃속을 탈출하지는 못했을 것이다.

호랑이를 보통 사람의 인간 본성에 숨어 있는 '악'으로 생각해 보아도 이 민담의 뜻이 새롭다. 누가 극단적인 분노에 사로잡혀 매우 파괴적인 행동을 하면, 주위 사람들은 "그 사람, 악에 받쳐서 그래."라는 말을 하게 된다. 남편이 바람난 것을 알고 숨겨 놓은 애인 집을 찾아가 닥치는 대로 부수는 본처, 사기를 치고 돈을 떼먹은 당사자를 만나 늘씬하게 두들겨 패는 사람, 또 최근처럼 졸지에 평생 모은 재산을 날리고 길거리에 나앉게 될 상황이 되어 목숨도 잃고 테러리스트란 오명까지 뒤집어쓰게 된 철거민 등등. 억울하게 몰리고, 배신당하고, 치욕적인 상황에 처하게 되면 화나는 마음을 언제까지나 누르며 살지 못할 순간이 온다.

살인자, 테러리스트, 사기꾼들도 그 살아온 과정을 자세히 들여다보면 태어날 때부터 흉악한 악인인 경우는 없다. 다만 이런저런 좌절 끝에 세상에 대한 실망과 분노로 잘못된 길로 들어서다 보니 나중에는 악의 구렁텅이로 빠져들어 갈 수 있는 것이다. 호랑이가 잡아먹은 세 사람 역시 막다른 상황에서 그런 악의 세력에 먹힌 것이 아닐까.

불행이든, 악의 구렁텅이든 일단 그 터널과 같은 긴 그림자를 빠져나오는 방법이 「호랑이 뱃속 잔치」라는 민담에 숨어 있다. 그 첫째 단계는 당황하지 말고 무서워하지도 말고 일단 '더듬더듬' 움직여 보는 것이다. 사방이 꽉 막힌 것 같고, 도대체 희망이 없을 때 사람들은 무력감에 빠져 우울증 환자처럼 도시 아무 일도 하지 않으려 한다. 가난해서 쌀이 없다면 내가 뭐라도 해서 돈을 벌어야지, 그냥 누워 굶고 있으면 해결이 되지 않는다. 우리 민담 속의 영특한 며느리처럼 쌀독에 쌀이 떨어져 가더라도 일단 아끼지 않고 배부르게 밥을 해 먹고 일하러 나가야 하는 것이다.

6·25 전쟁 후 보릿고개로 대학 졸업장이 있어도 사람들이 굶어 죽기도 했던 시절, 우리 부모님 세대는 독일로, 베트남으로, 중동으로 달랑 몸뚱아리 하나 갖고 나가 눈물 젖은 돈을 벌어 고국에 부쳤다. 지금의 젊은 세대라고 그렇게 하지 말라는 법이 있는가? 더듬더듬하건

좌충우돌하건, 일단 손과 발을 움직이면 살 방도가 생길 것이다. 언제까지나 호랑이 뱃속에 숨어 백수 니힐리스트로 살려 하는가.

두 번째 우리가 이들에게 배울 수 있는 덕목은 협동이다. 호랑이 뱃속에서 처음 만난 세 남자는 극한 상황에서 서로 헐뜯지도, 싸우지도 않고 각자가 갖고 있는 자원인 소금, 낫, 숯을 한데 모아 기지를 발휘해 호랑이를 퇴치한다. 현실에서도 부도 위험에 처한 회사를 노사가 협동해서 잘 살려 놓는 경우가 있다. IMF 때의 '금 모으기 운동'도 그런 정신의 일환이다.

세 번째로는 여유와 유머를 통한 승화다. 그대로 죽어 버릴 수도 있는 호랑이 뱃속에서도 기왕이면 다양한 고기 모양을 그려서 맛까지 음미한다. 특히 호랑이 뱃속을 똥과 함께 탈출하는 장면이 백미다. 똥은 더럽고 하찮은 것처럼 보이지만, 만약 짐승이 똥을 누지 않으면 죽게 될 것이다. 또한 똥은 아주 좋은 거름이 된다. 우리가 겪는 여러 인생의 애환 역시 마찬가지다. 한참 당하고 있을 때에는 "참 똥같이 더러운 인생이다."라고 한탄할 수 있지만 그 어려움을 이겨 내고 나면 "그때 경험이 내겐 참 좋은 거름이 되었지."라고들 말하지 않는가. 이들은 똥과 함께 세상에 금의환향한 멋지고 유쾌한 이들이다.

위기를 겪으면 모두 다 죽겠다 한다. 참 갈수록 힘들고 속상하고 위험한 세상이다. 그러나 이런 시절도 서로 힘을 모아 웃음과 사랑으로 잘 견디면, 언젠가는 김제 만경 너른 들판에서 숯장수, 소금 장수, 대장장이 할 것 없이 함께 태평성대를 부를 날이 올 것이라고 믿고 싶다.

부채 귀신 잡은 이야기
― 새로운 도약을 위한 변신

깊은 산속 굴속에는 무엇이든 크게 했다 작게 했다 하는 신통력을 지닌 부채를 이용해 마을 사람들을 꼼짝 못하게 하는 귀신이 삽니다. 해마다 소, 돼지, 닭, 떡, 예쁜 처녀를 바치지 않으면 사람을 죽이고 먹을 것을 빼앗아 가므로 오랫동안 이 괴물에게 꼼짝없이 당하고 살았는데 다섯 살 배기 개똥이는 이 귀신에 용감히 맞서기 위해 길을 떠납니다. 개똥이네 누나가 제물로 바쳐질 차례였기 때문입니다. 귀신이 사는 굴을 지키는 문지기는 당연히 개똥이를 내쫓으려 하고 옥신각신 하는 소리에 부채 귀신은 개똥이를 불러들입니다. 겁에 질려 있는 다른 제물들과는 만남의 시작부터 다릅니다. 부채 귀신은 개똥이가 하도 작아 같잖아서 장난을 걸고, 개똥이는 이를 틈타 귀신이 얼마나 커질 수 있고 얼마나 작아질 수 있느냐고 물어봅니다. 으쓱한 마음으로 부채 귀신은 한없이 커졌다 다시 엄청나게 작아지니 개똥이는 작아진 귀신을 날름 삼켜 버립니다. 굴을 나와서는 부채를 이용해 문지기도 작게 만들어 삼켜 버린 후, 집에 돌아와서는 요물인 부채를 태워 버리고 모두 행복하게 살게 됩니다.

희생 제물을 요구하는 무서운 괴물을 꾀 많은 어린아이나 약하고 비천한 동물이 물리치는 민담은 전 세계적으로 수집된다. 호랑이를 골탕 먹이는 토끼 얘기도 이런 유형에 속하고, 충북 청주에 전해지는 「지네 장터 이야기」 역시 그렇다. (마을 사람들이 해마다 희생 제물을 바치며 모셔야 했던 지네를 순이라는 아가씨가 돌보던 두꺼비가 물리친다는 내용이다.) 그림 형제가 채록한 독일 지역의 민담 중에도 파리 일곱 마리를 잡을 정도의 힘 밖에 없던 용감한 꼬마 재봉사가 거인과 외뿔 짐승과 멧돼지를 물리치고 왕이 되는 이야기가 나온다. 힌두와 페르시아 문화권에서 시작해서 로마 제국 초기까지 그리스도교 이상으로 영향을 미쳤던 미트라교의 유물들에는 미트라^{Mithra}라는 영웅이 동굴의 황소를 물리치는 모습이 새겨져 있다. 중세 시대에도 기사가 되기 위해 나쁜 용을 물리치고 영웅적인 여정을 떠나면서 보잘것없던 인물이 변신하는 소위 기사도 소설들이 많다. 세르반테스의 소설 『돈키호테』도 풍차를 괴물로 알고 싸우려 하는 장면이 기사도 소설의 패러디라고 하는데, 결국 보잘것없는 주인공과 거대한 외부 세력과의 대치라고 할 수 있겠다.

프로이트 학파의 정신 분석가라면 이런 유형의 민담들을 아마도 억압된 오이디푸스 콤플렉스를 극복하는 한 방식이라고 해석해 줄 것이다. 힘세고 늙은 괴물은 아버지로, 작지만 꾀 많은 어린이나 동물은 자기 자신으로 치환시킨다. 융 학파의 분석가는 이런 대립을 조금 더 확장시킨다. 힘센 아버지에 대한 두려움과 저항하고 싶은 욕망을 넘어서 권위와 힘, 혹은 저항할 수 없는 조직, 꼼짝할 수 없는 운명, 심지어는 기계 문명과 자본주의 같은 시대적 대세 등에 대응하는 인간의 영웅적 심성의 한 표현이라고 보는 것이다.

「부채 귀신 잡은 이야기」에 등장하는 부채 귀신은 그렇다면 하필 왜 부채를 들고 사물을 늘렸다 줄였다 하는 것일까. 힌두 신화에 따르면 부채는 창조신인 비슈누Vishnu의 중요한 도구다. 부채는 바람을 일으켜 불을 만들 때 쓰는 것으로, 무언가를 만들어 내는 과정은 물론 신께 제사를 지낼 때 준비하는 희생 제물과도 관련이 있다. 우리나라나 시베리아, 북아메리카 인디언들의 샤먼들이 대부분 부채, 방울, 칼을 들고 있는 사진이나 그림들을 본 적이 있을 것이다. 부채는 불을 만들어 내고, 방울로는 무서운 소리를 내고, 칼을 번쩍번쩍 휘둘러 나쁜 귀신을 쫓아낸다.

무당들의 당집에 가면 걸려 있는 산신령 그림에도 거의 예외 없이 부채가 등장한다. 산신령이 부채를 들고 있거나, 산신령을 호위하는 선녀나 동자들이 부채를 부쳐 주고 있다. 부채가 등장하는 그림에는 호랑이도 버티고 있다. 호랑이의 상징이 힘, 분노, 열정, 지배, 파괴라면 부채는 넘쳐 나는 양기를 다스릴 수 있는 좋은 도구다. 노장 사상에 기본해서 그려진 김홍도나 신윤복의 남극 혹은 북극 신선도 (여기서 말하는 남극이나 북극은 상상의 선계를 뜻한다.) 등에도 부채가 자주 등장한다. 신선들이 들고 있는 부채는 그들이 이 지상이 아닌, 선계에 속하고 있다는 일종의 징표인 셈이다.

이런 전통에 따르면 부채를 들고 있는 부채 귀신은 나쁜 귀신을 쫓는 신선이나 무당이어야 하는데 민담 속의 부채 신은 본래의 무당 역할이 아닌 괴물의 역할을 하고 있다. 자신이 갖고 있는 부채의 힘을 함부로 휘둘러 마을 사람과 가축들을 닥치는 대로 잡아먹고 못살게 구는 것이다. 일종의 타락한 무당인 셈이다. 영험한 세계와 교통하는 무당이나 영매가 나쁜 마음을 먹거나, 혹은 나쁜 귀신에 사로잡히면 이승에 사는 이들이 꼼짝도 못한 채 당하기 십상이다. 결국 나쁜 기(氣)나 영spirit을 불러들이는 부채를 가진 괴물이 마을을 공포 영화처럼 만들어 버린 것이다.

그런데 이런 괴물, 혹은 귀신이 꼭 저승 세계와 연관된 존재일 필요는 없다. 아니, 어쩌면 귀신보다 사람이 더 무서운 부채 귀신일 수도 있다. 고구려 고분에는 유독 부채를 든 여러 인물들이 등장한다. 오회분에는 부채를 든 귀부인이 그려져 있고, 덕흥리 고분에는 유주 자사 진이라는 인물로 추정되는 고관대작이 13명의 태수에게 하례를 받으면서 털 부채를 부치는 장면이 그려져 있다. 수산리 고분에도 귀신 모양의 부채가 있다. 부인들이 든 부채가 호화로움과 사치의 상징이라면 고관대작 자신이 든 부채는 권력과 위엄, 그리고 그에 따른 파괴적인 힘의 상징이다. 부채를 든 높은 사람은 안락한 환경에서 맛난 음식을 먹으며 부채로 시원한 바람을 즐길 수 있지만 그런 조건을 만들어 주어야 하는 평민으로서는 어쩌면 죽을 맛이 아니었을까. 사실상 누군가의 희생과 헌신이 없이 어떤 개인의 안락과 사치가 가능하겠는가. 밥해 주고 청소해 주는 사람이 있어야 쉬고 먹는 사람이 있는 것이다.

「부채 귀신 이야기」의 주인공 개똥이가 귀신과 맞서게 되는 대목도 누이가 희생 제물로 잡혀가는 억울하고 불평등한 시점에 시작한다. 부채 귀신의 탐욕을 충족시키기 위해 개똥이 마을 사람들은 심지어 목숨까지 내놓아야 했다. 개똥이는 그러나 이런 힘센 부채 귀신의 허영, 자만심, 오만을 부채질하는 역설paradox을 통해 부채 귀신을 물리친다. 히틀러를 독재자로 죽게 만든 것은 어쩌면 영국이나 미국이 아니라 그의 독재를 가능하게 한 나치당이나 괴벨스의 조직일 수도 있다. '당신은 무엇이든 할 수 있지 않느냐, 그럼 한번 해 봐라.' 하면서 한없이 커지게도 했다가 한없이 작게도 만들면, 마침내 누군가에게 잡아먹히고 말게 된다.

반대로 아서 왕 이야기와 중세 시인인 로버트 드 보론의 시에 등장하는 멀린Merlin은 마법사로서 자유자재로 몸을 바꾸지만, 자신의 마법을 통해 권력 그 자체를 추구하지는 않는다. 고구려의 시조인 주몽의 외조부이며 물의 신인 하백과 주몽의 아버지인 해모수의 싸움에서도 하백과 해모수가 끊임없이 변신하지만, 막상 권력을 잡은 것은 인간인 주몽이다. 신화에 나오는 신들은 적과의 대적을 위해 자신을 끊임없이 변화시키지만, 그 변신이 반드시 자신의 목표를 실현시켜 주는 충분조건은 아니다.

루이스 캐럴Lewis Carroll이라는 필명으로 찰스 도지슨Charles Dodgson이 쓴 『이상한 나라의 앨리스Alice's Adventures in Wonderland』의 도입부에서도 너무 심심해 못 견디던 앨리스가 하얀 토끼를 만나 터널로 들어가게 되고 '나를 마시라.'라고 쓴 음료수를 마신 후 몸이 작아졌다가 '나를 먹어라.'라고 쓴 케이크를 먹고 다시 커지는 상황이 등장한다. 경계를 넘는 마술사, 꾀보의 이미지이며 그리스 신화로 따지면 도둑의 신인 헤르메스Hermes와 가장 유사한 토끼의 유혹으로 앨리스가 새로운 경험을 하게 되는 부분이다. 이상한 나라의 앨리스뿐만 아니라 이후 『해리 포터』 같은 판타지 소설들에 끊임없이 등장하는 주제가 바로 이와 같은 몸의 변신이다.

심리적 측면에서 보자면 이런 변신은 청소년 시기의 방황을 의미할 수 있다. 청소년 시기에는 때로 어른이 되었다 때로 다시 아이가 되는 과정을 반복하게 된다. 부모들이 자주 하는 불평 중 하나가 사춘기 아이들이 다 큰 줄 알아서 안심했는데, 예기치도 않은 아기 짓을 해서 가슴을 철렁하게 한다는 것이다. 또한 나이로는 어른이 되었지만 정신적으로는 아직 성숙하지 않은 애어른들도 비슷한 잘못을 한다. 어떤 때는 사아가 팽창되어 금세라도 무엇을 해낼 것처럼 떠빌리다가, 또 어떤 때는 갑자기 퇴행해서 주변 사람들에게 의지하고 숨어 버리는 아이가 되고 만다. 「부채 귀신 이야기」에 등장하는 귀신도 하찮은 개똥이의 꾐에 넘어가 자신의 능력을 과신하여 그만 개똥이에게 먹혀 버리게 된 것이다.

평범한 우리 마음속에는 개똥이 같이 지혜롭고 꾀 많은 성격, 또 아무 생각 없이 그냥 희생하고 마는 개똥이 누나 같은 성격, 부채 귀신을 못 만나게 하는 융통성 없고 고집 센 문지기 같은 성격, 또 철없이 으스대다 제 죽는 줄 모르고 자신의 능력을 함부로 쓰는 청소년 같은 부채 귀신의 성격이 모두 다 숨어 있다. 만약 똑똑한 개똥이가 누나를 비롯해 마을 사람에 대해 모른 척하고, 부채 귀신을 그대로 내버려 둔다면 결국 그 마을은 전부 멸망할 수도 있었다. 현실에서도 권력과 재력을 과시하며 자신의 힘을 휘두르는 부채 귀신과, 그 때문에 비참하게 희생되어야 하는 불쌍한 마을 사람들이 있다. 물론 귀신을 두려워하지 않고 꾀를 써서 불의를 물리치는 지혜로운 이들도 어딘가에 있을 것이다. 억울한 사람들이 희생되는 참사가 일어남에도 아무 대책 없이 그대로 방치되고 마는 요즘 시대, 특히 개똥이 같이 지혜로운 사람은 어디 없는지 하릴없이 자꾸 기다리게 된다.

5장
행복하게 일하는 나

석수장이 아들

― **직업을 통한 자아 찾기**

어느 마을에 석수장이 아들이 살고 있었습니다. 동네 아이들은 석수장이 아들에게 너도 이다음에 커 봤자 석수장이뿐이 더 되겠느냐며 놀렸습니다. 석수장이 아들은 그깟 석수장이는 안 하겠다며 아주 부자가 되겠다고 마음먹었습니다. 석수장이 아들이 사냥이나 다니면서 놀겠다고 하니, 아이는 그럼 나는 해가 되어 땀이나 줄줄 나게 하겠다고 합니다. 그러자 또 석수장이 아들은 자신이 그럼 구름이 되어 해를 가려 버리겠다고 합니다. 아이는 그럼 바람이 돼서 구름을 날려 버리겠다고 합니다. 그러니 또 석수장이 아들은 그럼 담벼락이 돼서 바람을 막아 버리겠다고 합니다. 친구는 그럼 쥐가 돼서 담벼락에 구멍을 내 버리겠다고 합니다. 그러니 또 석수장이 아들은 그럼 고양이가 돼서 쥐를 잡아먹겠다고 합니다. 친구는 그럼 개가 되어 고양이를 물어 버리겠다고 하니, 석수장이 아들은 그럼 호랑이가 되어 잡아먹겠답니다. 친구는 바위가 되어 단번에 호랑이를 때려잡겠다고 합니다. 석수장이 아들은 석수장이가 돼서 바위를 정으로 부숴 버린다고 대답합니다. 그제야 깨달은 석수장이 아들은 자신이 커서 아버지처럼 석수장이가 되겠다고 말합니다.

아이들의 전래 동요 「석수장이 아들」은 순환 구조의 형태로 미래에 대한 아이의 백일몽을 쫓아간다. 동양권뿐 아니라 전 세계에 널리 전래되는 「두더지 각시」 설화와 비슷한 형태지만 석수장이 아들은 짝 찾기의 이전 단계 '내가 크면 과연 무엇이 될까.'에 초점을 둔 '자아 찾기'를 다룬다. 그렇다면 나를 찾는 여정에서 시작하는 직업이 하필 왜 하필 '석수장이'였을까.

요즘에야 미술품이 돈 많은 사람들의 투자 대상이 돼서 잘나가는 예술가들은 남부럽지 않은 삶을 누리고 있지만, 예전에는 재능이 아무리 있어도 결국 이름 없는 '석수장이'에 불과한 이들이었다. 아무리 아름다운 작품을 만들어 내도 사회적으로 인정받거나 존경받기는커녕, 자기 이름 석 자 남길 수 없었던 사람들이다. 그나마 무영탑의 전설에 등장해서 이름 석 자라도 남긴 아사달과 아사녀는 나은 형편이라 할 수 있을까.

요즘의 성공한 유명 조각가들도 그렇다. 그들이 돌과 씨름하며 작품을 만들어 내는 과정은 전혀 고상하지 않다. 돌을 다듬어 새로운 작품을 만들어 내는 과정을 상상해 보

> 아사달과 아사녀의 이야기를 이 글 뒤에 따로 실어 놓았다.

자. 망치로 정을 내리칠 때마다 돌가루는 튀고 날리지, 조금 삐끗해도 다시 손을 대야 하지, 온몸이 긴장한 채로 작품에 몰입하다가도 힘든 작업 때문에 도구를 집어 던지고 싶은 순간이 얼마나 많았을까. 하루 종일 망치와 정을 써서 돌과 씨름하고 나면 저녁 무렵에는 뻐근한 어깨와 알배긴 팔뚝이 천근 같지 않을까. 단숨에 무언가를 뚝딱 만들어 내는 것을 허용하지 않는 정직한 질료가 바로 '돌'이다.

석수장이가 다루는 '돌'의 이미지는 특히 분석 심리학에서는 매우 중요하게 생각하는 대상이다. 여기저기 굴러다니는 돌은 하찮고 평범해서 눈여겨보지 않으면 그냥 지나가는 그저 그런 물건이지만 임자만 잘 만나면 마애삼존불상이나 석굴암의 불상처럼 천년을 견디는 뛰어난 예술품이 된다. 천한 돌이 정성스런 손끝을 거치면 인생의 진리를 깨닫게 하는 철학가의 엄청난 작품 Philosopher's stone 으로 재탄생할 수도 있다는 뜻이다.

인생살이도 그렇다. 귀하게 자라 항상 성공만 한 이들에 비해, 실패도 해보고 눈칫밥도 먹어 본 사람이 결정적인 순간 진가를 발휘함을 직간접으로 관찰한 경험이 있을 것이다. 부잣집 노련님과 아가씨들이 과외 선생 덕에 좋은 학교 가고 부잣집과의 혼사로 호화

> 철학자의 돌은 중세 연금술의 매우 중요한 개념이다. 오랫동안 이 신비한 돌을 갖게 되면 납과 같은 비천한 금속을 금으로 바꿀 수 있다고 생각해서 뉴턴 같은 이들은 이에 대해 깊이 연구를 했다고도 한다. 라틴어로 철학자의 돌 lapis philosophorum 이라도 하고 생명의 정수 elixir of life로 간주되기도 해서 완전무결함, 순수함, 고결함 등을 상징한다. 융 심리학에서 이를 중요하게 여기는 것은 심리 분석을 통해 환자들의 부정적인 경험들 즉 좌절, 굴욕, 외로움, 분노 같은 경험들이 차원이 다른 새로운 자기를 만들어 냄, 즉 내 안의 보물을 만나는 경험을 하게 된다고 믿기 때문이다. 쉽게 말해, 똥 같은 실패가 나중에 보니 자기 인생에 큰 거름이 되어 보다 큰 차원으로 성장하게 되는 과정과 비슷하다.

로운 인생을 순조롭게 시작하는 것처럼 보일 수도 있지만, 부모에게 보호만 받고 자라 나약하고 의존적인 성격이 고착되면 부모 음덕이 사라지는 중년 이후에는 생존 능력이 떨어져 낙오하는 경우가 참 많다. 물론 미래야 어찌 되었건, 당장은 좋은 부모 만나 편안하게 호의호식 하며 탄탄대로만 걷고 싶은 게 보통 사람의 희망 사항이긴 하다.

그 옛날, 석수장이 아들도 아마 그런 보통 사람이었을 것이다. 아버지처럼 고생하지 말고 멋있게 사냥이나 다니겠다는 백일몽은 넉넉하지 않은 현재에 대한 불만으로부터 잠시나마 도망갈 수 있게 만드는 머릿속 오락이었을지 모른다. 이런 석수장이 아들에게 인생의 숨겨진 진실을 깨우쳐 주는 동무는 그처럼 철없고 순진한 몽상으로부터 석수장이 아들을 꺼내 준다.

우선 석수장이 아들이 멋있게만 생각하는 사냥도 더운 여름에 나서면 뜨거운 햇빛 때문에 땀깨나 흘릴 고달픈 일에 불과하다고 지적해 준다. 요즘 세상일과 빗대 보자면 사냥꾼은 아마 돌아다니면서 먹잇감을 포획하는 투자자나 사업가 정도일 것 같다. 얼핏 손쉽게 돈을 버는 것 같은 부자들도 알고 보면, 나름대로 고달프고 불안하다. 예를 들자면 잘 나가던 펀드 매니저들이 하루아침에 망해 감옥 가는 기사라든가, 경기가 안 좋으면 대량 해고되는 잘나가는 엘리트들의 소식들은 흔하게 되풀이된다.

사냥꾼의 천적인 '해'는 분석 심리학적 관점으로 보면 종교적인 체험, 통일성 등을 의미하는 동시에 이성, 논리, 합리적인 에너지도 같이 내포한다. 그리스의 태양신 아폴로가 활과 화살로 상징되는 날카로운 공격성도 지녔음에도 불구하고, 의술의 신 아스클레피오스를 낳는 것처럼 태양신은 치유 이미지와도 관련이 있다. 충동적이고 파괴적인 행동을 조절해 폭력적인 파국을 막기 위해서는 태양처럼 명료한, 철저하게 이성적 태도가 필요하다는 뜻일 수도 있다.

그러나 이런 해를 무력화시키는 존재가 이 민담에서 또 언급된다. 구름이다. 코란은 신이 구름의 그림자에 존재한다고 가르친다. 공자의 현실적인 태도와 공명심에 야유를 보냈던 노자도 특히 붉은 구름을 좋아했다. 연단술을 하는 신선들이 구름을 타고 다니는 것도 마찬가지이다. 합리적 태도로는 이해 못하는 신비한 영역에 사는 신선들의 세계는 구름처럼 예측 불가능하고 비합리적이지만 아름답고 풍성할 수가 있다.

> 서양의 연금술이 금이나 금속 등을 새로운 또는 다른 성질의 금속으로 바꾸기 위해 노력하였다면 동양의 연단술(煉丹術)은 불로장생(不老長生)의 단(丹)을 만드는 것이 대표적이다. 이 불로장생의 약에 대한 책으로는 『신농본초경(神農本草經)』 등이 있다.

그런 구름의 앞길을 방해하는 건 이제 바람이다. 감정이나 직관 같은 비합리적인 마음의 측면(구름)은 긍정적으로 작용하면 사람들에게 창조와 행복을 줄 수 있지만, 극단적으로 가면 바람처럼 사람들의 일생을 통째로 날려 버릴 수도 있다. 예컨대 감정의 과잉을 주 증상으로 하는 조울증이나 알코올 중독자의 비합리적인 선택들은 자신뿐 아니라 주변 인생들까지 괴롭게 만든다. 물론 감성이나 기분은 고상하고 신성하게 작용하면 성서에서 말하는 신의 숨결Ruah이나, 생명의 원천인 기(氣)처럼 생명의 원천이 되기도 하지만, 회오리바람이나 태풍처럼 모든 생명을 앗아 가는 무서운 파괴적 에너지이기도 하다. 바람은 그런 상태의 은유다.

그다음 '담장'이 바람을 막는 대목은 사람이 만든 인공적인 구조나 인위적 체제가 자연스런 에너지의 흐름과 생명력을 막을 수도 있다는 현실을 보여 준다. 행복하게 잘 살자고 머리 써서 마련한 사회 질서나 체계가 때로는 인간적인 측면을 숨 막히게 해 오히려 사람들의 자유로운 생활을 억압할 수 있다. 인의 장막에 둘러싸여 국민과 소통 못하는 정치가들이 결국 부패한 독재자가 되어 버리듯, 보통 사람들도 담장에 둘러싸여 산다면 몸과 마음에 병이 생긴다. 쥐처럼 작지만 생식과 번식력이 좋은 사악한 존재들이 언제든지 무너뜨릴 수도 있는 것이 사회 구조이다. 역사 이래 끊임없이 반복되는 체제의 전복, 정권의 몰락 등은 사실 별로 문제될 것 없는 작은 잘못이나 시답지 않은 정치인의 잘못된 가치관에서부터 시작될 수 있다. 마치 초라하고 더러운 쥐가 담을 갉아먹어 집을 무너뜨리듯이 말이다.

그런 쥐를 잡아먹는 것이 고양이다. 고양이는 철저히 자기중심적이고 깔끔한 동물이다. 쥐가 살려 달라고 사정한다고 해서 고양이가 쥐 사정을 봐줄 리 없다. 주인에게도 강아지 같은 맹목적인 사랑을 보내지 않는다. 수틀리면 집도 나가고, 죽을 때는 절대로 집에서 죽지 않는 자존심도 있다. 쥐새끼같이 담장을 갉아먹는 놈들을 혼내 주려면 이처럼 자기중심적으로 행동하는 자유로운 고양이처럼 굴어야 한다는 뜻일까. 누구에게도 충성을 바칠 필요 없이 철저히 비정치적으로 살겠다는 고양이가 이번에는 개에게는 못 당한다. 개는 주인에 대한 충성과 친밀감으로는 첫째가는 동물이다. 사람에 대한 깊은 애정은 고양이 같이 무심한 태도보다 때론 더 강한 힘을 갖는다. 미련할 정도로 우직한 사람들이 이기적이고 약삭빠른 사람들을 의외로 이겨 내는 장면이다.

그런데 그 개를 잡아먹는 것이 이번에는 호랑이다. 호랑이는 강한 파워 콤플렉스를 상징한다. 처음에는 국민을 사랑한다던 정치가도 일단 권력을 잡으면 인정사정 보지 않는 냉혹한 독재자로 변하고, 충성이 타락하면 권력 투쟁으로 변한다. 호랑이는 이런 파워 콤플렉스의 구체화된 이미지 일 수 있다. 그런데 이런 호랑이를 이기는 것이 이번에는 바위다. 사실 전횡적 권력가들을 굴복시킬 수 있는 것은 바로 하찮은 바위와 같은 민초들의 힘이다. 바위는 웬만한 바람이나 구름에는 끄덕도 않고 자기 자리를 지킨다. 정치 바람도, 속세의 먼지에도 흔들리지 않는 듬직한 보통 사람이 진실하게 삶을 사는 태도이기도 하다. 쥐도, 고양이도, 강아지도, 호랑이도, 결국 중심을 지키는 평범한 바위의 듬직함을 이길 수는 없다.

마침내 그런 바위를 자유자재로 다루어서 새롭게 탄생시키는 이가 결국 석수장이다. 석수장이 아들이 경멸하고 멀리하려 했던 바로 그 자리가 사실은 세계에서 가장 위대했다는 뜻이다. "난 부모처럼 되지는 않을 거야."라고 부정적 동일화 negative identification에 빠졌던 아이가 "이 세상에서 난 내 부모를 제일

> 부정적 동일화는 우리 무의식의 자기방어 기제 중 하나로서, 자신이 미워하는 누군가와는 정반대라고 주장하거나, 혹은 절대로 그 사람처럼 되지는 않겠다고 하는 무의식적인 마음의 흐름을 의미한다. 예컨대 딸이 고생만 하는 어머니와는 설내도 똑같이 뇌시 낳겠나고 하는 것이나, 아들이 술만 마시고 가족들을 못살게 구는 아버지는 절대로 닮지 않겠다고 하는 것 역시 부정적 동일화이다.

존경해." 하는 행복한 아이가 된 것이다.

「석수장이 아들」 이야기를 한 번 읽을 때마다 우리는 지구상의 모든 인생을 한 번씩 체험한다. 불교에서 말하는 윤회의 수레바퀴를 어느새 돌아본 것이다. 따지고 보면, 어느 인생이 그리 대단한가. 대통령이? 재벌이? 세계적 학자가? 우리 모두는 그들의 별 볼일 없는 끝을 알고 있다. 높은 지위에 오르면, 돈을 얼마 벌면, 남보다 더 많이 알면 행복해질 것이라는 생각은 일종의 환상이고 망상이다. 집의 크기와 학벌과 지위의 높고 낮음으로 사람을 평가하고 비교하는 모습들을 하느님이나 부처의 신성한 눈으로 보자면 얼마나 우스꽝스럽겠는가. 멍청한 도토리 키 재기일 뿐이다. 우리의 존재감을 외부 조건에서 찾으려 하면, 마치 석수장이 아들처럼 세상을 떠돌다 결국 그 모든 것들이 다 불완전하다는 진실만 아프게 경험하게 될 것이다.

충일한 정체성의 확립을 보장하는 열쇠는 결국 원래의 내 자리, 내 마음속 깊이 숨어 있다. 다만 그런 보물이 이미 내 안에 있다는 사실을 알지 못하는 것이다. 불교식으로 말하자면 불성이 우리 마음에 이미 있는데, 미망이라는 마음의 병 때문에 다시 윤회의 구렁텅이에 빠지게 되는 것이다. 기독교식으로 말하자면 하느님이 우리 그 자체를 이미 너무나 사랑하고 계시는데 그 사랑은 알지 못한 채 세속의 바벨탑을 세우다 혼란과 분열, 그리고 무질서의 세상에 스스로를 내동댕이친다는 뜻이 아닐까.

그렇다면 과연 나는 내 생애 최고의 석수장이가 될 가치와 자격이 있는가. 지루하고 비천한 과정 자체가 자기 초월이자 깨달음이라는 것을 진실하게 받아들이고 있는가. 오늘 하루 또 내가 해야 하는 모든 반복되는 허드렛일들, 걸레질과 설거지, 망치질과 흙일들 속에 내 구원의 비밀이 숨어 있다는 것을 알고 있는가?

아사달과 아사녀

신라 시대, 가장 뛰어난 석공이라 알려진 백제의 후손 아사달을 불러 탑을 만들게 하는데 그리움을 달래던 아사녀는 기다리다 못해 불국사로 찾아왔지만, 탑이 완성되기 전까지는 여자를 들일 수 없다는 금기 때문에 남편을 만나지 못했다. 그래도 아사녀는 남편을 만나려고 날마다 불국사 앞을 서성거리며 먼발치에서나마 남편을 보고 싶어 했다. 이를 보다 못한 스님이 꾀를 내었다. "여기서 얼마 떨어지지 않은 곳에 자그마한 못이 있소. 지성으로 빌면 일이 끝나는 대로 탑의 그림자가 못에 비칠 것이고 그때 남편도 볼 수 있을 것이오."라고 이야기해 준다. 그때부터 아사녀는 온종일 못을 들여다보며 탑의 그림자가 비치기를 기다렸다. 그러나 무심한 수면에는 탑의 그림자가 떠오를 줄 몰랐고 아사녀는 고향으로 되돌아갈 기력조차 잃고 못에 몸을 던지고 말

왔다. 탑을 완성한 아사달이 아내의 이야기를 듣고 그 못으로 한걸음에 달려갔으나 아내의 모습을 볼 수가 없었다. 아내를 그리워하며 못 주변을 방황하고 있는데, 아내의 모습이 홀연히 앞산의 바윗돌에 겹쳐졌다. 아내의 웃는 모습이 인자한 부처님의 모습과 같아 아사달이 그 바위에 아내의 모습을 새기기 시작했다. 후대의 사람들은 이 못을 '영지'라 부르고 끝내 그림자를 비추지 않은 석가탑을 '무영탑'이라고도 한다.

새끼 서 발

─ 시작과 다른 자기 자리 찾기, 금의환향

옛날에 한 게으름뱅이 총각이 홀어머니와 살고 있었습니다. 홀어머니는 열심히 일을 하는데 총각은 빈둥거리기만 했습니다. 보다 못한 어머니가 화를 내자 짚 한 단만 구해 달라고 해서 줬더니 하루 종일 한 일이라곤 서 발의 새끼를 꼰 것이 다였습니다. 화가 난 어머니가 새끼 서 발과 함께 총각을 내쫓았습니다. 총각은 길을 걷다가 옹기장수를 만났는데, 옹기를 묶으려 하니 새끼를 달라고 하며 옹기를 하나 맞바꿔 주었습니다. 옹기를 지고 가는데 이번에는 물을 긷던 어느 아낙이 옹기가 깨졌다며 옹기를 주는 대가로 쌀 서 말을 주었습니다. 길을 걷다 보니 거적에 싼 짐을 지고 가던 일꾼들이 이 송장이 총각의 할머니라며 쌀 서 말과 바꾸자 해서 또 바꾸었습니다. 또 한참을 가다 보니 우물이 나와 송장을 우물가에 기대어 놓았는데 동네 처녀가 물 길러 나왔다가 송장을 빠뜨린 것입니다. 이에 어쩔 줄 모르는 처녀의 어머니가 송장 대신 딸을 데려 가라 합니다. 길을 또 걷는데 말 탄 비단 장수가 예쁜 처녀를 보니 욕심이 나서 수수께끼 내기에서 자신이 이기면 비단이랑 말을 가지고 지면 처녀를 달라 했습니다. 그래서 먼저 총각이 수수께끼라고 내면서 새끼 서 발이 옹기 하나, 옹기 하나가 쌀 서 말, 쌀 서 말이 죽은 할머니, 죽은 할머니가 색시된 게 뭐요? 하고 물어보았습니다. 비단 장수는 당연히 맞출 수가 없었고 총각은 비단과 말을 받아서는 집으로 돌아갔습니다. 어머니는 아들이 색시를 데리고 온 것을 보고 기뻐서 반겨 주고 비단을 팔아 잘살았답니다.

&

게으름뱅이 아들이 꼰 새끼를 보고 기가 막힌 어머니는 아들을 내쫓습니다. 아들이 새끼줄을 가지고 길을 가는데 옹기장수가 옹기 짐을 지고 가다가 시루 하나 주께 새끼줄을 바꾸자고 했습니다. 그래서 시루를 지고서 어떤 동네를 들어가니 각시 하나가 시루를 깨고서는 시루를 주면 쌀을 서 말 준다 해서 바꿨습니다. 쌀 서 말을 지고 가다가 어떤 사람이 방앗간에다 죽은 당나귀를 매 놓아 죽은 당나귀와 쌀서 말을 바꿨습니다. 당나귀를 지고 가다가는 어떤 동네의 방앗간에다 말을 매놓았는데 거기다 당나귀를 내려놓고는 말이 당나귀를 죽였다고 떼를 쓰고는 말을 얻었습니다. 말을 끌고 고개를 하나 넘어가니 누가 죽은 색시를 업고 와 파묻으려 하는 겁니다. 그래서 또 업고 오는 색시와 산 말을 바꿨습니다. 죽은 색시를 또 업고 가는데, 부잣집이 나타납니다. 주인은 사랑에서 자라고 했지만, 자기에게는 여동생이 있으니 딸 자는 데를 가르쳐 달라고 합니다. 그러고선 죽은 색시를 옆에 갖다 놓고는 아침에 그 집 색시가 자기 여동생을 죽였다고 억지를 쓰는 겁니다. 그래서 할 수 없이 딸을 주고 말았는데, 임금이 지나가다 마침 색시를 보고는 내기를 하자고 했습니다. 총각이 지면 색시를 임금에게 주고 임금이 지면 총각에게 돈 100냥을 준다는 것입니다. 해서 썩은 동아줄 서 발에 시루 하나, 시루 하나에 쌀 서 말, 쌀 서 말에 죽은 당나귀, 죽은 당나귀에 산 말, 산 말에 죽은 처녀, 죽은 처녀에 산 처녀, 임금에게 산 처녀가 뭐냐 하니까 임금이 알아맞히지 못해 돈 100냥을 받아 아가씨에게 장가도 들어 잘살았다고 합니다.

"일하지 않는 사람은 밥 먹을 자격이 없다."라며 쓰러져 중환자실로 실려 가시던 그날까지 일하셨던 아버지와 역시 잠시도 일손을 놓지 않은 어머니는 부지런하고 검박하게 사셨다. 필자 역시 그렇게 살아야 되는 줄 알고 그야말로 화장실 갈 시간도 없이, 몰려오는 잠을 허벅지를 꼬집어 가며 미련하게 오랫동안 일만 하며 살았다. 그런 필자에게 「새끼 서 발」 민담 도입부에 묘사되는 주인공의 모습은 일종의 그림자 shadow, 즉 나와 전혀 다른 반대되는 사람의 성격과 비슷한 느낌으로 다가온다. 주인공인 게으름뱅이 총각은 어머니야 힘들든 말든 철저하게 아무 생각 없이 놀고먹는 옛날이야기판 백

> 마음의 구조를 보면 우리가 현실세계에서 의식할 수 있는 나 ego가 있고, 나와 전체 정신이 구현되는 보다 큰 의미의 자기 self 사이에는 아니마, 아니무스가 있다. 여기서 아니마란 남성의 무의식에 있는 여성성이고 아니무스는 여성의 무의식에 있는 남성성을 의미한다. 그리고 나와 아니마, 아니무스 사이에는 그림자가 있다. 쉽게 이야기를 풀어 보면, 내가 이상화시켜 내 무의식을 뒤흔들어 놓고 혼을 빼 놓는 한 남성의 이미지, 혹은 현실적 존재가 있다. 이 남성은 내 아니무스를 건드리는 존재이다. 그런데 이 남성과 사랑을 맺고 싶은데, 방해하는 눈의 가시 같은 못된 여성이 있다. 시어머니일수도, 며느리일수도, 첩일 수도, 본처일수도, 혹은 예쁜 직장 동료일 수도 있다. 이때 이 성가신 존재가 자신의 그림자일 가능성이 있다. 무척 단순화한 도식이지만 이해하기 쉽게 풀어 설명해 본다.

수다. 세상에는 열심히 일하며 사는 사람도 있지만, 반대로 뼈 빠지게 일한 남의 성과물을 우아하게 즐기는 사람들이 있다. 그들의 우아한 일방적 향유는 열심히 일하는 사람의 노동 의욕을 상실하게 한다. 물론 조금 더 깊이 들어가면 한쪽이 꼭 도덕적으로 우월하고, 한쪽은 기생하는 사람이라고 매도할 수는 없는 부분들도 있다. 이 세상은 부지런한 사람, 게으른 사람, 가난한 사람, 부자인 사람이 모두 어울려 사는 곳 즉, 천국도 지옥도 아닌 장소다.

허리가 꼬부라지도록 일하는 홀어머니의 외아들인 주인공은 어머니야 힘이 들건 말건, 내 미래야 있건 없건, 뒹굴뒹굴 게으름만 피운다. 꼭 편하게 살려고 작심을 한 것이라기보다 그냥 아무 의지나 소견이 없는 무의식 상태에서 헤어 나오지 못하는 꼴이다. 사실 우리 주위에도 이런 사람들을 얼마든지 볼 수 있다. 장가도 못 가고 미련하게 시간을 죽이고 사는 아들을 보다 못한 홀어머니가 뭐라 나무라자, 총각은 엉뚱하게 짚 한 단을 달라 한다. 그러고는 겨우 하루 종일 새끼 서 발을 꼬아 놓고 만족해 버린다. 서 발이면 어른 키 세 배 정도의 길이니, 다른 일꾼들이라면 한두 시간도 안 걸리는 일거리다. 보다 못한 어머니가 아들을 내쫓는 장면에서 빈둥대는 아들을 벌주고 독립시키려는 의미를 읽을 수 있다. 그러나 거기서 한 걸음 더 나아가 왜 하필이면 새끼일까 궁금해진다. 새끼나 매듭은 전 세계적으로 생명과 죽음, 그리고 운명과 관련된 매우 중요한 신화와 민담의 제재로 등장한다.

고대 이집트의 창조 여신 이시스Isis의 매듭Girdle tie, 혹은 이시스의 피는 내세의 모든 해로운 것들로부터 죽은 사람을 보호하는 일종의 부적으로 쓰였다. 그리스와 로마 문화권에서도 매듭, 땋은 머리, 새끼줄 등이 해로운 독을 물리치는 방부제 역할을 할 수 있다고 믿었다. 고대 아랍인들도 수염 속의 매듭이 악을 물리치는 힘을 갖고 있다고 생각했다. 인도의 경전『우파니샤드』도 심장의 매듭Granthi을 푸는 사람이 영생을 얻을 수 있다고 기술한다. 사람이 마음속에 품은 한이나 분노를 잘 풀어야 해탈할 수 있다는 뜻일까.

우리나라에서도 과거 아이를 낳으면 짚으로 만든 새끼줄을 문에 걸어 해로운 귀신으로부터 산모와 아이를 보호하는 풍습이 있었다. 중국 톈산 지방의 칼무크 부족에도 역시 비슷한 전통이 있다 한다. 그러니 민담 속 철없는 총각에게 어머니가 새끼 서 발을 안겨 내보낸 것은 우연한 사건이 아니라 총각의 진정한 탄생과 새로운 운명을 기원하는 어머니의 마음과 관련이 있는 것이다.

새끼 서 발을 들고 가던 총각이 처음 만난 사람은 옹기장수이다. 옹기를 묶을 매듭이 필요하다며 옹기와 새끼 서 발을 바꾸자고 제안하는데, 아직까지 별다른 생각도 의지도 없는 총각은 그냥 옹기와 새끼를 바꾼다. 그는 여전히 '어디가 어딘지 길을 알 턱이 없는' 무의식의 바다에 빠져 있는 미분화된 아이일 뿐이다.

그렇다면 여기서 옹기는 또 무엇을 뜻할까. 심리학적으로 물동이는 물을 담는 기능 때문에 생명수, 강, 바다 등과 관련이 있다. 예컨대 중국 고대, 한나라 때는 물동이 가운데 뾰족한 섬 모양의 조형물을 만들어서 이를 신선들이 사는 영생의 섬이라 표현하기도 했다. 극동 여러 지역의 관세음보살도에도 보살이 물동이의 물을 지상에 쏟는 장면이 등장한다. 들개처럼 길거리에서 잔다고 해서 견유학파라 불린 그리스의 철학자 디오게네스는 오랫동안 통에서 살았다고 기록되는데, 사실 통이 아니라 일종의 커다란 항아리라는 설이 더 강력하다. 예수 그리스도가 공동생활을 시작하며 가나안의 혼인 잔치에서 항아리에 담긴 물을 술로 바꾼 사건도 이런 신화적 배경을 생각하면 그 의미가 훨씬 잘 이해될 것이다. 또한 옹기는 물과 장을 담아 숙성시키니 사람의 생명을 지속하게 해 주는 일종의 자궁과 같은 기능을 한다.

옹기를 갖고 다시 길을 걷던 총각은 샘터에서 아낙을 만난다. 아낙은 갖고 있던 쌀 서 말을 줄 테니 옹기와 바꾸자는 제안을 한다. 쌀은 그럼 또 무엇을 의미하나, 가장 기본적인 먹을거리가 아닌가. 겨우 새끼 서 발을 품에 안고 정처 없이 길을 떠난 총각이 드디어 자신의 입을 스스로 해결하게 된 순간이 온 것이다. 같은 맥락이다. 당나귀나 말은 노동을 위한 필수 불가결한 수단 중 하나다. 게으름뱅이 총각도 어른의 세계로 진입하기 위해 준비를 하고 있는 것이 아닐까. 한편으로는 뿌듯하고 한편으로는 이제 그 쌀로 무엇을 할 수 있을까 자못 심각하게 고민했을 법한 총각이 이번에 만나는 대상은 뜻밖에 할머니, 혹은 죽은 각시다.

민담이 아니라 현실이라면 총각은 할머니나 각시의 송장을 앞에 두고 꽤나 슬프고 당황하고 무서웠을 것인데, 민담 속의 총각은 무의식의 발현 중 하나인 꿈과 비슷하게 적절한 감정 반응을 하지 못한다. 그저 "바꾸자면 바꾸지." 하며 맘도 편하게 쌀 서 말을 내주고 거적에 싼 송장을 지고 다시 걸을 뿐이다. 이렇게 무의식의 영역을 건드리는 민담의 주인공들은 마치 꿈속의 한 장면처럼 상식적인 반응보다는 엉뚱하고 부적절한 감정이나 생각을 표현하는 경우가 많다. 그렇기 때문에 합리적인 독자들을 당황하게 해서 이를 엉뚱한 쪽으로 해석하게 만들기도 한다.

그렇다면 여기서 할머니 송장, 혹은 죽은 처녀의 송장은 또 무슨 뜻일까. 남자가 독립해서 제 밥벌이를 하고, 일가를 이루려면 어린 시절 어머니에게 종속되어 있던 유아기적 생활 방식에서 벗어나야 한다는 뜻이 아닐까. 또한 과거 총각을 사로잡았던 무의식 속의 여성성은 죽고, 새로운 여성성을 만나야 한다는 뜻이 아닌가. 이른바 마마보이들이 결혼 뒤에도 어머니의 치마폭에서 벗어나지 못해 번듯하게 사회생활도 못하고 행복한 결혼 생활도 못하는 경우를 주위에서 가끔 접할 수 있다. 수렴청정하듯 강력하게 자신의 삶을 좌지우지하는 어머니를 자신의 정신세계에서 제대로 죽이고, 어머니 콤플렉스에서 벗어나야 아들이 아닌 진정한 남자로 다시 태어날 수 있다. 할머니 송장은 그런 모성 콤플렉스에 빠졌던 총각의 과거를 상징한다고 보아도 무방할 것 같다. 모성 콤플렉스를 극복하기 위해서는 상징적으로 자신의 어머니를 죽이는 순간을 경험할 수 있고, 또 어느 시기에는 해야 한다.

이럴 때 보통 어머니와 자녀는 매우 크게 부딪치게 되는데, 사실은 꼭 필요한 과정일 뿐인 경우가 대부분이다.

총각이 할머니 송장을 지고 가다가 우물가에서 동네 처녀를 만나는 것 역시 심리학적으로 보자면 충분히 예견할 수 있는 플롯이다. 동네 처녀의 실수로 우물가에 걸쳐 놓은 할머니 송장이 우물에 퐁당 빠져 버리는 장면은 남자의 마음에서 지워진 모성의 그림자를 그 짝이 나타나 확인 사살하는 것처럼 보인다. 예컨대 아들 며느리에게 따돌림 당하는 어머니의 모습과도 같다. 홀로 남겨진 아버지나 어머니들은 아들 며느리가 혹은 딸과 사위가 밉다. 쓸쓸하고 괘씸하고 허무하고 속상해서 자신의 존재 자체를 지워 버리고 싶다. 그러나 어쩌겠는가, 때가 되면 부모들은 모두 사라진다. 어쩜 그래야 진정한 어른으로 다시 태어나는지 모른다. 만약 영원히 연인 관계를 유지하려는 어머니와 아들이 있다면 오이디푸스처럼 비극의 주인공이 되어 파국을 맞이할 뿐이다. 아내는 아내대로 남편과 진정한 결합이 힘드니 불행할 것이고, 남편은 남편대로 남자로서 인생을 즐기지 못한 채 어머니에게 끌려 다녀야 하니 말이다. 더불어 성생활을 즐길 수 없는 아들은 어디까지나 아들이고 딸은 딸이다. 무능하고 늙어 가는 남편이나 아내에 대한 분노와 만족되지 못하는 아들에 대한 근친상간적 사랑 모두 부모를 행복하게 해 줄 수는 없는 것이나.

할머니 송장을 버리고 처녀와 길을 떠나는 총각에게는 또 한 번의 시련이 닥친다. 값나가는 비단을 파는 장수가 꾀를 써서 처녀를 강탈

하려 하는 것이다. 수수께끼 내기에서 이기면 자신의 재산을 몽땅 주고, 반대로 지면 처녀를 달라는 꽤 탐나는 제안을 하는 것이다. 언제나처럼 총각은 생각 없이 "내기하자면 내기하지."하고 쉽게 답한다. 아직 스스로의 정체성identity을 찾지 못하고 의견이 별로 없이 남이나 주위에 이끌려 의사 결정을 하는 미숙한 태도다. 문제는 대부분의 사람들은 죽기 직전까지 그런 집단적 가치관 혹은 <u>대중의 무의식collective Unconscious</u>에 의해 삶이 좌지우지 된다는 점이다.

그러나 그 바보 같던 총각이 이번에는 자신의 삶을 재료로 삼아 수수께끼를 내는 큰 변화를 보인다. 자기 삶이 재료이니 잔꾀나 부리는 비단 장수를 멋지게 이겨낼 수가 있었던 것이다. "새끼 서 발이 옹기로, 옹기가 쌀로, 쌀이 죽은 할머니, 할머니가 색시가 된 게 뭐요?"라고 물어보니, 상대는 알 길 없다. 대반전이자 교훈이다. 비단 장수와의 내기에서 거뜬하게 이겨 말에다 예쁜 색시와 비단을 얻은 총각은 이제 드디어 금의환향할 수 있다.

모든 영웅 설화의 주인공들은 대개 마지막에는 원래의 자기 자신으로 돌아간다. 그러나 그 시작의 자리는 과거와는 전혀 다르다. 자기의

> 융의 집단 무의식은 융 분석 심리학의 핵심 개념 중 하나로, 개인이 개성화를 충분히 이루지 못하면 집단 히스테리와 유사하게 움직이는 비합리적인 집단정신에 의해 휘둘리게 된다. 예컨대 나치나 폴 포트의 학정에 동참했던 그 당시 의식 없던 민중들을 보자. 자신들이 정치 지도자로 둔갑한 거대한 테러리스트의 농간에 놀아나는 것도 모르고 편승한 사람이 대부분이었다. 21세기에도 달라 보이지만 비슷한 일은 여전히 일어나고 있다. 예컨대 파생상품과 부동산 등에 투자하면서 생긴 금융 위기나, 9·11 테러, 이라크 전쟁 같은 것도 일종의 집단 무의식의 부작용이라고 할 수 있다. 또 새로운 전자 제품을 사고 싶어서 새벽부터 기다리는 사람들의 마음에도 이런 집단 무의식이 발현된다. 집단 무의식의 노예가 되는 것은 사회적 동물인 사람들의 뇌에는 누군가에게 속해야만 안심이 되고 행복해진다고 생각하는 불합리한 원칙에 좌우되는 부위, 즉 변연계limbic system 같은 것들이 있기 때문이다.

반쪽인 아내도 만났고 무의식 속의 여성성도 통합시킬 수 있는 기회도 생겼다. 무엇보다 홀로 여행을 떠나 생존하는데 성공했으므로, 자기 인생의 영웅으로 재탄생한 것이다. 색시와 비단이 있고, 거기다 힘들고 외로웠던 여정의 기억과 경험들이 축적되어 과거처럼 빈둥거리며 밥이나 축내는 쓸모없는 사람으로는 더 이상 살지 않을 터다. 어머니와 색시, 한 걸음 더 나아가 토끼 같은 아들딸과 알콩달콩 재미나게 살게 된 부지런한 총각은 이제 한 사람의 떳떳한 성인으로 거듭날 수 있게 된 것이다.

결국 인생에서 승리자가 되기 위해서는 자기 인생을 부지런하게 운용해 나가는 떳떳한 인생의 주인이 되어야 한다. 그 인생 자체에 충실할 때 어떤 유혹도 극복할 수 있는 것이다. 인생의 여정 도중 하찮고 우연인 것처럼 보이는 경험 하나하나가 유기적으로 연결되어 조합을 이루면 큰 성을 지을 수 있는 소중한 벽돌 하나하나였다는 것을 발견할 수 있다. 무언가를 기초부터 차근차근 배워 나갈 때, 어린아이처럼 유치한 모습으로 외국어 공부를 시작할 때, 못하는 운동을 구박을 받아 가며 열심히 할 때, 단돈 몇 십 원이라도 조금씩 저축을 할 때, 친구나 이웃을 위해 작은 봉사라도 기꺼이 포기하면, 초라한 가족이지만 즐거이 헌신할 때 오히려 새로운 눈이 열릴 수 있다. 이런 시시하고 처접한 것들이나 한다고 내 인생이 변하겠냐고 포기하면 진정한 인생의 의미를 깨달을 수가 없다. 어차피 꼴찌 인생, 어차피 죽을 몸, 어차피 썩은 세상 무슨 호사를 보겠다고 그리 열심히 살겠냐는 비관주의

자는 자신과 남에게 도움이 전혀 되지 않는다. 진부한 표현이지만, 작은 물방울들이 모여 강물이 되듯 별 의미 없는 순간들이 한데 어울려 인생이라는 작품이 완성되는 것이 아닐까. 민담의 주인공이 만약 새끼서 발이나마 꼬지 않았고 집 밖으로도 나서지 않았다면 색시도, 비단도, 말도, 아마 영원히 만나지 못했을 것이다.

마고할미
― 재미로 완성되는 무의식 안의 창조성

아주 먼 옛날에는 하늘과 땅이 나누어져 있지 않았고 사람들도 세상에 살지 않았다고 합니다. 그때 마고할미라는 거인이 긴 잠을 자고 있었다고 합니다. 마고할미가 숨을 들이쉬면 땅이 울렁거리고 푸우 하고 숨을 내쉬면 하늘이 들썩거렸습니다. 하늘에서는 그 바람에 별이 쏟아지고 땅은 쩍쩍 갈라졌다 합니다. 마고할미가 기지개를 켜니 하늘이 밀려 올라가고 해와 달이 차례로 떠올랐다 합니다. 일어난 마고할미가 오줌을 누니, 커다란 오줌 줄기가 강물이 되고 바다가 되었다고 합니다. (다른 지방 전설들에서는 마고할미가 다른 모습으로 구전되기도 한다. 예를 들자면 충무의 장좌섬, 속칭 장개섬 전설을 보면 거인인 마고할미가 덤벙덤벙 바다로 건너오다가 마을 사람들을 보고 놀라서 치마 속의 금은보화를 바다에 떨어뜨렸다 한다.)

북쪽을 향해 길게 누운 마고할미는 한 다리를 서쪽 바다에, 한 다리는 동쪽 바다에 담갔습니다. 이때 마고할미가 베고 누운 것이 제주도의 한라산이라고 합니다. 마고할미가 손가락으로 땅을 쭉 훑었습니다. 손가락이 지나간 자리에는 강이 만들어졌습니다. 손가락 사이로 빠져나온 흙은 산이 되었습니다.

&

(지역에 따라 선문대 할망, 설문대 할망, 설명두 할망, 세명뒤 할망 등으로 나타나고, 『탐라지(耽羅誌)』 등의 문헌에는 '설만두고(雪慢頭姑)'라고 표기되어 있다. 해남과 강화도 등에도 마귀(또는 마고)할머니 이야기들이 채집되고 있지만 제주도의 선문대 할망이 대표적이다.)

옛날 선문대 할망이라는 키 큰 할머니가 있었는데, 키가 엄청나게 커서 한라산을 베개 삼고 누우면 다리는 현재 제주시 앞바다에 있는 관탈섬에 걸쳐졌다고 합니다. 빨래를 할 때는 관탈섬에 빨래를 놓고, 팔은 한라산 꼭대기를 짚고 서서 발로 빨았답니다.

제주도의 오름들은 할머니가 치마폭에 흙을 담아 나를 때 치마의 터진 구멍으로 조금씩 새어 흘러서 된 것이며 마지막으로 날라다 부은 것이 한라산이라고 합니다.

할머니는 제주 백성들에게 속곳 한 벌만 만들어 주면 육지까지 다리를 놓아 주겠다고 했다고 말했습니다. 속곳 한 벌을 만드는 데 명주 100필이 필요하여 제주 백성들이 있는 힘을 다하여 명주를 모았으나 99필 밖에 안 되어 속곳은 완성되지 못하고, 할머니는 다리를 조금 놓아 가다가 중단해 버렸다 합니다.

할머니는 키 큰 것이 자랑이어서 깊은 물마다 들어서서 자기의 키와 비교해 보다가 한라산의 물장오리에 들어섰다가 그만 풍덩 빠져 죽어 버렸다고도 합니다. 또 다른 설화는 할머니가 500명의 아들을 낳아, 그 아들들을 먹이려고 큰 솥에 죽을 끓이다가 잘못해서 빠져 죽었다고도 합니다.

마고할미는 이렇게 민담으로 전해지기도 하지만 『부도지(符都誌)』란 경전에 실린 내용은 조금 더 구조적으로 만들어진 신화라 할 수 있겠다. 『부도지』에 등장하는 마고는 현묘한 창조의 능력을 가진 여신으로 남자와의 교접 없이 혼자 아이를 낳는 단성 생식monogenesis 능력이 있고, 동서남북을 관장하는 남신을 창조하는 막강한 여성 신인데 비하여 구전되는 민담 속의 마고할미는 마치 놀이를 즐기는 친근하고 재미있는 신이라는 차이가 있다.

대부분의 역사학자들은 『부도지』의 마고 신이 19세기쯤 개인에 의해 만들어진 이야기라고 생각한다. 단군에 대해 자세히 기록된 『천부경』의 역사적 의미를 찾는 소수의 민족주의적 색채가 강한 역사가들만이 마고에 대해 관심을 가질 뿐이다. 사실 고대 중국의 신선 이야기를 집대성한 『산해경』과 다른 도교 경전 등에도 '마고(魔古)' 신선에 대한 언급이 있어서 마고할미 이야기가 중국에서 건너온 설화라고 주장하는 이들도 있다. 그러나 마고할미 신화가 우리나라 전국에 흩어져 전해지고, 마고와 비슷한 발음의 망구 혹은 할망구란 단어가 우리 고유어로 쓰이는 것을 보면, 오히려 '마고'라는 존재가 한반도로부터 중국으로 건너갔을 가능성도 있지 않을까.

고증은 필자의 능력 밖이므로 아쉽게 결론을 내릴 수는 없지만, 「마고할미」 이야기는 우리나라의 창조 설화 중 비교적 널리 알려진 편이기 때문에 중요하게 다루어야 할 것이다. 창세 설화는 제주도의 「선문대 할망」 이야기나 「천지왕본」 이야기, 무당들의 본풀이인 무가에 등장하는 미륵님 설화나 「당금아기」 이야기 등으로 전해지는 것들이 대부분인데, 마고할미는 단군왕검 이야기와 비슷하게 『부도지』나 『환단고기(한단고기)』, 『천부경』 등 소위 주류 역사가들이 인정하지 않는 책들에 창조신으로 나타난다는 점이 조금 특이하다. 단군왕검 신화는 여성의 남성에 대한 인내와 복종이 강조되고, 창조를 주도한 남신이 왕의 조상이 되었다는 사실을 강조했다는 점에서 가부장제 이데올로기가 강한 제도권 역사로 흡수되기 쉬었을 것이다. 반대로 여신이 어떤 신보다 가장 이 세상에 먼저 존재하면서 딸을 먼저 낳은 다음 세대에 남신이 등장하는 마고할미 신화는 당연히 역사적 사실로 인정받지 못할 수밖에 없었을 것이다.

이런 현상을 남자들이 여성에 대해 지니고 있는 원초적 두려움이라고 생각해 볼 수가 있다. 겉으로는 힘센 남성일지라도 여성의 힘과 대면할 때, 어머니 품안에서 무기력한 아이였던 어린 시절처럼 여자들에게 함부로 휘둘리지나 않을까 하는 공포심이 생길 수 있다. 모든 인간은 여자의 자궁에서 나왔고, 여자의 젖을 먹으며 자랐다. 심지어는 인류를 구원한 부처님과 예수님조차 성화의 도상인 아이콘icon 속에서,

마야 부인과 성모 마리아 품속의 연약한 아이로 묘사되기도 하지 않는가. 여자가 이 세상 창조를 주재했다는 여신 중심의 창조 설화가 주류 학계에서 홀대당하는 이유가 아닐까.

제주도의 설문대 할망 전설에서 명주 한 필이 모자라 제주도가 그냥 섬으로 남았다는 이야기는 상징적으로 무슨 뜻이 있을까. 우선, 어떤 의도를 갖고 시간이나 장소에 맞추어 무언가를 계획할 경우에는 오히려 무의식 속의 창조적인 에너지가 발휘되지 못한다는 점을 생각할 수 있다. 앞서 언급했다시피 독일 민담에도 가난한 구두장이에게 몰래 나타나서 구두를 만들어 준 난쟁이들에게 옷을 만들어 놓아 주니 다시는 나타나지 않더라는 이야기가 전해진다. 이때 난쟁이들에게 만들어 준 옷은 의식적이고 작위적인 노력이라고 해석할 수가 있다. 창조성은 놀이 그대로 남겨 놓아야만 오히려 자연스럽게 솟아나오지 작위와 의도가 너무 지나치면 그 아름다움이 훼손될 수도 있다는 뜻이다.

제주도 사람들에게는 목표했던 일들을 해내지 못해 결국 뭍과 연결되지 못했다는 안타까운 내용이지만, 심리학적으로 분석해 보자면 무의식의 본능적인 에너지는 어디까지나 무의식에 남아서 상징적으로 본능의 충동을 다루어야 한다는 뜻이 함축되어 있다고 해석할 수도 있다. 100필까지 다 짜지 못했다거나 하는 민담 속의 설정은, 의식으로까지 넘쳐서 문제를 일으키면 그야말로 걷잡을 수 없는 불행한 사태가 될 수도 있는 본능을 조절하는 일종의 센서로 이해할 수도 있다.

예컨대 선문대 할망이 한라산 중턱의 물장오리가 얼마나 깊은지 알아보려 하다가 빠져 죽은 민담의 한 장면은 자신의 능력을 무한 과신할 때 벌어지는 엄청난 비극에 대한 경고다.

사람들이 무언가 해내는 과정들을 유심히 관찰해 보면, 자기 본능대로 행동하면서 거리낌이 없는 사람들이 있고, 또 철저하게 자신을 조절하는 의지 굳은 사람들이 있다. 양쪽 다 너무 극단적으로 간다면 정신 건강에는 해롭다. 또 다른 분류로는, 그냥 잘 놀면서 남들 덕에 편하게 사는 유형과 열심히 일해서 무언가를 성취하는 유형, 또 마지막으로 일도 놀이처럼 즐기면서 하는 소수가 있는 것 같다. 죽도록 일하는 사람 따로 있고, 그냥 놀면서도 잘 쓰는 베짱이 같은 사람 따로 있다는 이야기들을 곧잘 하지만, 정말로 경이롭고 존경받을 만한 이들은 자기 마음 가는 대로 거리낌 없이 행동하는데도 불구하고 남과 자신을 행복하게 하고, 일 자체를 스스로의 놀이로 여기는 사람들이다. 물론 그 놀이처럼 보이는 작업의 뒷면에는 남들은 알 수 없는 극기와 근면한 태도들이 존재할 것이다. '돈을 벌기 위해서' 혹은 '출세를 하기 위해서'와 '사실은 놀고 싶은데 억지로'와 같은 불순한 목적의식을 가지고 있다거나 일의 노예가 되어 무리하게 하지 않고 일 그 자체를 즐기는 이들은 분명 있을 것이다. 예를 들자면 천진한 아이아 같은 심정으로 작업한 백남준이나 피천득, 천상병 씨 같은 분들, 인생이 별거냐고 즐겁게 살자고 하는, 놀이를 좋아하는 사람들, 등수에 상관없이 시합 자체를 즐기는 운동선수들이 그런 경우가 아닌가도 싶다.

마고할미에 관한 옛날이야기는 일 중독자들에게는 아주 훌륭한 치료제 역할을 해 줄 수 있을 것이다. 「마고할미」 민담은 "마고할미라는 거인은 그냥 누워 잠만 자다가 생각 없이 일어나 오줌을 누니 강물과 바다가 되고, 베고 누우려고 한라산 산봉우리를 움푹 파이게 하고, 몸을 쭉 벋다 보니 바다가 넘치고 산이 만들어졌다."라는 내용으로 압축된다. 마고할멈 이야기는 전국적으로 여러 가지 아형으로 전해지는데, 대부분은 큰 거인의 모습과 복잡한 생각 없이 놀고 잠자며 먹는 이미지로 등장한다.

『구약』에서 묘사하는 창조신 엘로힘은 시간 순서에 따라 말씀, 즉 논리적인 태도logos로 무언가를 만들겠다는 의지와 계획을 가지고 있는데 반해 우리 민담에 등장하는 마고할미는 그냥 거기에 존재하는 것만으로 창조한다는 점이 다르다고 볼 수 있겠다. 마고할미 신화에서 나타나는 무계획적이고 논리적이지 않은 창조의 작업들은, 시간 개념과 계획적 의도가 확실한 성서의 신화시대나 그리스 신들의 세상 창조 과정들에 비하면 매우 혼란스럽고 무질서하게 보이는데, 이것이 어쩌면 전체의 하모니를 중요하게 여기는 동양 고대의 정서와 목적과 논리를 중요시하는 현대 서양 정신의 은유일 수도 있다. 즉 기독교적 세계관을 신과의 만남, 혹은 천국에 들어가 영원히 산다는 목적론과 삶의 의미를 지향하는 것이라고 말한다면, 마고할미 속에 들어 있는 샤머니즘적 세계관은 그냥 여여(如如)하게 존재하는

> '지금, 여기'란 개념은 인지 행동주의의 심리 상담뿐 아니라 무의식을 주로 다루는 융 심리 분석에서도 매우 중요하게 다루어진다. 무의식을 본다고 하면서 자칫 지나치게 과거에만 집착하거나, 혹은 현실과 유리된 현학적인 태도에 빠져서, 현재 제일 중요한 이슈들을 다루는 우를 범하지 않는 것이 좋은 치료자의 덕목 중 하나이다. 잘못 훈련받은 치료자들이 종종 환자들을 과거에 집착하게 만들어 모든 책임을 부모에게 묻게 만든다든가, 혹은 어설픈 컨설턴트가 현실에 뿌리박지 못한 허황된 미래 만들기의 꿈을 심어 주는 잘못을 종종 저지른다.

그 자체라고 말할 수 있는 '지금, 여기 here and now'에 집중하고, 세상의 모든 살아 있는 것과 죽은 것들과의 연관 속에서 자신의 삶을 이해하는 것이라 이해할 수가 있겠다.

물론, 무엇이든 분석하고 인과 관계와 경험과 증거 등을 확실하게 따지는 이들에게는 생각 없이 큰일을 벌이고 마는 마고할미식 삶이 위험해 보일 수도 있다고 본다. 무엇이든 꼭 해야doing 직성이 풀려서 그냥 있는 것being으로는 안심이 되지 않는 현대인들은 그냥 놀면서 생성되고 창조하며 소멸되어 가는 마고할미의 이미지가 선뜻 이해하기 힘들 수도 있겠다.

어린 시절 필자의 부모님들은 정말로 열심히 일하는 모습을 보여 주셨지만 동시에 "돈을 쫓아가면 돈이 도망간다." "권세를 쫓는 것은 우리 집안에선 절대 금기다."란 말씀도 참 자주해 주셨다. 일 그 자체에 몰두해서 노동의 즐거움을 깨달아야 하는 것이지, 오염된 사심 때문에 자신이 하는 일을 천박한 수단으로 삼아서는 안 된다는 뜻으로 이해하며 가슴에 품고 살아왔다. 하지만 따지고 보면 세상 모든 직업이 결국에는 놀이면서, 자리이타(自利利他)를 실천하는 장이 될 수도 있지 않을까도 싶다.

예컨대 좁은 주차 공간에 환상적으로 재빨리 차를 대주는 주차관리인들의 날렵한 묘기, 미소를 잃지 않고 재빨리 음식을 나르고 치워 주는 식당 종업원들의 손동작, 남보다 빨리 일어나 쓰레기를 치우고 거리를 말끔하게 해 주는 환경미화원들의 성실하고 규칙적인 몸짓을 보면서 놀이와 일이 하나로 통합되는 신나고 재미있는 세상을 만들 수는 없을까 하는 어린애 같은 생각도 해 본다. 자며 놀며 먹으며 산과 바다와 들과 강을 자연스럽게 만든 마고할미처럼 그렇게 살 수 있다면, 일에 대한 집착과 강박증으로부터 참 많이 자유로워질 수 있을 것 같다.

뛰어난 업적을 남긴 학자나 예술가들에게는 물론 마고할미의 창조 과정 같은 혼돈의 시기가 있었을 것이다. 어쩌면 바로 그 혼란의 시간이 창조의 전구 증상일 수가 있다. 역사 속의 많은 창의적 천재들은 난 꼭 이러이러한 위대한 무엇 무엇을 이루어야 한다는 결연한 의지를 갖고 작업에 임하는 것이 아니다. 그런 의지는 권세와 축재를 꿈꾸는 정치가나 경제인들에게는 꼭 필요한 덕성일지 모르겠지만, 자아를 극복하며, 보다 큰 창조의 과정에 몸을 맡겨야 하는 창조적 장인들에게는 오히려 방해가 될 수도 있다. 천재적 영감은 어쩌면 성공하겠다, 이기겠다 하는 마음을 비워야 우리를 찾아오는 게 아닐까. 파가니니도 잠자다 음악의 영감이 떠올라 작곡을 했고, 아르키메데스도 목욕을 하다가 부피와 부력의 원리를 생각해 냈으며, 뉴턴은 사과나무 아래 앉았다 떨어지는 사과를 보면서 만유인력의 법칙을 완성했다.

요즘 한참 영재 교육이다, 창조성 훈련이다 하면서 학부모, 학교, 정부가 아이들을 달달 볶는 경우가 많은데, 어찌 그리 거꾸로 가는지 안타깝다. 놀이와 백일몽과 게으름이 없다면, 창조성을 잃어버리는 것이 바로 인간의 심리인 것이다. 물론, 창조적 영감이 결실을 얻으려면 그를 뒷받침하는 인내와 지구력 그리고 분별력이 필요하다. 훈육이 없으면 산속에 버려진 늑대 소년처럼 자기에게 위험이 닥치는 것도 모르고 본능에 따라 살다 그냥 죽을 것이다. 마고할미도 아무 데서나 벌렁 누워 자고, 배설하고 물장구를 치며 놀다 흙덩이를 집어던지다 보니 한반도가 생기고 세 개의 바다가 생긴 것이다. 단군왕검처럼 '그 후로도 오랫동안' 거대한 왕조를 일구어 나라를 다스리는 초석이 되었다는 후일담은 없다. 대신, 다른 아형에서는 속곳을 만들어 다리를 놓았는데, 한 벌이 모자라 반도와 제주도가 연결되지 못했다는 이야기가 등장한다. 끝까지 과업을 완수하지 못하면, 섬은 그냥 섬일 뿐이다. 마고할미의 무의식적 창조 행위는 제아무리 그녀가 힘센 거인이라도 거기서 멈추고 만다.

창조 신화에도 거인들은 자주 등장한다. 그리스 신화의 타이탄 족이 그랬고, 성경의 창세기에도 거인족의 자녀들에 대한 언급이 있다. 중국의 반고, 바빌로니아의 티아마트Tiamat, 북유럽의 이미르Ymir, 또 그리스 신화에서 제우스의 아버지로 나오는 크로노스Cronos 등이 모두 거인이다. 이 미련한 거인들은 그러나, 모두 보다 영리하고 계획적인 인간적 신이나 인간들에게 자기의 자리를 넘겨주어 이 세상을 인간이 경영하게 만들어 준다.

이 과정은 어른들에게 둘러싸여 성장하면서 자기들의 세계를 구축하는 아이들의 경험과 유사하다. 어린아이들에게 부모는 거대한 우주이자 도저히 이길 수 없는 거인이다. 조금씩 성장하면서 태산 같던 부모의 자리가 조금씩 줄어들면서 마침내, 어린 시절 생각했던 것처럼 부모가 그렇게 위대하거나 전지전능한 존재가 아니란 사실을 지각하면서 어른이 되어 가는 것이다. 성인이 되어도 여전히 부모에게 의존하고, 부모 앞에 꼼짝 못하면서 자기주장을 못하는 이들은 영원한 아이, 즉 푸에르 에테르누스(Eternal child)라고 불리는 이유이다. 이런 영원한 아이들은 어느 한 직업이나 배우자에 정착하지 못하면서 조금 힘들면 마치 피터팬이 웬디에게 의존하듯 부모나 상대에게 응석을 부리고 책임지는 일을 하지 못하게 된다. 아무리 부모 앞에서 큰소리치고 잘난 척해도 내 마음속에서 여전히 부모님들이 거인 같기만 하다면 한 번쯤

> 푸에르 에테르누스 Puer Eternus는 종종 속화된 단어로는 피터팬 신드롬이라고 해서 영원히 아이로 남으려 하는 사람들을 일컫는다. 대중적으로 사용하기도 하지만, 현실에서는 간단하게 과연 누가 그런 콤플렉스를 갖고 있는지 알기가 힘들다. 예컨대, 고매한 인격의 학자가 집에 돌아가면 모든 것을 부인에게 의지하면서 어린아이처럼 변할 수도 있고, 성공한 기업가들 중에는 혼자 있을 때면 마치 아이처럼 조그만 모형 만들기, 어른용 장난감 갖고 놀기 같은 것에 집착하는 이들도 있다. 때로는 이렇게 아이와 같은 상태로 있는 것이 필요하기도 하지만, 지나치면 다른 사람들에게 집착하고 의존하는 미숙한 상태로 남아 있을 수도 있다.

은 자신이 진정한 어른이 된 것인지 돌이켜 보아야 하는 것이다.

한편으로는, 자기에게 주어진 창조적 삶의 무게가 마치 거인처럼 느껴질 수 있다는 점도 생각할 수 있다. 단순하고 반복되는 생활은 지루하고 무의미하지만, 무언가 새로운 것을 만들어 내야 한다는 부담과 강박증으로부터 자유로울 수는 있다. 지겨워하면서도 일상을 박차지

못하고 똑같은 생활에 함몰되는 심리적 관성 때문이다. 이런 관성에 반해 무언가 새로운 것을 만들어 내는 과정은 때론, 한 사람의 육체와 영혼을 잡아먹기도 한다. 예술가들은 무언가를 창조하는 작업이 산고의 과정과 같다 말한다. 아이를 낳아 키우는 것처럼, 아파하며 지치고 망가지는 것이 창조의 과정일 수도 있다. 역설적으로 이런 과정들을 견디다 보면, 건강하고 훌륭한 새로운 거인으로 재탄생할 수 있지만, 반대로 그 거인에게 압사당할 수도 있다는 뜻이다.

자신의 창조적 삶을 스스로 살아가지 못하고 무언가 잘 안 풀리면 무조건 남에게 그 잘못을 투사하는 이들이 있다. 내가 이렇게 사는 것은 부모 탓, 배우자 탓, 사회 탓이다 라는 식이다. 무의식에서 자신은 한없이 초라하고 투사의 대상은 너무나 거대해 보인다. 그러다 보면 자존감은 더 떨어지고 사람들이 자신을 무시하는 것 같아 심각한 신경증에 빠질 수도 있다.

창조의 과정은 역사에 남을 만큼 위대하건 아니건, 세상에 족적이 크든 작든, 모두 나름대로의 가치를 가진다. 저녁 밥상에 오르는 맛깔스런 음식도 창조의 산물이고, 아이들에게 들려주는 구수한 옛날이야기 역시 창조의 과정이며, 소박한 조각보와 엉성한 손뜨개질 모두 우리의 창조적 정신이 만든 작품들이다. 우리의 삶이 행복해지기 위해서 모두가 대단한 위인이 될 필요는 없다. 대신 우리에게 숨어 있는 창조의 즐거움과 만날 수 있다면, 마고할미가 아름다운 한반도와 바다를 만들었듯, 우리의 정신세계 안에서 나만의 멋진 새로운 우주를 만들어 내면 그것도 충분히 훌륭한 일이다.

먼 옛날, 세상이 시작되는 시기를 배경으로 하는 창조 신화는 우리 삶과는 전혀 상관없는 황당하고 허무맹랑한 이야기가 아니라, 지금 이 순간 내 안에서 벌어지는 창조 과정의 이야기다. 합리성과 과학 이론으로 무장한 현대인들은 특히 신이 짐승이 되고 또 짐승이 인간이 되는 변신의 과정을 묘사하는 장면들 안에 도대체 무슨 의미들이 숨어 있는지 이해할 수가 없겠지만, 심리적 상징을 잘 이해한다면, 신화 속에 숨어 있는 여러 신화소(mythologem, 신화의 모티프 혹은 제재)들이 개인뿐 아니라 집단 전체에게도 중요한 시사점을 주고 있다는 점도 알 수 있다. "개체 발생은 계통 발생을 되풀이한다."라는 생물학 영역에서의 금언은 자연계뿐 아니라 인간계에서도 비슷하게 적용할 수 있다. 즉 인류 전체의 창조 과정은 바로 우리 인격의 형성과 개성화 과정에도 유사하게 전개되어 간다.

6장
다른 사람과 관계 맺기, 소통하기

방귀쟁이 며느리

— 답답함의 분출

옛날에 방귀를 잘 뀌는 처녀가 있었습니다. 시집갈 날이 다가오자 부모가 걱정이 되어 제발 방귀를 뀌지 말라고 당부를 했습니다. 마침내 시댁에 들어갔는데, 뀌고 싶은 방귀를 억지로 참다 보니 얼굴이 노래지면서 아픈 사람이 되고 맙니다. 보다 못한 시부모가 왜 그러냐고 물어보니 방귀를 못 뀌어서 그런 것이라고 했습니다. 사정을 알게 된 시부모가 방귀를 뀌어도 좋다고 하니, 며느리는 그동안 못 뀌었던 방귀를 뀌기 전에 얼른 "아버님은 기둥을 잡으시고 어머님은 솥뚜껑을 잡으시고, 서방님은 문고리를 꽉 잡으세요."라고 이야기를 합니다.

그래 놓고는 정말 맘껏 방귀를 뀌고 나니까 시아버지가 기둥에 매달려 휘리리 세 바퀴나 돌아가고 가마솥 뚜껑이 열려 시어머니가 쏙 빠지고 문짝이 떨어져 나가게 되었습니다. (혹은 신랑을 대롱대롱 매단 채로 열렸다 닫혔다 했습니다.)

이런 광경을 보고 시부모는 이래서야 집안 살림이 다 거덜 나겠다며 며느리를 친정으로 돌려보내기로 했습니다. 친정으로 향하던 길에 시아버지와 며느리가 언덕 위에 앉아 있는데 그 나무에는 탐스러운 배가 높이 매달려 있었습니다. 시아버지가 배가 맛있겠구나 하는 말을 들은 며느리가 방귀를 뿡 뀌니, 나무가 덜덜 떨리면서 배가 다 떨어져 내렸습니다. 이 광경을 보고 시아버지가 네 방구도 쓸모가 있구나 하며 집으로 며느리를 데려왔습니다.

그런데 어디서 소문을 들었는지 유기 장수 하나가 집으로 와서 방귀 내기를 하자고 했습니다. 먼저 유기 장수가 방귀를 뀌는데 깨갱 깨갱 하며 박자를 맞추어 나왔습니다. 그러자 며느리가 또 장단을 맞추며 방귀를 뀌니 온 마을 사람들이 다 춤을 추며 너도 나도 걸립을 주는 바람에(사례를 하는 통에) 그 집안은 잘 먹고 잘살았다 합니다.

(다른 이형에서는 배나무 아래에서 물건을 싣고 가던 유기 장수와 비단 장수를 만났는데 목이 마른 두 장사치가 저 배를 누가 따 주면 내 그릇, 내 비단 다 줄 텐데 라고 실없는 말을 하는 것을 방귀쟁이 며느리와 시부모가 보게 된다. 며느리는 얼른 방귀를 뀌어서 배를 따 주고 비단과 그릇을 다 얻어 갖는 것으로 되어 있다.)

어려서 할아버지에게 옛날이야기를 해 달라고 하면 들려주시는 레퍼토리는 「똥과 된장을 구별 못한 노부부」, 「꼬부랑 고개 넘어가는 꼬부랑 할머니」, 「방귀쟁이 며느리 이야기」 정도였다. 돌아가시기 전 한시로 유언을 남겨 주실 만큼 한학에 조예가 있으셨지만, 옛날이야기 머리는 아마 썩 좋지 않으셨던 것 같다. 그러나 '옛날 옛적에 방귀쟁이 며느리가 살았는데, 방귀를 뽕 끼면 문짝이 날아가고 또 뽕 끼면 지붕이 날아가고……' 하는 식의 심심하고 단순한 이야기가 하루 종일 꼼짝 않고 앉아만 계시던 근엄한 할아버지의 입에서 나왔다는 점만으로도 어린 손녀에게는 충분한 즐거움이었던 것 같다.

왕손이란 자부심이 대단하셨던 할아버지와 며느리 방귀 이야기가 얼핏 전혀 어울리지 않는 것 같이 보이지만 실은 그런 원초적인 민담이 우리 친정에선 더욱 필요하지 않았나 하는 생각도 든다. 마지막 왕손인 이 모 씨가 우리 집에 자주 와서 아버지에게 형님이라 부르고, 할아버지에게 아저씨라 칭했다 해도, 할아버지와 할머니는 특별한 일 없이 앉아 하루를 그냥 보내야 했던 구세대 사람들에 불과했던 게 아닌가.

친정 어른들은 여자 목소리가 담 밖으로 나가는 것은 상것들이나 하는 짓거리라 하고, 미니스커트를 입은 여성들을 보면 세상이 말세라고 탄식하곤 하셨다. 대가족인 탓에 말도, 탈도, 우여곡절도 만만치 않은 집안이었지만, 집안을 쥐락펴락 했던 할머니조차 큰소리를 낸 적이 없을 정도니, 당연히 다른 여자들의 발언권은 거의 없었다. 제사를 지낼 때면 할머니를 제외한 여자들은 모두 부엌에 쪼그리고 앉아 낮은 목소리로 어른들 흉을 볼지언정, 대놓고 남편이나 웃어른과 대적을 하며 자기 목소리를 내는 이는 없었다. 지금이라면, 아마도 모두 이혼감이라고 할 정도로 참으로 남녀가 불평등한 집안이었으니 방귀쟁이 며느리 이야기는 어쩌면 바로 우리 집안 여자들 얘기란 것을 할아버지의 무의식은 혹시 알고 계셨던 것은 아니었을까.

방귀쟁이 며느리는 방귀를 너무 자주 뀌는 비밀을 가진 고운 처자가 시집을 가게 되는 것으로 시작한다. 남의 집에 시집가서 며느리 노릇에 자신을 꿰어 맞혀야 했던 처지에, 아무 데서나 방귀를 뀌는 편안한 호사는 당연히 누릴 수 없는 터. 처녀 시절엔 사흘에 한 번은 시원하게 뀌었던 방귀를 못 뀌니 비실비실 누렇게 병이 들어 가고……이를 보다 못한 시어른들이 사연을 물어 본 후 방귀를 허용하니, 새 며느리는 그동안 참았던 방귀를 엄청나게 쏟아 낸다. 문짝을 잡고 있던 신랑이 허공으로 날아가고 가마솥 붙잡고 있던 시어머니는 행방불명되었다 사흘 만에 돌아올 정도이니 가히 토네이도급인 셈이다. 방귀 한 번 더 뀌었다가는 집안이 완전히 망하게 될 것을 두려워한 시아버지가 결국 며느리를 친정으로 보내는데 여기서 바로 극적인 반전이 일어난다.

시아버지가 목이 말라 배나무 밑에서 배를 먹고 싶다 이야기하고 이를 며느리 방귀가 해결해 주는 것이다. 또 다른 이형에서는 높은 배나무 밑에 앉아 짐을 하나 가득 싣고 가던 비단 장수, 놋그릇 장수가 실없는 소리를 해 대는 광경을 보게 된다. 배 하나 따먹을 수 있으면 가지고 있던 비단과 놋그릇을 다 바꾸어 주겠다는 허언인데, 터무니없는 거래를 감히 입에 올린 것은 아무도 그 배를 따 주지 못하리란 계산을 속으론 했기 때문일 터이다. 그러나 방귀 잘 뀌는 며느리가 방귀의 힘으로 까마득히 높은 곳에 달려 있는 배를 따 주니, 남자의 입으로 두 말을 할 수는 없는 정직한 시절인지라, 놋그릇과 비단을 며느리에게 몽땅 주어 버리게 된다. 결국 며느리는 그 비단과 놋그릇을 들고 집으로 돌아와 잘 먹고 잘살았다는 얘기다.

　글의 모두에서 꺼낸 대로 「방귀쟁이 며느리」 이야기는 상황과 플롯, 드라마는 다르지만 우리나라 곳곳에 구전으로 전해지는 이야기이다. 여자는 모름지기 큰소리를 내면 안 되고, 크게 웃어도 안 되고, 잘난 척해도 안 되고, 말이 많아도 안 되고, 힘이 세도 안 되고, 키가 커도 안 되고, 살이 쪄도 안 되고, 말라도 안 되고, 셈이 너무 늦어도 안 되고 빨라도 안 되고, 책을 들여다봐도 안 되고……하는 식으로 온통 하지 말라는 금기만 가득하던 시절에, 정말 방귀인들 실컷 뀌면서 살 수 있었겠는가. 물론 우리 할아버지 표현을 빌자면 불상놈의 집안에서야 여자가 방귀를 뀌건, 트림을 하건, 멱살잡이를 하건 뭐라 하는 이 없을 수도 있겠으나, 어언 양반의 숫자가 상놈의 숫자를 훌쩍 뛰어넘었던 조선 시대였으니, 너도나도 양반 흉내 내기 열풍으로 여자에 대한 제약은 점점 공고해졌을 것이다. 그리고 그 여파로 아직껏 우리 사회에도 여성에 대한 금기와 차별은 곳곳에 지뢰처럼 숨어 있지 않은가.

　물론 남 앞에서 방귀를 끼지 않는 것은 꼭 여자뿐 아니라 남자의 경우에도 세련된 매너나 남을 배려하는 행동이라고 할 수는 없다. 트림이나 방귀 모두 남에게 불쾌감을 주는 냄새를 동반한다는 점에서 문화인이라면 당연히 남 앞에서는 대놓고 하지는 말아야 할 것이다. 그러나 불과 몇 년 전만 해도 식후 트림을 하는 것은 우리나라에서는 잘 먹었다는 포만과 감사의 표시로 간주된 적이 있지 않았는가. 미국식으로 트림 한 번 하고 "죄송합니다."를 남발하는 것이 아직은 오히려 간지럽다. 뚱뚱한 교수가 주인공인 「너티 프로페서」란 영화에서는 음식을 좋아하는 교수의 대식가 가족들이 식사를 하면서 경쟁적으로 방귀를 같이 뀌며 즐거워하는 장면이 나온다. 방귀의 방식도 어쩌면 각 문화에 따라 차이가 나는 듯싶다. 남들 앞에서는 절대로 대소변을 보지 않는 서양과는 달리 대부분 중국의 재래식 화장실은 서로를 지켜볼 수 있게 문도 없이 활짝 개방되어 있다 한다. 환경과 문화에 따라, 어쩌면 밥 먹고 자는 방식이 다르듯 배설의 방식 또한 다를 수 있다는 얘기다. 방귀라는 생리 현상을 어떻게 보고 다루는가도 실은 문화의 한 방식일 수도 있는 것이다.

문화의 차이는 꼭 나라와 나라의 다름에만 존재하는 것은 아니다. 시집 장가를 가는 젊은이들은 모두 예외 없이 시집 문화와 처가 문화가 참 많이 다르다고 놀라움을 표시한다. 하물며 남녀가 불평등한 전통 한국 사회에서야 어떻겠는가. 남의 집에 시집온 며느리들은 꼭 시부모가 악독하지 않더라도 시댁의 문화와 가풍을 익히느라 몹시 고단한 세월을 보낼 수밖에 없었을 것이다. 친정에서의 가치관과 습관을 모두 벗고 '벙어리 삼 년, 장님 삼 년, 귀머거리 삼 년'을 거쳐 아들을 두셋쯤 낳아 주어야 비로소 그 집 식구 대접을 받을 수 있었다. 결혼하고 처음으로 시댁 식구들이 필자에게 주문한 것은 싫어도 싫은 척, 불편해도 불편한 척하지 말라는 것이었다. 젊은 필자에게는 그런 요구는 내 자연스러운 인간성을 거세하는 무서운 억압이었지만, 옛 어른들에게는 그런 무표정과 침묵이 성숙함의 지표로 생각되었을 것이다.

그러나 이런 상황은 꼭 며느리에게만 일어나는 것은 아니다. 군대나 회사 등 어떤 조직에서건 새롭게 구성원이 된 소위 신참들은 한동안 텃세를 부리는 기존의 구성원들 때문에 전전긍긍하는 세월을 보내야 한다. 신참들이 조금이라도 자기 목소리를 내서 새로운 시각을 보여 줄라치면 "어따 대고 함부로!" 하는 식으로 공격하지 않는가. 자연 조직은 경직되고, 활력은 사라진 채 구성원들은 그 조직을 나갈 날만 기다리게 된다. 이렇게 남성의 무의식에 숨겨진 긍정적인 여성적 요소들이 배제되고 억압되면 남성 자신의 삶이 황폐해지듯, 조직이나 사회 역시 건강하지 못하고 황폐하게 되기 십상이다. 여기서 여성성이라 함은 자연스러운 감정의 표현, 약자에 대한 배려, 자연과 인간의 몸을 존중하는 태도, 양육과 조화로운 삶을 지향하는 인간적인 특성들을 이야기한다.

뱃속의 가스는 음식이 소화되고 부패되면서 나는 냄새라 물론 상쾌한 기분을 느끼게 하지는 않지만, 먹지 않고는 생명을 유지할 수 없는 사람들에게는 누구나 일어나는 자연스러운 생리 현상이다. 그리고 어쩌면 이런 부패와 발효의 내밀한 과정이 마침내 바깥으로 표현되지 못한다면, 그 또한 인간의 본성을 억압하는 건강하지 못한 작위에 불과한 것이 아니겠는가. 방귀쟁이 며느리가 부끄럼 없이 창자 속 가스를 시원하게 내보낸 후 배나무의 배도 따고 놋그릇과 비단까지 얻을 수 있었던 것처럼, 우리 뱃속에서 부패한 채 참고 삭혀야 하는 많은 말들이 나도 좋고 남도 좋은 새로운 그 무언가로 변환되어 당당하게 밝은 세상에 나올 수 있는 날이 모두에게 찾아오기를!

개와 고양이

— 인연이라는 그물망에서의 나눔

옛날 어느 강가에 고기잡이 할아버지가 살고 있었습니다. 고기 한 마리 잡지 못하던 어느 날, 돌아오는 길에 배고픈 고양이를 만나 불쌍해서 집으로 데려옵니다. 그다음 날도 또 고기 한 마리를 못 잡고 돌아오고 있는데 이번에는 배고픈 개를 만난 것입니다. 할아버지는 또 개를 집으로 데리고 와서 키우게 되었습니다. 그러던 어느 날 할아버지는 아주 커다란 잉어를 한 마리 잡았습니다. 그런데 잉어가 울면서 살려 달라고 해서 놓아 주자 잉어가 구슬 하나를 할아버지에게 주며 무엇이든 소원을 들어 주는 것이라고 하였습니다.

할아버지가 구슬에 빌면서 따뜻한 밥 한 그릇 먹었으면 좋겠다 하니 밥이 나오고, 따뜻한 옷이 있으면 좋겠다 하니 옷이 나오곤 해서 마침내 부자가 되었습니다. 고기잡이 할아버지가 부자가 된 걸 알고는 강 건너 사는 욕심쟁이 할머니가 구슬을 훔쳐 가려고 했습니다. 욕심쟁이 할머니는 여러 가지 색색 구슬을 가져와서는 할머니에게 자랑을 했습니다. 그러자 순진한 할머니는 잉어가 준 요술 구슬을 가져와 보여 주었습니다. 욕심쟁이 할머니는 몰래 구슬을 바꿔 가지고 강을 건너 달아났습니다. 그러자 쌀도, 집도, 키우고 있는 가축도 모두 사라지고 예전의 오막살이로 변하게 되었습니다. 다시 가난뱅이가 된 할머니와 할아버지, 고양이, 개는 모두 배가 고팠습니다. 고양이가 개에게 우리가 은혜를 갚기 위해 구슬을 찾아오자고 말했습니다.

욕심쟁이 할머니 집을 가 보니 정말 큰 부자가 되었습니다. 개는 여기저기 뒤졌지만 구슬을 찾지 못했습니다. 꾀 많은 고양이는 그 집 광에 들어가 쥐들에게 구슬을 찾아오지 않으면 모두 잡아먹겠다고 합니다. 쥐들은 살금살금 욕심쟁이 할머니 방으로 가서 할머니 손에 있는 구슬을 몰래 빼내 왔습니다. 고양이가 쥐들에게 구슬을 받아 밖으로 나와 이번에는 개 등에 업혀 강을 건넜습니다. 개는 등에 업혀 있던 고양이가 구슬을 제대로 물고 있는지 궁금해 물었습니다. 하지만 고양이는 아무런 대답을 하지 않았습니다. 개는 화가 나서 계속 구슬을 잘 물고 있는지 물었습니다. 그러자 고양이가 구슬을 잘 물고 있다고 대답하는 순간 구슬은 강물 속으로 빠지고 말았습니다. 개는 미안했지만 이미 엎질러진 물이었습니다. 그때 강에서는 사람들이 고기를 잡고 있었는데, 고양이가 구슬 대신 고기라도 잡아서 가겠다고 고기를 물고 집으로 갔습니다. 그랬는데 그 고기 뱃속에서 구슬이 다시 나온 것입니다. (혹은 고양이가 고기를 다 뜯고 나니까 구슬이 나와 개가 얼른 물고 집으로 갔다고도 합니다.) 고기잡이 할아버지와 할머니는 다시 부자가 되었고 그 뒤로 고양이는 방 안에서 살게 되었습니다. 고양이는 할아버지와 할머니 무릎에 앉아 함께 놀았습니다. 하지만 개는 마당에서 살면서 도둑이 오나 안 오나 집을 지켜야 했습니다. 개는 구슬을 찾아 왔다고 으스대는 고양이가 미웠고, 고양이는 이런 개가 미웠습니다. 그래서 지금도 고양이와 개는 서로 으르렁거리며 미워한다고 합니다.

길거리를 떠도는 불쌍한 개와 고양이를 거둬 살던 마음씨는 좋지만 가난한 어부 할아버지와 할머니는 어느 날 강에서 잡은 잉어가 눈물을 흘리며 살려 달라고 빌자 그대로 놓아준다. 한데 그 잉어는 사실 용왕의 아들이었다. 불굴의 노력을 기울여 마침내 용이 되는 '등용문'의 고사처럼 폭포도 힘차게 올라갈 수 있는 잉어는 동양에서 대대로 신령한 기를 가지고 있는 것으로 간주되었다. 마치 켈트족 신화에서 강을 거슬러 올라가는 연어가 신화적 존재인 것처럼 동양의 잉어도 신령한 존재로 간주된다. 서양에서는 맛이 없다고 잉어를 거의 먹지 않지만, 한국에서는 잉어와 자라를 용과 봉황이라고 칭하며 산모에게 용봉탕을 만들어 끓여 주었다. 「개와 고양이」 민담에서도 용왕의 아들인 잉어는 자신을 살려 준 대가로 가난한 어부 부부에게 요술 구슬을 준다.

여기까지는 불쌍한 사람이나 낯선 이들을 도왔는데 사실은 그들이 영험한 능력을 갖고 있는 신적인 존재라 선행의 대가로 큰 재앙을 피하거나 곤경을 빠져 나가게 되는 다른 신화들과 비슷하게 전개된다.

「장자못 설화」에서 스님에게 시주한 며느리만 홍수를 피해 도망쳐 나오는 장면이나 소돔이 멸망되기 직전, 자신의 집에 머물고 있는 천사들을 못된 짓을 하는 다른 남자들로부터 구해 주어 롯이 멸망을 피해 도망갈 수 있게 된 장면, 제우스와 헤르메스가 누추한 차림으로 인간 세상에 왔을 때 필레몬 부부만이 따뜻하게 그들을 맞아 주었기 때문에 제우스가 그들의 소원을 들어주게 되는 설정들과 비슷하다.

그러나 이 민담은 거기서 더 나아가 몇 번의 반전을 보여 준다. 먼저 강 건너편에 사는 욕심쟁이 할멈이 속임수를 써서 요술 구슬을 훔쳐 가고 만다. 모처럼 편 할머니 할아버지의 살림살이가 처음 자리인 빈털터리로 전락해 버린 것이다. 순진한 할머니는 욕심쟁이 할머니 앞에 아무 생각 없이 구슬을 내놓아 바꿔치기 당하고도 한동안 그 사실을 알아채지 못한다. 사기 피해자들의 얼굴이다. 우연히 얻은 행운은 아주 쉽게 내 손을 스르륵 빠져나가게 마련이다.

이때 요술 구슬은 언뜻 로또 복권, 갑작스럽게 오른 부동산이나 주식 같은 물질적 행운인 것처럼 보인다. 하지만 어부 할아버지와 할머니가 청한 것은 본래 자신들의 생활 그 이상은 아니었다는 사실에 주목할 필요가 있다. 욕심쟁이 할머니는 구슬을 훔쳐 재산을 많이 불려 부자가 되고자 했지만, 소박한 어부 부부는 그저 쌀독에 쌀만 가득하고 고깃배만 고칠 수 있으면 행복할 사람들이다. 길거리에서 매 맞는 개와 쓰러진 고양이를 자기들도 배를 곯으면서 데려다 키우고, 생업이 어부인데도 모처럼 잡은 잉어가 눈물을 흘리면 안쓰러워 놓아줄 만큼 마음결이 곱고 순수하다.

그리스 신화에 나오는 필레몬 부부도 다른 인간들과는 다르게 제우스와 헤르메스를 도운 대가로 소원을 들어주겠다고 하는 신들에게 한날한시에 부부가 같이 죽게 해 달라는 소박한 청을 내놓는다. 물신주의나 공명심에 사로잡힌 사람들에게는 정말 멍청해 보이는 소원이 아닐 수 없다. 하지만 사랑하는 이와 죽음으로 이별하는 것만큼 고통스런 일은 없다. 돈이 다 무슨 필요이고 명예가 무슨 소용 있겠는가. 필레몬 부부는 서로를 깊이 사랑하기 때문에 저승길도 함께 하는 것만큼 큰 축복이 없다는 사실을 아는 지혜로운 이들이었다. 어쩌면 할아버지와 할머니도 구슬을 못된 할머니에게 자랑하기 전까지는 그런 지혜를 갖고 있었을 수도 있다. 재산은 그것이 정신적이건, 물질적이건 자랑을 하는 그 순간부터 빛이 바래고 밖으로 새는 것이 아닐까.

「개와 고양이」 민담은 이 같은 부부 사랑과 검약, 분수 지키기에 대한 강조에서 한 걸음 더 나아간다. 버려진 개와 고양이, 그리고 잉어와 같은 동물들의 존재가 요술 구슬 이야기와 함께 엮이면서 개인적인 사랑의 영역에서 세상과의 인연 맺기, 그리고 자연과의 일체감으로 확장된다. 요술 구슬은 늙어 가는 할아버지와 할머니의 쌀독에 쌀을 가득 채워 주고, 비가 새던 지붕과 낡고 부서진 배를 고쳐 준다. 자식이 없어 죽을 날만 바라보던 늙은 부부에게 내려진 새로운 비밀스런 생명의 원천이 아닐까.

그 보물을 어이없이 속임수로 잃고 난 후 비탄에 빠진 노부부를 위해 이번에는 보은을 하고 싶은 개와 고양이가 장도에 나선다. 고양이는 작고 비천한 동물이지만 쥐들에게는 왕 노릇을 할 수 있기에 욕심쟁이 할머니로부터 무사히 요술 구슬을 되찾아 온다. 쥐는 식량을 훔쳐 먹는 해롭고 하찮은 동물로 한꺼번에 시끄럽게 찍찍거림으로써 욕심쟁이 할머니의 화를 돋우어 요술 구슬을 갖고 오는 데 결정적인 역할을 해 준다. 이때 고양이는 마치 큰 도둑 잡는 데 작은 도둑 이용하는 모책(謀策)을 세운 수사관처럼 보인다. 그러나 영악한 고양이도 충성스러우며 강을 헤엄쳐 건널 줄 아는 개의 도움 없이는 집으로 돌아가지 못한다.

개는 구슬을 입에 문 고양이를 업고 힘들게 헤엄을 친다. 하지만 업힌 고양이를 볼 수 없는 개는 불안한 마음에 되풀이해 구슬이 잘 있냐고 물어본다. 구슬을 빠뜨릴 수 있다는 것을 알면서도 계속 묻는 개가 답답해서 고양이가 말을 하는 바람에 구슬은 다시 강물에 빠진다. 요술 구슬을 갖고 있다는 비밀을 욕심쟁이 할머니에게 발설한 어부 아내의 잘못을 개와 고양이가 또다시 반복하는 것이다.

현실에서도 이런 일은 얼마든지 일어난다. 아주 중요한 무언가를 성취하거나 가졌을 때 사람들은 그 경험들을 가슴속에 잘 간직하지 못하고 자랑하며 떠벌리고 싶어 한다. 또 서로에 대한 신의를 고이 간직하지 못하고 자꾸 확인하고 의심하면서 그 사이가 벌어져 그만 피도가 나는 수도 있다. 자녀들이 좋은 대학에 입학했을 때, 투자해서 돈을 벌었을 때, 높은 지위에 올라갔을 때, 이런저런 집안의 경사들을

다른 이들에게 펼쳐 놓아 으쓱대고자 하는 것이 보통 사람의 심리이기도 하다. 또 상대방이 날 사랑하는 줄 뻔히 알면서도 확인시켜 주지 않으면 슬금슬금 의심하는 것이 보통 사람의 성미일 수도 있다.

호사다마에 새옹지마라고, 좋은 일이 있으면 그에 수반되는 나쁜 일이 꼭 따라온다는 사실을 우리는 너무 쉽게 잊어버리기 때문이다. 또한 자신이 신나서 하는 자랑이 박탈감과 질투를 유발해서 상대방을 불편하고 불행하게 만든다는 것도 배려하지 못하는 태도다. 이 민담의 주인공들도 특별히 악의가 있었던 것은 아니지만 그런 세심한 주의에 실패해서 결국 구슬을 잃어버리고 엉뚱한 사람에게 뺏기게 된다.

이 민담에서 구슬을 빼앗는 이웃 마을의 욕심 많은 할머니는 전 세계의 많은 민담에서 끊임없이 반복되는 탐욕의 노예가 된 흉측한 그림자 같은 존재다. 사실 탐심, 성냄, 무지함 같은 본능에 빠져 허우적거리는 마음을 잘 다스려서 좋은 사회인으로 변모하는 것이 성장 과정 중에 가장 큰 발달 목표가 아니겠는가. 쥐가 찍찍거린다고 고래고래 소리를 지르면서 소중한 구슬이 들어 있는 베개를 집어 던져 구슬을 잃어버렸으니, 욕심쟁이 할머니는 성질 더럽게 부리다 큰 것을 놓친 사람이다. 작은 일에 화내고 소리 지르다 보니 진짜 중요한 것을 잃어버린 경험이 어디 이 노파뿐이겠는가. 부부 사이, 형제지간, 부모 자식 사이의 싸움들은 가만 살펴보면 아주 사소한 일에서 비롯될 때가 많다. 한참 격해져서 싸우다 보면 자신들이 왜 싸우는지도 모르는 채 그저 성질에 못 이겨 싸움 그 자체를 위한 싸움을 할 때가 대부분이다. 일시적으로 충동 조절 장애impulse control disorder를 겪는 것이다. 욕심쟁이 할머니도 쥐가 시끄럽게 군다는 아주

> 충동 조절 장애는 화를 이기지 못해 폭력을 휘두르는 사람뿐 아니라, 도박, 술, 성욕 등 인간의 모든 욕구들을 이성의 힘으로 조절하지 못하는 이들을 말한다.

작은 일에 흥분하는 바람에 그나마 쉽게 얻을 수 있었던 소중한 구슬을 어이없이 잃어버리고 만다.

구슬을 잃고 낙심하고 있는 개와 고양이에게 그러나 또 한 번의 기회가 찾아온다. 절망적인 마음으로 집으로 돌아오던 개와 고양이 눈앞에 버려진 물고기가 보여 그거라도 집에 가져가겠다고 마음먹는 것이다. 자포자기하고 싶을 때, 그 위기를 극복해 내는 사람들은 아주 하찮은 작은 노력이라도 일단 다시 시작해 본다. 그 작은 재출발이 나중에는 오히려 처음보다 더 좋은 결과를 가져올 수가 있기 때문이다. 대학 입시에 한 번 실패해서 다시는 공부하고 싶지 않았지만 우연히 집어 든 책 한 권에서 다시 힘을 얻고 결국에는 좋은 결과를 얻는다든가, 해고당해 길거리를 헤매고 다니는데 이거라도 해 보자 하고 시작한 허드렛일이 뜻밖에 큰 기업으로 성장한다든가 하는 인생의 대반전들이 그것이다.

여러 가지 다른 이형(異形)이 있지만, 이 민담에서는 개와 고양이가 자신들의 잘못을 서로 비난하지 않고 결국 집으로 돌아와 오랫동안 행복하게 살았다는 내용으로 끝을 맺는다. 착한 일을 하면 결국 복을 받는다는 인과응보의 정신 비슷하지만 그리스 신화의 필레몬 이야기와는 좀 다르다. 「개와 고양이」 민담은 용왕과 어부의 대자적(對自的)

관계가 아니라 등장인물들이 서로 촘촘히 얽혀 우주라는 그물망 속에서의 선업(善業)이 무엇인지를 보여 준다. 서양에서 선행과 악행이 기독교적으로 하느님과 나와의 관계를 기준으로 판단된다면 동양의 윤리는 다른 사람들, 더 나아가서는 동물이나 자연과의 인연을 고려하는 불교적 맥락으로 판단되는 것과 궤를 같이 하는 것이다.

특히 인간의 일상생활과 인연이 깊은 개와 고양이는 공통적으로 인간과 친한 동물이지만, 개가 무조건적인 충성을 보인다면 고양이는 비교적 자주적이고 차가운 모습을 보인다는 차이가 있다. 사람도 고양이를 좋아하는 성격과 개를 좋아하는 성격이 조금씩 다른 것을 가끔 관찰하게 된다. 주변에 치대고 혼자서는 뭐든 하나도 하지 못하는 의존적인 성격의 소유자들이 개를 좋아한다면, 독립적이어서 남들에게 관여하거나 간섭받는 것을 싫어하는 이들이 고양이를 좋아하는 경향이 있다. 그러나 때에 따라 고양이와 비슷한 성격이, 때론 개와 같은 성격이 전후좌우의 맥락에 따라 적절하게 발현되는 것이 좋다. 남들과 잘 어울려야 할 때 혼자 잘나 따로 있으려 한다든가, 자주적으로 행동해야 할 때도 무조건 남들에게 의존한다면 건강한 사회생활을 할 수가 없다.

우리 마음에는 가난한 어부 부부, 욕심쟁이 할머니, 개와 고양이, 쥐, 용왕의 아들과 같은 모든 면들이 다 숨어 있다. 다만 그런 심성들을 얼마나 의식화해서 객관적으로 살펴보냐에 따라 지혜롭게 살 것인지, 아니면 엄청난 실수를 되풀이해서 결국 실패한 인생이 되는 것인지 결정되는 것뿐이다. 개와 고양이, 할머니, 할아버지 네 식구가 오래 오래 행복하게 살게 되는 이 민담에는 우리 마음에 숨어 있는 여러 가지 성정들이 조화롭게 잘 통합되어 멋진 자기, 즉 요술 구슬을 품에 얻게 되는 과정들이 구체적 이미지로 잘 표현되고 있다.

나무 도령 밤손이

— 인생의 조력자

옛날 어머니와 단 둘이 살고 있는 아이가 있었습니다. (다른 이형에서는 밤손이의 어머니가 밤나무 아래에서 오줌을 누고 난 후 열 달 만에 아이를 낳는다.) 그런데 친구들이 자꾸 아비 없는 자식이라고 놀리는 겁니다. 속상해하는 아들을 달래기 위해 어머니는 뒷산 밤나무가 아이의 아버지라 말해 줍니다. 그래서 아들은 밤나무를 아버지 삼아 지내게 되어 사람들이 아이를 밤손이라 부르게 되었습니다. 그러던 어느 날 마을에 큰비가 내리기 시작했습니다. 온 세상이 물바다가 되어 사람들이 떠내려가자 밤나무가 뿌리 채 뽑혀 떠내려와 밤손이를 의지하게 해 줍니다. 밤나무에 타고 가다 보니 멧돼지가 떠내려 오는 모습이 보여 밤손이가 구해 줍니다. 이번에는 개미 떼들이 떠내려오자, 또 밤손이는 이들을 구해 줍니다. 다음에는 모기떼들이 떠내려와서 또 건져 올립니다. 이번에는 아이가 떠내려와서 구해 주려 하자 밤나무는 아이를 구해 주지 말라고 말합니다. 그러나 마음 착한 밤손이는 아이를 구해 줍니다.

드디어 마른땅이 드러나자 밤손이와 아이는 밤나무를 보내고 뭍으로 올라가 큰 부잣집에 다다르게 됩니다. 부잣집에서 밤손이는 열심히 일해서 칭찬을 받았지만 다른 아이는 샘만 부렸습니다. 그래서 "밤손이는 재주가 많은 아이니까 한나절이면 너른 밭을 다 갈고 조를 뿌릴 수 있다."고 말합니다. 그 이야기를 들은 주인이 밤손이에게 밭을 갈고 조를 뿌리라고 시키자 어떻게 할지 몰라 울고 있는 밤손이에게 구해 준 멧돼지가 나타나 밭을 다 갈고 씨를 뿌려 줍니다. 그런데 이번에는 또 그 구해 준 아이가 조를 정말로 뿌린 것인지 아닌지 모르니 다시 주워 오게 시키라고 주인에게 말합니다. 역시 난감해하는 밤손이에게 이번에는 같이 구해 주었던 개미가 나타나서 그 조를 다시 또 모아 줍니다. 주인은 밤손이가 보통 아이가 아니라고 생각해서 예쁜 딸을 주려고 하지만, 문제를 먼저 냅니다. 왼쪽에는 딸을, 오른쪽에는 하인을 세워 놓은 다음, 누가 딸인지 알아맞히는 사람에게 딸을 준다는 것이지요. 이때 모기떼들이 나타나 밤손이의 귓속에다 왼쪽이 딸이라고 가르쳐 줍니다. 그래서 밤손이와 부잣집 딸이 행복하게 잘 살았다는 이야깁니다.

목도령 신화의 아형이라고 할 수 있는 「나무 도령 밤손이」는 부성(父性)의 부재(不在)에 대한 해답이다. 선녀가 계수나무의 아들을 잉태해 낳고 하늘로 올라간 후 계수나무가 아들을 돌보는 다른 유형의 설정 대신 「나무 도령 밤손이」에서는 어머니가 아들을 돌보다 홍수가 난 후엔 밤나무가 아버지 역할을 하게 된다. 달나라에 토끼와 함께 산다는 계수나무나 밤나무는 중국 윈난 성에 살고 있는 바이 족의 창세 설화에 최초로 등장하는 열 명의 자녀에 속한다. 냇가에서 잘 자라고 심장 모양의 아름다운 잎에다 달콤하고 쌉싸름한 향기가 독특한 계수나무나, 고슴도치 같은 밤송이를 만들어 영양가 많은 밤을 뱉어 내는 밤나무는 인간의 정서에 묘한 울림을 주기 때문에 신화나 민담에 자주 등장하는 것도 같다.

동네에서 아버지 없다고 놀림을 받긴 하여도, 밤나무에 의지해 평화롭게 자라던 밤손이였지만 큰비가 내려 세상이 온통 물바다가 되니 정말 오갈 데가 없게 된다. 어머니도 잃고 집도 잃은 밤손이에게 세상에 의지할 것은 밤나무뿐이다. 홍수 설화는 우리나라뿐 아니라, 전 세계 대부분의 지역에서 채집된다. 물론 실제로 어마어마한 홍수를 겪은 고고학적 사실이 후손들에게 입으로 전해졌을 수도 있지만, 홍수의 심리적인 의미를 깊이 들여다보면, 왜 홍수란 테마가 창조 설화에 꼭 필요한 것인지 이해가 간다.

분석 심리학에서 홍수는 우선 '무의식의 범람'으로 이해한다. '무의식의 범람'이란 자아와 의식이 스스로를 통제하는 기능을 상실한 채 무의식에 자리 잡고 있는 콤플렉스에 휘둘리는 상태를 말한다. 정신 질환자들이 무의식의 환상과 현실을 구별하지 못하는 상태, 혹은 소위 미친 사랑에 빠져 앞뒤 가리지 않는 때이다.

'자아'의 개념이나 '의식'이 탄생되지 않은 아이들 역시 무의식의 바다에서 아직 나오지 못한 것이다. 아주 어린 아이들의 경우는 현실과 꿈을 혼동하기도 하고, 엄마와 자신이 별개의 다른 존재란 사실을 인지하지 못하기도 한다. 폭력적인 행동이 남에게 아픔을 줄 수도 있고, 그 때문에 자신도 상처받을 수 있다는 사실도 계산하지 못한다. 아직 의식이 분화되지 않아 무의식 상태에 있기 때문이다. 홍수가 나서 세상 모든 것들이 죽게 되는 모티프의 모든 창조 설화는 이런 위험한 무의식적 상황을 암시하는 것이라 할 수 있다.

사랑이나 콤플렉스의 과잉 역시 마찬가지다. 예컨대 어머니 사랑이 너무 지나치면, 아이들은 그 사랑에 빠져 영원히 어머니로부터 독립하지 못해 어른 아이로 남는다. 애인이나 배우자의 사랑 역시 그렇다. 사랑에 깊이 빠져 하루 종일 상대방만 생각하고 자기 생활을 못하고 있다면 사랑의 열정에 익사하게 되는 기분이 들지 않겠는가.

어떤 종류이건 콤플렉스가 너무 깊고 무거워서 자아나 생활이 송두리째 흔들리는 상황도 마찬가지다. 누군가를 미워해 오로지 그 사람에게 복수하는 것만 생각하고 사는 사람, 출세하겠다는 욕심에 사로잡혀 수단 방법을 가리지 않고 권력 싸움에 몰두하는 사람, 자신의 능력을 너무 과소평가해 세상으로부터 도망친 채 꼼짝 못하고 자신의 세계에 갇혀 버린 사람은 모두 콤플렉스란 바다에 빠진 것이다.

이렇게 무의식이나 콤플렉스의 바다에서 살아남기 위해서는 무언가 단단하게 의지할 것이 필요하다. 잘 알려진 노아의 방주 이야기 말고도 알타이, 수메르, 바빌로니아의 홍수 설화의 주인공들은 모두 신의 도움으로 배를 만들어 홍수를 피한다. 비슷하게 밤손이가 아버지인 밤나무에 의지하는 장면 역시 무의식의 콤플렉스나 모성의 과잉을 헤쳐 나가는 장면이라고 할 수 있다.

본능에 근거해 무조건 아이들을 감싸는 어머니와 달리 보통 아버지들은 자식에게 비교적 합리적이고 이성적인 측면이나 사회적 관계 속에서의 역할을 가르친다. 또한 아버지는 가족을 보호하고 부양해 준다. 밤손이가 의지하는 밤나무의 역할이다. 아버지 없이 자라서 버릇없다는 소리를 듣지 않도록 엄하게 아이들을 가르쳤다는 홀어머니들이 많은 이유고, 그럼에도 아버지가 없는 가정이 외부의 핍박이나 충격에 더 취약할 수 있는 이유이기도 하다. 평소에는 별달리 살갑게 대하지 않았어도 아주 중요한 결정을 할 때나 고통과 좌절에 빠졌을 때 나타나 의연하고 냉철하게 판단할 수 있게 도와주는 아버지들이 얼마나 아쉬운가. 비록 아버지가 옆에 없어도 "과연 내 훌륭한 아버지라면 어떤 행동을 했을까."란 생각으로 세상을 올곧게 사는 사람들에게는 마음속에 내재화internalization된 아버지의 이미지가 큰 역할을 하는 것이다.

부모의 이혼, 혹은 아버지의 사망 이후, 아버지 없이 자라는 아이들이 점점 늘고 있다. 클린턴이나 오바마처럼 훌륭하게 된 경우도 있지만 아버지가 없기 때문에 험난한 길을 가야 하는 아이들

> 내재화는 방어 기제의 일종으로 자신의 의시과 무의식에 남의 가치를 심어 놓는 것이다. 예컨대 부모가 양심을 매우 강조하면서 키우면 자식들도 거의 그렇게 된다. 또 사회에서 애국심과 효심을 강조 하면 많은 젊은이들이 그런 가치에 동참하게 된다. 때로는 집단 최면의 기제로 쓰이기도 한다. 예를 들면 일본 제국주의가 가미가제 같은 자살 비행기를 만들고 알 카에다가 인간 폭탄을 이용해서 테러를 계속 해 나갈 수 있는 것도 젊은이들에게 이런 내재화의 심리적 기제를 조작하기 때문이다.

도 많다. 편부모 가정에 대한 편견, 아버지라는 역할 모델이 없어 겪는 혼란, 어머니 혼자 감당해야 하는 삶의 무게 등등, 남은 가족들에게는 인생의 많은 숙제들이 주어진다. 아버지가 살아 계시기는 해도, 이런저런 이유로 아버지가 역할을 제대로 못하는 가정 역시 구성원들이 겪는 고통의 강도는 비슷하다. 많은 신화와 민담에서 보잘것없는 집안에서 자란, 이른바 후레자식이 영웅으로 재탄생는 이야기가 많다는 것은 그만큼 아버지 없는 성장 과정이 어렵기 때문일 것이다.

그렇다면 밤나무를 타고 가던 밤손이가 구해 주는 동물들은 무슨 뜻일까. 개미와 모기 그리고 멧돼지들이 갖는 상징들은 절묘하다. 개미는 몸은 작지만 자기 몸에 비해 훨씬 더 큰 먹잇감을 지고 갈 수 있는 벌레로, 집단을 이루고 집을 짓는 사회적인 동물이다. 아이들이 개미집을 집에 두고 관찰하면서 상상의 날개를 펴곤 하는데, 이는 성장하며 배우게 되는 사회성을 미리 경험한다는 점에서 상당히 좋은 놀이라 할 수 있다. 모기에게 물리면 보통 빨갛게 부풀고 간지럽고 심하게 긁으면 아프기도 하니 그저 성가시기만 할 터인데 밤손이가 왜 구해 주었을까 싶을 것이다. 모기에게 물린 상처는 성장 과정에서 겪는 크고 작은 상처나 갈등의 비유다. 좀 따끔하다 말 것을 지나치게 북북 긁다 보면 피도 나고 염증도 생기듯, 작은 인생의 굴곡은 그저 무심하게 넘어가야 한다. 그러나 때론 모기 때문에 말라리아나 뇌염에 걸려 죽을 수도 있다. 다만 그 모기가 과연 얼마나 위험한지 알아차릴 수 없다는 점이 문제다. 인생의 상처 역시 그렇다. 작은 마음의 상처라 생각하고 무심히 넘어가다 나중에 큰 상처로 작용할 수도 있고, 아무것도 아닌 일로 과잉반응해 오히려 문제를 복잡하게 만드는 게 인생이란 복잡계(複雜界, Complex system)다.

> 복잡계란 말 그대로 인과응보와 같은 선상 linear의 단순한 관계가 아닌 여러 가지 변인 complicating factor 때문에 전혀 예측할 수 없는 결과를 가져오는 것을 말한다. 카오스 이론, 나비 효과 등등 현대 물리학이나 경제학에서 자주 쓰는 용어이기도 하다.

멧돼지도 재미있다. 덩치가 크고 고기도 많지만, 멧돼지는 집돼지와 달리 갇히고 길들여지기를 거부한다. 수틀리면 멧돼지에 받혀 죽을 수도 있다. 멧돼지는 번식이 왕성하면서 몸에 어울리지 않게 이동도 빠르다. 청소년들의 본능적인 측면, 길들여지지 않은 품성과 매우 유사하다고 할 수 있다. 마지막으로 밤손이가 구한 것은 소년이다. 아버지는 소년이 밤손이를 결국 배신할 것이라 경고한다. 현실에서도 경험 많고 통찰력 있는 아버지들이 자신의 경험을 근거로 자녀들에게 조언을 하지만, 보통은 이를 받아들이지 않고 제멋대로 하다가 결국 낭패를 보는 경우가 많다. 지혜란 오로지 직접 경험을 해 보아야 우리에게 주어진다.

마른땅이 나타나서 마침내 대궐 같은 집에 밤손이와 소년이 몸을 의탁하게 되면서 또 다른 인생의 과제가 등장한다. 칭찬만 받는 밤손이가 샘이 난 소년은 주인이 밤손이가 수행할 수 없는 명령을 내리도록 꼬드긴다. 밭에 조를 한 섬 다 뿌리란 말에 그저 훌쩍훌쩍 울던 밤손이를 도운 것은 멧돼지이다. 은혜를 잊지 않은 멧돼지가 밭을 갈아 준 것이다. 그러나 이번에도 밤손이를 견제하는 소년은 주인에게 심은 조를 다시 거두어 오라 말하라고 조종한다. 이를 도와주는 것 역시 작은 개미들이다. 떼로 몰려 무언가를 옮기는 데는 선수들이니까. 마지막으로 예쁜 딸에게 장가가기 위해 하인과 딸을 구별해 내야 하는 과제가 밤손이와 소년에게 주어진다. 성가시기만 한 모기들이 딸의 얼굴을 보고 와선 밤손이의 귀에 정답을 속삭여 결국 소년을 제친 밤손이는 부잣집의 사위가 된다.

    밤손이가 구해 준 소년은, 살면서 우리를 언제나 따라다니는 그림자와 같은 존재다. 밤손이가 진정한 자기 삶을 살아 내기 위해서는 밤손이를 끊임없이 견제하는 소년과 같은 존재가 필요하다. 인생의 라이벌이라 해도 좋고, 까닭 없이 같이 있으면 불편해지는 존재라 해도 좋다. 제대로 몫을 해내는 성인으로 성장하기 위해서는 나를 행복하게 해주는 조력자도 필요하지만, 소년처럼 계속 훼방을 놓는 그림자들이 어쩜 더 긴요한 존재인 경우도 많다.

견우와 직녀

— 우주의 질서와 체계를 위한 자기희생

견우와 직녀는 하늘에 사는 처녀 총각으로 견우는 논밭을 갈아서 농사를 짓는 직분을 갖고 있었고 직녀는 옷감을 짜는 일을 하고 있었습니다. 그러던 어느 봄날 견우와 직녀가 꽃구경을 하다 사랑에 빠지게 되고, 옥황상제는 이들을 혼인시켜 줍니다. 신랑 각시가 된 견우와 직녀는 손을 꼭 잡고 들로 산으로 놀러만 다니고, 농사일과 베 짜는 일을 소홀히 하게 돼 하늘나라 백성들이 입지도 먹지도 못하는 지경이 됩니다.

이에 화가 난 옥황상제가 꾸중을 하고 다시 옷감을 짜고 농사를 지으라고 명했지만, 이미 옷 만들고 농사짓는 법을 잊어버린 견우와 직녀는 쩔쩔매기만 할 뿐입니다. 옥황상제는 견우와 직녀에게 벌을 내려 견우는 동쪽 끝으로 가고 직녀는 서쪽 끝으로 가서 살되 일 년에 한 번 칠월 칠석(일곱 번째 달 일곱째 날)에 은하수 강가에서 만나라 합니다. 마침내 긴 시간을 견뎌 일을 하고 나서 서로를 만나는 날이 되었지만 은하수에는 배 한 척이 없어 견우와 직녀는 서로를 그리워하며 펑펑 울고 땅에는 홍수가 지고 맙니다. 이에 지상에 있던 짐승들 중에 까마귀와 까치가 하늘로 올라가 다리를 만들어 주어 견우와 직녀는 그 머리를 밟고 서로를 만나게 됩니다. 그러나 하루가 지나고 나면 다시 헤어지게 되어 견우와 직녀는 서로를 부여잡고 펑펑 웁니다. 그래서 이때부터 칠월 칠석이면 항상 비가 오고 이는 견우와 직녀의 눈물이라고 전해집니다.

소를 모는 목동 견우와 베를 짜는 직녀가 결혼한 후, 각자의 일을 너무 소홀히 하는 바람에 헤어지게 되었다가 칠월 칠석에 겨우 하루 동안 다시 만나 이별할 때 슬픈 눈물을 흘린다는 「견우와 직녀」 이야기는 중국, 일본, 한국 등 극동 지방에 널리 퍼져 있는 민담이다. 일본에서는 이를 타나바타 축제라 하여 몸을 깨끗이 씻고 소원을 비는 시를 써서 대나무에 걸어 놓으며 악령을 쫓는 풍습이 있다. 은하수를 사이에 두고 헤어져 있던 견우성Altair과 직녀성Vega이 만난다는 내용, 옥황상제가 독수리 별Aquila과 하프의 별Lyra의 게으름을 벌하기 위해 서로 헤어지게 만들었다는 전설 역시 중국 전역에 널리 퍼져 있다. 그래서 어떤 중국 민족주의자들은 이 민담이 원래 자신들의 것인데 다른 국가에서 베낀 것이라고 주장하기도 하는데 이는 민담의 속성을 이해하지 못하는 무지함에서 비롯된 것이라 본다.

대부분의 민담이나 전설은 인접한 나라에서 거의 비슷한 모티프와 설정을 가진 형태로 전해지는 경우가 허다하다. 사람의 입에서 입으로 전승되는 것이기 때문에 자의적으로 그어 놓은 국가나 민족이라는 경계 자체가 무의미하다. 먼 옛날, 그야말로 민담이 처음으로 만들어지는 시점쯤 국가와 민족 간의 경계선을 철책으로 만들어 놓았겠는가, 아니면 여권을 갖고 다리마다 경비병들이 지키며 이 땅은 우리 땅, 저 땅은 너희 땅 하고 구분을 지으며 민담의 저작권을 주장했겠는가. 물론 만리장성 같은 국가와 민족 간의 경계들이 역사가 발전하면서 서서히 생기기 시작했지만, 민담은 역사 시대 이전에서 기원하는 장르이다. 즉 인간에게 공통적으로 존재하는 원형적 심성에서 나온 이야기들이기 때문에 인위적으로 지역이나 인종, 종교의 담을 만들어 놓고 이게 원래 어느 나라 민담이냐를 따지는 것 자체가 무의미하다는 뜻이다.

「견우와 직녀」 이야기는 사실 동아시아 쪽에만 존재하는 민담이 아니라, 그 상징적인 모티프를 보면 유럽의 신석기 시대부터 크레타나 그리스 또는 이집트 문명까지 거슬러 올라갈 수 있다. 신석기 시대 유물 중에는 여신이 초승달 모습의 황소 뿔을 달고 있거나 그물이나 물레를 잣는 자궁 the spinning net으로 묘사된 것들이 많다. 그리스 신화에도 그물 혹은 망net의 여신 딕티나 Dictynna가 미노스 왕에게 아홉 달 동안 쫓겨 다니다가 바다에 빠져 어부에게 구출되는 내용이 나온다. 재미있는 것은 여신 딕티나가 이야기(dict 혹은 edit)의 여신이기도 하다는 점이다. 남자들보다 여자들이 주로 말하기를 좋아하지 않는가?

미노스 왕의 딸 아리아드네^{Ariadne}는 어머니 파시파에^{Pasiphae}가 황소와 몰래 교접해서 낳은 아들 미노타우로스^{Minotauros}를 영웅 테세우스^{Theseus}가 죽이고 미로에서 나올 수 있게 도와주기 위해 실을 던져 준다. 이집트의 누트^{Nut} 여신은 만인에게 젖을 물리는 암소의 이미지로 그려지고, 창조의 신 오시리스는 황소의 신으로 형상화된다. 힌두 문명에서도 암소는 번영과 부유함의 상징으로 특히 암소인 신 카마데누^{Kamadhenu}는 비옥한 땅을 상징하기도 한다. 브라만들은 암소가 자신들을 보호해 주는 신적인 존재라고 믿기도 한다. 라오스의 창조 설화에는 황소의 콧구멍에서 조롱박 속에 숨어 있던 인간을 창조신 쿤^{Khun}이 끌어내는 장면이 나온다. 무가(巫歌)의 형태로 구전되는 창조 설화 중 하나인 세경 본풀이의 주인공 '정이으신 정수남'도 소와 말을 돌보는 종으로 나온다. 옷을 만드는 문명이 시작되면서 물레를 짜서 옷을 짓거나 그물과 망을 만드는 일을 여성이 담당하고, 황소를 길들여 농사를 짓는 일은 남성이 담당했다는 것을 말해 주는 각종 신화와 민담을 모아 놓으면 아마 한이 없을 것이다.

이와 같은 맥락으로 소를 모는 견우는 황소라는 구체화된 이미지로 형상화한 남성성과 농경의 측면으로, 베를 짜는 직녀는 여성성과 직조 등이 대표적인 장인 정신^{craftsmanship}으로 이해할 수 있을 것이다. 즉 원시 인간이 문명화되는 과정을 압축적으로 표현하였다는 면에서 일종의 창조 설화의 흔적일 가능성이 있다.

"태초에 야훼의 말씀으로 논리적이고 체계적으로 세상이 창조되었다."는 유대 설화나, 이와 유사한 유일신인 아후라 마즈다^{Ahura Mazda}가 혼돈^{druj}과 대비되는 질서^{asha}를 만들기 시작했다고 믿었던 흑백 논리의 조로아스터교나, 창조신 제우스의 존재를 인정하는 창조 설화들이 확실한 가부장제적 절대 신^{Absolute God}을 전면에 내세웠던 것에 반해, 동아시아나 시베리아 쪽의 창조 설화는 처음부터 모든 것들이 다 존재하는 상황에서 남성과 여성이 등장하는 설정이 많다. 즉, 견우와 직녀 역시 각각 소를 몰고 베를 짜는 최초의 문명적 인간으로 이해할 수도 있다.

> 융은 성혼이란 단어를 그의 저작에서 많이 사용했다. 특히 전이 상황^{transfernece}에서 환자의 무의식과 의식, 그리고 분석가의 무의식과 의식이라는 네 개의 개별적 세계가 서로 상호 작용하면서 서로에게 영향을 주고 변화하는 과정에 주목하기도 했다. 즉, 환자가 치료자에게 무언가를 투사하면서 애증을 느끼기도 하지만, 치료자 역시 환자에게 의식적, 무의식적으로 반응할 수 있는데 치료가 잘 되면 이와 같이 분열된 네 개의 개체가 자리를 잡아 보다 성숙한 단계로 진화한다. 이 과정을 융은 성스러운 혼인이란 비유로 묘사하기도 했다.
> 성경에서 하필이면 예수의 첫 공현이 가나의 혼인 잔치였고 그가 물을 포도주로 바꾸었던 것도 융 심리학자의 눈으로 보면 의미심장하다. 물을 포도주로 바꾸는 과정처럼 돌이나 납과 같은 평범한 금속을 금으로 바꾸는 것은 그노시즘이나 연금술에서 매우 중요한 과제였고, 이런 과제를 이루기 위해서는 영혼과 육체의 성혼이 이루어져야 한다고 생각했다.

최초의 여성과 남성이 신성한 성혼 hierosgamos으로 맺어진 후, 너무 사랑에 빠져서 놀기만 하는 바람에 옥황상제에게 노여움을 사서 헤어지는 상황은 그렇다면 또 심리학적으로 어떻게 이해할 수 있을까. 이는 아담과 이브가 지혜의 나무에 달린 사과를 먹고 부끄러움을 알게 된 탓에 에덴동산에서 쫓겨나는 장면과 얼핏 유사해 보인다. 견우와 직녀가 사랑에 빠져 신의 명령을 어긴 점, 또 아담과 이브가 따먹지 말라고 한 사과를 따먹음으로써 하느님을 배반한 설정에는 얼핏 성적인 함의를 엿볼 수 있다. 히브리어의 '안다knowing'라는 단어의 어원이 성적인 측면과 닿아 있다는 점을 굳이 들추지 않아도 한국어나 영어 모두 '남녀가 서로를 안다.'라고 말할 때는 '몸을 섞었다.'란 뜻이 숨어 있는 경우가 많다. 아담과 이브가 자신들이 벗었다는 것을 의식한 시점은, 인간이 성에 눈 뜨기 시작할 때 겪는 당혹감과 매우 유사하다.

견우와 직녀가 사랑에 빠져 서로의 몸을 탐하고 즐거움에 빠져 있는 동안, 주어진 의무인 베 짜기와 농사일을 소홀히 하여 벌을 받아 천상의 이쪽 끝과 저쪽 끝으로 각각 쫓겨난 사건이나, 아담과 이브가 사과를 먹고 부끄러움을 알게 되어 에덴동산에서 쫓겨난 상황은 매우 비슷하다. 심지어는 신라 시대 박제상이 썼다고 전해지는 『부도지』에도 인류 최초의 인간인 지소가 먹지 말아야 할 포도를 먹고 술에 취해 널브러져 있다 마고 성에서 쫓겨나는 설정이 등장한다.

옥황상제가 은하수를 사이에 두고 견우와 직녀를 떼어 놓는 장면은 인간 세상에서의 구체적인 사건들과 연결시켜 보아도 재미있다. 마치 아들 며느리의 합방마저도 맘대로 휘두르고 싶은 시어머니의 심술처럼 사랑하는 젊은 남녀를 게으름, 의무 소홀이란 죄목을 붙여 생이별을 하게 만드는 기성세대가 얼마나 많은가. 따지고 보면 '남녀 칠 세 부동석'을 외쳤다는 공자 시대의 관습이나, 남학교 여학교를 구별하거나, 남녀 공학이라도 엄격하게 기숙사 관리를 해서 어린 남녀 학생들이 일찌감치 욕망에 눈뜨지 못하게 하는 것도 이런 기성세대 훈육의 한 방법일 수도 있다. 옥황상제의 이와 같은 엄격한 금지 명령은 또한

어린이들이나 청소년들에게 유해하다 해서 영상물이나 서적 등에 등급을 매기는 관습이나 부모들이 너무 일찍 연애에 빠지지 않게 하기 위해 자녀들에게 이런저런 규칙을 만드는 등, 성에 너무 일찍 눈을 뜨면 자기 계발에 해롭다는 전제하에 만드는 성적 규제와도 닮았다.

실제로 성생활에 자신의 에너지를 일찍부터 너무 많이 쏟는 청소년들이 미래를 위해 열심히 일하고 공부하는 경우는 매우 드물다. 성이 주는 즐거움과 유혹이 너무 강렬하기 때문에 성적 쾌락에서 벗어나 재미없는 일과 공부에 매진하기 힘들기 때문이다. 프로이트의 리비도 이론을 빌리자면, 창조적 에너지의 근원은 성욕에서 나오는 것이기 때문에 지나친 성적 탐닉도 인간 심성의 균형 잡힌 성장 발달에는 해로울 수도 있다. 따라서 이 민담을 일종의 도덕적 규범으로 해석하려 한다면 "혹 사랑에 빠지더라도 열심히 자기의 의무를 다하지 않으면 벌을 받게 된다."라는 식의 재미없는 결론을 내릴 수도 있다. 프랑스의 정신 분석학자 라캉 식으로 말하자면, 적당한 억압과 금지가 오히려 욕망을 더 불붙게 하므로 서로를 멀리 떨어트려 놓아야 사랑이 더 오래 지속된다는 그럴듯한 전제를 붙여 가며 말이다.

그러나 이 민담을 그런 윤리적 교훈으로만 해석한다면 민담 자체의 재미는 참으로 많이 훼손되고 만다. 오히려 견우와 직녀가 헤어지는 상황을 단순한 성적 규제와 금기로만 보기보다는 한 걸음 더 나아가 세상의 질서와 체계를 위한 자기희생, 특히 본능의 승화 과정에 대한 은유라고 생각해 보면 어떨까. 어떤 사회건 그 구조를 유지하기 위해서는 질서가 필요하고, 질서는 자신의 욕망을 절제하고 다른 사람들을 배려하는 데서 구축된다. 배려는 문명사회의 기본적인 윤리 도덕의 관점뿐 아니라 힌두교를 비롯해 거의 모든 종교가 강조하는 바이기도 하다. 만약 모두가 자기 하고 싶은 대로 다 해 버린다면 세상은 엄청난 무질서와 혼돈에 빠질 것이다. 교통 신호나 줄서기는 당연히 없을 것이고, 강간, 강도, 살인, 사기 등을 일삼는 끔찍한 범죄자로 가득 찬 지옥이 될 것이다.

견우와 직녀는 그저 사랑에 빠져 자기 일을 소홀히 한 것뿐인데, 지옥 운운은 너무 큰 논리의 비약이라고 생각할 수도 있겠다. 하지만 현실에서 해야 할 의무는 하지 않고 쾌락에만 집착하게 되면 자연스럽게 범죄의 유혹에 빠져서 결국 마음의 지옥에 갇히게 되는 경우를 종종 본다. 예컨대 일은 하기 싫은데 명품은 꼭 사야 되고 또 반드시 놀러는 가고 싶다면, 절도나 강도짓을 하거나 몸 파는 일을 할 수밖에 없다. 젊은 범죄자들에게 그 동기를 물으며 돈을 어떻게 썼냐고 하면 '유흥비'라고 대답하는 경우가 생각보다 많다. 일하지 않으면서 누릴 것은 다 누리고 싶다면, 결국 누군가 나의 생존을 위해 대신 고통을 안고 살아야 하는 것이며, 그런 삶이야말로 기생적이고 비도덕적인 지옥과 같은 삶이 아니겠는가.

그러나 여전히 사랑하는 두 젊은이를 떼어 놓고 겨우 일 년에 단 하루를 만나게 하는 것은 너무나 가혹한 일이라서 까마귀와 까치는 둘을 위해 다리를 만들어 준다. 이른바 오작교 혹은 까막까치 다리이다. 까마귀는 북유럽 신화에서는 최고의 신 오딘Odin의 두 어깨에 앉아 지혜와 기억을 관장한다. 북아메리카 인디언들이나 시베리아와 북태평양 지역에서도 까마귀는 역시 세상의 창조자로 상징된다. 반대로 노아의 방주 전설에는 표류하는 시체들을 파먹는 까마귀들이 등장하고 그리스 로마 시대에는 사악한 재앙을 가져오는 불길한 새로 보았기 때문에 서양에서는 까마귀를 흉조로 간주해 왔다. 우리나라에서는 고구려 고분 벽화에 등장하는 삼족오(三足烏)도 얼핏 까마귀처럼 보이기도 한다. 또 『삼국유사』에는 신령한 새로 묘사되며 부처의 사자 역할을 하는 것으로 묘사되었다. (문무왕 시대에 지통 스님에게 까마귀가 날아와 영취산에 가라해서 그대로 따르니 보현보살이 나타나 계품을 주었다는 일화도 있다.) 조선 시대에는 특히 까마귀가 늙은 부모에게 먹이를 갖다 주는 효성 지극한 반포(反哺)의 새로도 알려져 있었다.

한편 『삼국유사』에는 신라의 탄생 설화에서 궤 속에 있는 석탈해의 존재를 까치가 알려 주었다는 일화가 기록될 정도로 까치는 우리나라에서 전통적인 길조로 알려져 있다. 원주 등 전국에 퍼져 있는 민담에는 구렁이에게서 구해 준 은혜에 보답하고자 종에 머리를 부딪쳐 죽은 까치가 등장하는 등, 자신을 던져 은혜를 보답하는 영물로 묘사된다. 또한, 까치와 호랑이가 같이 등장하는「작호도」나 고려의 청자나 조선의 백자에 까치 그림을 많이 그려 왔는데, 까치가 기쁨을 알려 주는 길상조라 믿었기 때문이다.

엄청난 수의 까마귀와 까치의 머리를 딛고 견우와 직녀가 만나는 것은 사랑이란 모든 행운과 불운을 넘어 아주 오랫동안 기다리고 참 많이 인내해야만 성취할 수 있다는 메시지처럼 들린다. 견우와 직녀는 대지를 적실 만큼 엄청난 눈물을 흘리며 이별을 슬퍼했지만, 바로 그 눈물이 충만한 수확을 보장해 주는 상서로운 비로 변한 것이다. 헤어짐과 슬픔을 견디지 못하는 사랑은, 사랑이 아닐 수도 있다. 인내와 땀이 이루지 않은 행운이 사상누각처럼 결국 와해되어 가는 것과 비슷하게 말이다. 서로를 용서하고 상대방과 자신의 결점을 보듬지 않는 연인의 불꽃 튀는 사랑이 과연 얼마나 가겠는가. 진짜 사랑은 스파크가 이는 화려한 폭죽이 아니라, 은근히 오랫동안 따뜻한 온기를 나누어 주는 화로 속의 숯과 같은 것이 아닐까도 싶다. 또한 그 사랑은 두 개인만으로 국한되는 것이 아니라 이웃과 세계, 더 나아가 우리가 속한 이 우주에 대한 애정과 경의로 확산되어야 한다. 견우와 직녀가 단순한 연인만의 신이 아니라 세상을 풍요롭게 하는 목동과 베 짜는 아낙의 역할을 하는 것, 그 둘의 눈물이 풍요로운 가을 수확을 약속하는 비로 변하는 것이 그 비유가 아니겠는가. 공교롭게도 칠월 칠석 이후 8일이 지나면 칠월 백중이다. 얻어먹지 못하고 구천을 떠도는 모든 귀신들을 위로하는 날이기도 하다.

    죽은 거지 귀신까지 아낄 줄 알았던 우리 조상들의 우주에 대한 겸손한 태도와 오로지 '나'와 '내 가족'만을 우상화하는 21세기 우리의 태도를 한번쯤 비교해 보면 어떠할까.

| 더 읽기 |

7장
민담 분석의 이론들

분석 심리학이 왜 옛날이야기에 관심을 갖는가?

심리학, 혹은 정신의학은 마음에 대해 연구하는 학문이다. 하지만 그 마음을 탐구하는 방법론은 무척이나 다양하다. 약물과 신경 세포, 호르몬 등을 연구하는 의사들은 전자 현미경, 혈중 농도 분석, 컴퓨터 단층 촬영CT이나 자기 공명 영상MRI 같은 도구로 간접적이지만 과학적으로 인간의 마음을 이해하려 한다. 사랑에 빠졌을 때, 슬픔에 잠겼을 때, 기쁠 때, 무서울 때, 불안할 때의 호르몬과 신경 물질의 변화, 뇌세포의 변화들을 실제로 관찰하고 검증해 내는 새롭고도 훌륭한 방법론들이 속속 개발되고 있다. 다른 한편으로는 통계학적 방법론을 써서 한 사회의 병리를 거시적으로 보는 사회 심리학자들이 있고, 눈으로 보고 측정할 수 있는 인지 기능과 행동에 주목하는 행동주의자들이 있다. 모두 방법은 다르지만 목표하는 것은 깊고 넓은 우리의 심리를 이해하는 데 둔다.

19세기 스위스에서 태어나 20세기 후반까지 심리학계를 주도한 거목 중 하나인 분석 심리학자 칼 융의 분석 심리학은 첨단 과학 기술의 시대인 21세기의 시각으로 보면 이미 흘러가서 역사가 되어 버린 고전 학문이라고 생각하는 사람도 있다. 융이 살았을 때는 정신 분열증과 관련된 도파민 이론이나 우울증과 관련된 세로토닌 이론 등이 아직 확립되지 않았고, CT나 MRI도 없었으니 뇌의 조직 변화를 관찰할 방법도 없었다. 유전학 연구도 아직 초보 단계여서 유전자나 DNA란 개념조차 없을 때였다. 문헌들을 보면 융이나 프로이트가 20세기 초반, 심리 분석으로 치료하려고 무던히 애쓴 정신 분열증이나 우울증 환자들 중 지금 태어나서 적절한 약을 썼으면 훌륭하게 회복되었을 수 있는 아쉬운 경우도 적지 않다. 그렇기 때문에 어떤 초심자들은 정신 분석학, 분석 심리학을 이미 더 이상 필요하지 않은 구태의연한 죽은 학문이라고 생각하기도 한다. 의사가 상담을 하는 것은 오로지 진단과 약 처방을 위해서이지 분석 그 자체를 통해 인간의 마음이 치료되지 않는다고 믿기 때문이다. 실제로 면담을 깊이 하면 약물로는 도저히 치료되지 않는 여러 가지 문제들이 좋은 정신과 의사를 만나 해결된다는 것을 경험 못한 탓이다.

정신 분석학 중에서도 융의 분석 심리학은 집단 무의식에 주목하며, 시공간을 뛰어넘는 인간의 본태적 심성에 관심을 갖는다. 유전자의 존재에 대해 잘 몰랐던 때 '유전자에 내재되어 있는 인간의 보편적인 기억과 정보'와 거의 유사하다고 할 수 있는 '원형archetype'의 존재를 탐구한 것은 몹시 탁월한 직관력을 가진 것이라 할 수 있다. 인간은 사회와 문화에 많은 영향을 받기 때문에 개인의 생활사만 좁은 시각으로 보다 보면 놓칠 수 있는 부분들이 많다. 즉 사회와 관련된 보다 넓은 의미의 집단 무의식에 주목해야만 이해할 수 있는 부분이 존재하는 것이다. 예컨대 전쟁이나 자연재해가 사회를 뒤흔들 때는 아무리 개인의 마음이 건강해도 행복할 수가 없다. 개인은 집단과 문화의 영향에서 절대로 자유로울 수가 없는 것이다. 또 한국인은 세상 어디에 있어도 한국인의 문화로부터 완전히 자유로울 수가 없어서, 심지어는 영유아 때 입양된 아이들이 어른이 되어 다시 한국으로 돌아와 자신의 뿌리를 찾으려 하는 모습들을 만난다. 만약 자신의 뿌리를 완전히 무시하고 온전히 개인적인 삶만 살 수 있다면, 어쩌면 그의 사회적 자아에는 심각한 구멍이 나 있는 셈이라고도 할 수 있다. 다른 사람의 아픔에는 무관한 철나지 않은 어린아이 같은 사람만 모여 사는 사회는 끔찍하다.

이렇게 한 사람의 심리를 분석할 때 그가 속한 사회의 과거와 현재, 또 그 사회와 그 사람과의 상호 작용을 고려하지 않을 수가 없다. 사회 전체를 심리학의 관점으로 들여다보는 작업이 개인을 치료하는 정신과 의사들에게 꼭 필요한 작업인 까닭이기도 하다.

그렇다면 사회 전체는 어떻게 이해할 수 있을까. 개인 정신의 이해는 직접 만나지 않고도 그 사람이 남긴 글, 그림, 음악 등 여러 가지

족적을 가지고 간접적으로나마 의식과 무의식 세계를 분석할 수 있다. 하지만 거대한 하나의 사회를 이해하기 위해서 사회의 모든 구성원들을 최대한 많이 만나서 생생한 육성을 듣는다는 방법은 현실적 한계가 있다. 물론 적지 않은 인류학자들이 사회의 구성원들과 개별 면담을 하는 방법을 쓰기도 하지만, 분석 심리학자나 정신과 의사들이 의업을 그만두고 밖으로 나갈 수 없는 노릇이기 때문에 간접적인 방법으로 사회를 이해하게 된다. 즉 소설, 영화, 미술 작품, 음악 등의 제재로 사회를 들여다보는데, 이런 예술적 성취들은 개인의 의식적 윤색이 들어가 있어서 사회 전체와 등식화시키기가 힘든 부분이 있다.

그러나 옛날이야기는 한 개인의 작품이 아니라 구전으로 전해지는 와중에 수많은 사람들의 입과 귀가 이야기를 통해 개인적인 취향과 군더더기를 걸러 낸다. 즉 다른 사람들에게는 별다른 감흥이나 공감을 주지 못하는 개인의 특별한 기호나 기억이 도드라질 경우에는 입에서 입으로 전해지는 과정 중에 삭제되고 망각된다는 것이다. 일반인 모두에게 어떤 의미심장한 울림을 주는 내용만 끝까지 살아남게 되는 것이 옛날이야기다.

또한 구전이기 때문에 활자로 기록하는 저자들의 지적인 작업에서 자유롭다는 점도 장점이 된다. 책을 쓰는 이들은 그 사회에서 주로 지식인 계층에 속하기 때문에 옛날이야기에 대해 기록할 때도 의식적이고 논리적인 가감을 하게 된다. 지식인들은 책을 읽지 않는 이들보다는 지적인 기능이 발달되어 사회를 전체적으로 조망하고 분석하는 힘도 있을 수 있고, 인간 심리에 대해 분석하고 통찰하는 능력도 있을 수 있지만, 반대로 의식의 기능이 너무 강해서 무의식을 억압하고 자연스런 본능의 측면을 왜곡하는 경향도 보일 때가 있다.

예를 들어 역사서, 소설, 희곡 등의 작품을 보자. 저자가 설령 철저히 가치 중립적 태도와 순수예술주의를 표방한다 하더라도 자세히 들여다보면 그 시대의 이데올로기와 윤리관뿐 아니라 본인의 세계관에 의해 영향을 받는다. (순수한 예술지상주의자들이 그 시대의 잔인하고 부패한 위정자들에게 얼마나 많이 이용당했는지 돌이켜보라.) 옛날이야기들은 주로 평범한 민중들의 입에서 입으로 전해지는 장르이기 때문에 상대적으로 지식인들이나 지배층들의 의식적이고 지적인 작업에서 자유로울 수 있다는 장점이 있다. 물론 책으로 기록된 민담집에서 그 시대를 지배한 이데올로기들을 읽어 낼 수는 있다. 조선 시대 민담이 효와 충을 강조한다든가 북한의 민담이 악한 부자들이나 물질에 대한 개인의 욕심을 비난하는 권선징악의 목소리가 섞여 있는 것이 그 예가 될 것이다. 그러나 그런 민담들은 어느 시기가 지나면 또 서서히 사라져 가고, 결국 인간 원형의 핵심을 울리는 이야기만이 남게 된다.

그래서 이 책에서는 가능한 시대정신에 지배될 수 있는 의식적, 사회적 가치 기준과는 비교적 거리를 두고 심리학의 순수한 이슈와 닿아 있는 옛날이야기에 대해서만 주로 탐구를 하려고 애써 보았다. 물론 사회와 완전히 담을 쌓고 사는 인간은 있을 수 없기 때문에, 사회와 관련된 문제들을 철저하게 언급하지 않을 수는 없다. 집단의식이나 집단 무의식 모두 사회에서 현재 일어나는 일들과 복잡하게 관련이 될 수밖에 없기 때문이다. 그러나 어디까지나 이 책의 목적은 옛날이야기를 통한 인간 무의식의 탐구이므로, 설령 이 사회에 대해 슬쩍슬쩍 비판의 날을 보이더라도 그것은 필자의 모자란 집중력 때문이지 이 책의 주된 목적은 아니라는 점을 밝히고 싶다.

민담과 동화, 전설, 신화, 그리고 옛날이야기는 어떻게 다른가?

두산 백과사전에서는 '민담'이란 말이 독일어의 메르헨^{märchen}, 혹은 영어의 페어리 테일^{fairy tale}을 번역한 것이라고 적고 있다. 일본에서는 민담 대신 민화(民話), 석화(昔話)라는 단어들도 사용하고 있다. 중국에서는 위진 시대, 천보(千寶)가 썼다고 하는 『수신기(搜神記)』 등의 유명한 지괴(志怪)소설이란 장르 중 전기물(傳奇物) 속에 여러 이야기들이 다양하게 섞여 기록되고 있다. 쓰는 단어들은 나라마다 조금씩 다르지만 공통적으로 사람의 입에서 입으로 전해진, 의식으로는 모두 이해될 수 없는 이야기들이라고 생각해도 무방하다.

그림 형제나 안데르센 동화, 이솝 우화 등이 워낙 유명해서 흔히 동화와 민담을 혼동하기도 하는데, 그림 형제의 동화는 작가가 어린아이들을 위해 쓴 자신들의 창작집이 아니라 각지에 흩어진 구전 민담을 모아 자기들의 필체로 조금씩 윤색한 것들이다. 또 안데르센 동화는 모티프와 설정을 일부 지방의 민담에서 따오긴 했지만 거의 작가의 창작집에 가깝다. 이솝 우화 역시 전해지는 이야기와 작가의 의도가 혼합되어 있는 이야기들이다.

우리나라에서는 1947년 손진태의 『한국 민족 설화의 연구』(을유문화사), 1980년에서 1988년까지 한국 정신 문화 연구원이 집대성해 출판한 『구비문학대계』(전 82권)라는 자랑스러운 업적이 있다. 임석재의 『임석재 전집: 한국구전설화』(전 12권, 평민사, 1987~1992), 최운식의 『한국의 민담 1, 2』(시인사, 1987~1999) 등도 출간되어 있다. 또한 이런 책들을 토대로 대중들에게 쉽게 읽힐 수 있도록 많은 민담 책들이 출판되고 있다.

이 책은 신동흔이 엮은 『세계 민담 전집 한국편』(2003)을 비롯한 많은 책들을 참고로 했다. 또 어린아이들을 위한 다양한 그림책들도 많이 보았다. 민담, 동화, 우화들이 대부분 아이들을 위해 쓰이고 읽히기 때문에 얼핏 민담 역시 아이들을 위한 이야기라고 생각할 수도 있다. 하지만 사실은 반드시 어린아이만을 위한다기보다는 사람의 무의식을 건드릴 수 있는 비현실적이고 비의식적인 이야기라고 정의를 내리는 것이 오히려 옳다고 본다.

필자는 민담과 옛날이야기를 같이 병용해서 쓰려 하는데 민담이 한문식 표현이고 옛날이야기가 순수한 한글 표현이란 점 말고도, 민담은 일반 민중, 혹은 '민속적인 이야기'란 의미가 있고, 옛날이야기는 문자 그대로 과거의 구전되는 이야기라는 어의가 읽혀지기 때문에 조금 그 느낌이 다를 수는 있을 것 같다. 지식인들이 주로 읽는 활자화된 역사서들과는 달리 유식하지 않은 일반인 누구나 즐길 수 있는 이야기란 뜻의 민담도 맞는 말이고, 현재 새롭게 만들어진 것이 아니라 아주 오랜 세월 동안 입에서 입으로 전해졌다는 의미의 옛날이야기 역시 틀린 표현은 아니다.

그렇다면 '전설'과 '민담'의 차이는 무엇일까. 일반적으로 전설이란 특정한 지방, 혹은 가문, 사람들과 관련되어 내려오는 이야기라 할 수 있다. 예컨대 거북이가 금강산에 놀러와 실컷 먹고 살이 찌는 바람에 돌아가는 길에 있는 구멍에 걸려 죽어 바위가 되었다는 금강산 거북이 바위 전설이나, 임진왜란 때 마을 사람들이 장을 뜨러 내려왔다가 일본인들에게 들켜 몽땅 죽었다는 전설이 전해지는 평창군의 장바우굴 같은 경우는 그 지방의 지형과 정확하게 연관된 전설이라고 할 수가 있다. 그리고 민담 중에는 똑같지만 조금씩 이야기를 변형시켜 특정 지방이나 인물과 연관시키는 이야기들(전국에서 발견되는 삼신할망 바위, 마고할미 바위 같은 것들, 혹은 은혜를 갚은 까치가 죽었다는 고개 등)이 있어서 때론 민담과 전설이 서로 겹쳐지기도 한다.

반대로 신화는 민담과 전설과는 달리 한 나라나 민족, 혹은 우주의 시작과 끝과 관련되어 종교적인 색채를 강하게 지니게 된다. 즉 원시 인류가 때론 자연과 맞서고 때론 조화를 이루면서 어떻게 문명을 일구기 시작했는지에 대한 설명이 신화의 핵심이라고 해도 틀린 말은 아닐 것이다. 예컨대 그리스 신화, 유대 신화, 단군 신화 등은 우주가 어떻게 시작되었고, 한 민족의 기원이 어떻게 이루어졌는지에 대한 기록이기 때문에 결국 역사와 연결될 수밖에 없다. 예수가 다윗의 자손이며, 또한 다윗은 더 거슬러가 아브라함의 자손이라는 성경의 기록이나 중국에서는 최고의 군주로 신화시대의 요임금과 순임금을 꼽는 사실, 우리나라 역시 조선이 고대의 단군 조선과 연결되었다는 주장 등, 신화시대와 역사 시대를 이어 보려는 노력은 세계 어느 나라에서나 관찰된다. 따라서 신화는 역사와 시대라는 덤이 얹혀 있기 때문에 과거와 현재의 여러 가지 이데올로기에서 자유로울 수가 없다는 뜻이다. 물론 그 모티프를 자세히 들여다보면 민담과 전설과 겹치는 부분 역시 많다. 「창세기」에서 소돔과 고모라의 멸망 부분에 나오는 롯의 아내가 뒤를 돌아다 본 후 소금 기둥이 되었다는 대목은 우리나라 「장자못 설화」 등과 매우 유사하다. (성경 학자들도 「창세기」의 대부분은 역사서가 아닌 신화서라고 말하고 있다.) 단군 신화의 곰과 호랑이가 인간으로 변모하고자 하는 대목 역시 「해와 달이 된 오누이」에서 어머니로 변장하는 호랑이의 모티프와 다르면서도 같은 부분이 있다.

전설과 민담, 신화를 통틀어 설화라고 칭하고, 우리나라의 여러 문집에서는 '설(說)' 또는 '화(話)'라는 총칭으로 신화, 전설, 민담, 또 실제로 일어난 일들을 각기 다른 저자들이 기록한 바도 있다.

분석 심리학에서는 민담의 연구를 국문학이나 역사학자들이 각자의 학문의 틀에서 연구하는 것과는 조금 달리, 인간 무의식을 더 깊이 이해하려는 하나의 방편으로 이해한다. 즉 민담에 들어 있는 여러 가지 상징, 모티프, 설정들을 분석함으로 인간의 원형적 이미지와 패턴을 이해하여 궁극적으로는 임상에서 내담자들과의 면담을 할 때 보다 심층적인 대화를 하려고 노력한다. 혹은 사회 병리 현상을 보다 깊이 연구해서 분석과 처방을 내리기도 한다. 그래서 전 세계에 흩어져 있는 융 분석 심리 연구소들은 분석가를 양성하는 커리큘럼으로 민담 연구를 적어도 한 학기 이상 할애한다.

옛날이야기 이해에 필요한 분석심리학적 기초 지식

분석 심리학자들은 민담은 집단 무의식 속에 있는 원형을 들여다볼 수 있는 좋은 도구란 말을 많이 한다. 그러나 원형 개념을 제대로 이해한다는 것은 분석 심리학을 공부한다고 쉽게 얻어지는 것은 아니다. 심리학의 대중화로 이미 일반인들도 의식, 무의식, 집단 무의식, 개인적 무의식, 콤플렉스 등의 단어를 별 생각 없이 쓴다. 물론 집단 무의식이 무엇이냐 라고 묻는다면 많은 사람들이 제대로 설명을 할 수는 없지만, 막연하게 한 집단의 심성 깊이 숨어 있는 여러 가지 심리적 상황이란 정도로 이해하고 있는 것 같다. 이부영 박사는 "집단 무의식이란 태어날 때부터 갖추어져 있는 인류 공통의 잠재력이고…… 이런 집단적 무의식을 구성하는 선험적 조건들을 원형이라 불렀다."고 요약한다(『분석 심리학과 민담 해석』 중에서). 그런데 이때 말하는 원형적 심성은 단순히 인간의 기본적인 사고elementary thought에서 나오는 지적인 개념과는 다르다는 것을 염두에 두어야 한다. 원형적 이미지들은 추상적이고 학술적인 의미가 아니라, 인간의 본연적인 정서 반응을 동반한다. 예컨대 '어머니'나 '아버지'란 단어는 그 색깔은 물론 다르겠지만, 많은 이들에게 또렷한 정서적 울림을 준다. 같은 맥락으로 '사랑', '죽음', '이별' 등과 같은 단어 역시 복잡한 감정 반응을 불러일으킨다. 융 심리학에서 말하는 콤플렉스는 이와 같은 다양한 감정 반응을 수반하는 개념이다.

융 학파들이 말하는 원형이란 인간의 정신과 행동의 핵을 이루고 있는 공통적이며 근원적인 구조물이라고 생각할 수 있다. 예를 들면 모든 어린아이는 태어나자마자 자기를 돌보는 일차적 양육자를 보면서 웃고 반응한다. 옹알이를 하다 처음으로 입 밖에 내는 단어는 민족이나 국가와 상관없이 엄마, 맘마, 마, 마미 등과 같은 단어다. 융 심리학에서 말하는 어머니 원형의 한 증거이다. 비슷하게, 가족을 돌보고 보호하는 아버지의 역할 역시 거의 예외 없이 모든 가족 유형에서 관찰되므로 아버지 원형이라 표현할 수가 있겠다. 나이가 들어 사춘기에 들어서면서 부끄러움, 자의식 등이 형성되면서 '나'란 개념이 확립되어 간다. 내 육체가 영원하지 않고 시작과 끝이 있음을 인식하며 부모처럼 아무리 가까운 사람이라도 자신과 동일한 생각과 느낌을 갖지 않는다는 사실을 알게 되는 과정에서 융 심리학이 말하는 자아 콤플렉스ego complex가 형성되는 것 역시 일종의 원형적 경험이다. 또 결혼 적령기가 되어 사랑에 빠지고 결혼해 아이를 갖는 것도 인간이면 거의 공통적으로 갖는 본능으로 인간 원형의 한 부분이라고 할 수가 있다.

 어머니와 어린 자녀의 관계, 부부 관계, 집단에서 생기는 우정, 질투와 분노 등이 얽힌 인간관계에서의 권력 문제; 어느 곳이든 둥지를 틀고 자신의 공간을 만들려고 하는 본능 등 유전자에 내장된 공통적인 특징이 만들어 내는 인간의 행동들은 시대와 장소를 불문하고 거의 비슷하다. 그래서 옛날이야기에는 어머니의 상실, 무력한 아버지, 계모와 그로부터 받는 구박, 홀아비나 과부의 고생, 고아가 된 어린아이의 외로운 여정 등의 상황이 자주 등장한다. 이는 특정 시대의 정치 사회적 조건들을 넘어서는 경험들이기 때문이다. 이 책에서 지적한 바와 같이 「신데렐라」와 「콩쥐팥쥐」, 미국 인디언의 공주 이야기가 비슷하고, 「견우와 직녀」 이야기가 동아시아에 골고루 퍼져 있으며, 심지어는 프랑스의 「장화 신은 고양이」가 「부모 잃은 오 형제」 이야기와 비슷한 부분이 있는 까닭이기도 하다.

 이런 원형적 이미지들이 콤플렉스의 핵을 형성하는 것이다. 그렇다면 또 콤플렉스란 다시 정확히 무엇을 의미하는가. 베르나 카스트^{Verna Kast}는 콤플렉스란 무의식이 같은 정서와 의미를 공유하는 내용이라고 말한다. 즉 마음의 공간을 정서적으로 채운다면 무엇이든 콤플렉스를 형성하므로 꼭 큰 정신적 외상뿐 아니라 자잘한 상처들도 콤플렉스를 만들 수 있다.

 구체적으로 들어가 부모 콤플렉스를 보자. 보통 콤플렉스 하면 열등감이란 단어와 혼동해서 외모 콤플렉스, 나이 콤플렉스, 학벌 콤플렉스와 같이 쓰고 있기 때문에 부모 콤플렉스라면 자신의 부모에 대해 뭔가 불만이 있거나 열등감이 있는 사람에게 있는 것으로 잘못 이해할 수가 있다. 그러나 분석 심리학은 부모 콤플렉스는 꼭 그런 비정상적인, 혹은 건강하지 못한 정서 상태를 가진 이들에게만 보이는 것이 아니라 세상 사람 모두가 가지고 있다고 말한다. 아무리 자상하고 훌륭한 부모라 해도 자녀들을 울리고 화나게 하지 않는 부모는 없다. 만약 자식에게 한 번도 큰소리치거나 울린 적이 없었다면 그런 부모는 사실 건강한 부모라고 할 수 없다. 인간은 타고난 동물적 본능과 욕심을 잘 다스려서 성숙한 사회인으로 태어나기 위해 때로는 엄격한 훈육과 금지를 경험해야 한다. 그러나 어린아이들은 이런 과정을 잘 이해하지 못하기 때문에 좌절과 분노, 슬픔을 다 겪을 수밖에 없다.

또 다른 콤플렉스의 예로 돈 콤플렉스를 들 수 있다. 도덕군자라면 사실 '황금 보기를 돌 같이 하라.'고 주문할 수도 있겠지만, 그런 말을 했다는 것 자체가 황금을 돌과 같이 보기 힘들기 때문이 아닌가. 즉 자신은 돈과는 상관없이 산다, 난 돈 같은 것은 걱정하지 않는다고 주장하는 사람들의 생활사를 자세히 들여다보면 돈 때문에 고생하고, 돈 때문에 상처받은 적이 있기 때문에 돈과 관련된 이슈들을 의식적으로나 무의식적으로 피하는 것을 알아차릴 수가 있다.

필자가 상담한 외국인 중, 아버지가 알코올 중독이고 어머니가 정신 분열증인 환자가 있었다. 당연히 끔찍한 가난과 따돌림 등을 겪었을 것이고 한때는 거의 노숙자와 비슷하게 남의 집 차고에서 생활한 적도 있었던 사람이다. 현재는 전문직에 종사하고 있지만 이혼하느라 준 위자료와 다른 심리적인 상처 때문에 육십을 바라보는 나이에 모아 놓은 재산이 거의 없었다. 그는 자신은 돈 따위는 중요하지 않다고 생각한다고 믿기 때문에 돈이 있건 없건 개의치 않는다고 주장한다. 그러나 재혼한 부인이 전업주부만을 고집하고, 취직을 하지 않는 것에 대해 매우 불편하게 생각하며 오랫동안 부인에 대한 분노를 표시했다. 돈을 벌지 않고 놀고 있는 부인의 모습을 보면 화가 난다는 것이다. 겉으로는 돈 따위에 연연하지 않는다고 주장하지만 실제로는 돈 한 푼 없는 자신의 노후에 대해 걱정하지 않을 리 없고, 이런 마음이 부인에 대한 분노로 나타났던 것이다. 흔히 '돈'을 욕망과 욕심의 상징이라 쉽게 생각하기 때문에, 자신은 추악한 욕심과 집착이 없다고 하는 것을 '돈에 상관 않는다.'고 표현한다. 그러나 돈은 그런 부정적인 측면만 있는 것이 아니라 신성한 노동을 해서 자신과 주변에 좋은 일을 하고, 미래에 대비하는 근면과 성실성을 의미하기도 한다. 「소가 된 게으름뱅이」와 같은 민담에서 일하지 않는 주인공들이 갖은 고초를 겪고 다시 인간으로 태어나는 모티브와도 연관이 된다.

　이밖에도 열거하자면 콤플렉스에 대해 또 한 권의 책이 나와야 하기 때문에 이쯤에서 일단 멈추기로 한다. 또한 민담 속에서 콤플렉스를 읽어 내는 작업에 너무 몰두하다 보면 오히려 옛날이야기의 본래 아름다움과 미덕을 훼손시킬 수도 있다는 것을 다시 강조하고 싶다.

옛이야기의 심리학적 이해, 어떻게 할 수 있는가

융도 그의 방대한 저작에서 민담에 관해 언급한 바가 많지만, 마리 루이스 폰 프란츠Marie-Louise Von Franz가 분석 심리학적 민담 연구를 집대성한 이라고 해도 틀린 말은 아니다. 프란츠의 저작들로는 『민담의 해석Interpretation of Fairytlaes』, 『민담에서의 여성성의 문제Problems of the Feminine in Fiarytales』, 『민담에서의 그림자와 악Shadow and Evil in Fairytales』, 『민담의 개성화 과정Individuation in Fairytales』, 『민담의 원형적 패턴Archetypal Patterns in Fairy tales』 등의 저작이 유명하다.

우리나라에도 필자가 번역한 알란 치낸의 『인생으로의 두 번째 여행Once upon a midddleife』이 출간된 적이 있고, 이부영 박사의 『한국 민담의 심층 분석』과 같은 책도 있다.

그렇다면 민담을 앞에 두고 잘 이해하기 위해선 어떤 태도를 갖는 것이 좋은가. 무엇보다 중요한 것은 민담 그 자체를 자신이 갖고 있는 얼마 되지 않는 지식의 틀에 가두는 잘못을 저지르지 않아야 한다. 우리는 누구나 무언가를 배우기 시작하면서 새로운 안경을 쓴 것에 자못 흥분하면서 세상을 어설픈 그 눈으로만 보려고 한다. 경제학이란 이론에 처음 접하게 된 사람들은 모든 것을 그 틀에서 생각하려 하면서 사람들까지도 돈과 숫자로 파악하려 할 수가 있다. 정치학 책들을 조금 맛본 어떤 이들은 어떻게 하면 권력을 잡아 힘을 휘두를지에만 관심을 둔다. 종교 서적에 심취한 이들은 또 세상 모든 이치를 종교의 틀 안에서만 생각하려 한다. 우리 모두는 자기가 아는 선에서, 자기가 보고 싶은 것만 보고, 듣고 싶은 것만 듣고, 말하고 싶은 것만 말하길 원한다. 심리학적 지식을 조금 섭취한 후에 옛날이야기를 심리학의 시료나 박제된 표본쯤으로 간주하면서 정서적 감흥 없이 오만한 태도로 분석하는 것 역시 지양해야 할 태도이다. 모든 학문 연구는 그 지식으로 세상과 사람을 재단하기 위해 하는 것이 아니라, 보다 겸손한 태도로 타자(他者)와 대상들을 이해하고 존중하기 위한 것이다. 민담 연구 역시 많은 지식을 알고 있으니 뽐내야겠다는 식으로 시작한다면 차라리 손대지 않느니만 못하다. 즉 가장 중요한 태도는 옛날이야기를 쓸데없는 지식으로 훼손하지 않은 채 일단 그 즐거운 감흥을 오랫동안 마음속에 간직하는 것이라 생각한다.

그럼에도 불구하고 분석 작업이 필요하다면, 우선 옛날이야기를 앞에 놓고, 맨 처음 단어들부터 시작해 보자. 대부분의 이야기들은 우리나라의 경우 "옛날 옛날 옛적에, 간날 간날 갓적에⋯⋯"로 시작하고, 서양은 "Once upon a time⋯⋯" 같은 의미 없지만 동시에 의미심장한 말로 시작한다. 소설이나 설화, 전설들이 비교적 꼭 집어서 장소와 시간을 언급하는 것과는 매우 다르다. 장소와 시간이 무의미하다는 것은 그만큼 이 이야기가 어떤 특정한 공간과 시간 안에 있는 사람에게 일어나는 것이 아니라, 인류에게 보편적으로 일어날 수 있다는 뜻이다. 즉 이런 보편성을 분석 심리학적 용어로 풀어 보자면 원형이라 할 수 있다.

민담을 말하는 사람이나 듣는 사람들은 이런 원형의 공통적인 경험을 하기 때문에 감정의 나눔을 함께 경험한다. 무서운 이야기, 우스운 이야기, 슬픈 이야기, 황당한 이야기 등 감정을 유발하지 않는 민담은 없다. 사실을 단조롭게 나열한 역사 서술이나 구조와 실상을 건조하게 표현하는 사회학적 저술들과 그런 점에서 근본적으로 다르다. 해서, 어쩌면 민담이란 그 정의상 지적인 작업만으로는 도저히 그 핵심을 파악할 수 없는 장르일 수 있다는 뜻이다.

그럼에도 불구하고 분석 심리학자들은 민담을 분해해서 해석하고 이해하는 지적 작업을 어쩔 수 없이 해야 한다. 물론 지적인 기능이 발달된 사람들은 민담 속의 등장인물, 구성, 배경, 플롯들을 마치 구조주의적 비평가들처럼 하나하나 해체하여 객관화시켜 보려 하는 작업을 좋아할 수 있다. 그런 작업 역시 집단 무의식을 이해하는 데에는 매우 도움이 될 수는 있다. 그러나 특히 정신 분석을 하는 임상가의 경우는 민담을 오롯이 해체해야 할 대상으로만 파악하는 것이 큰 도움이 되지 않는다. 환자가 분석가에게 자신의 정신을 분석해 달라고 의뢰할 때에는 차가운 수술대 위에 올려놓는 검사 표본으로 자신을 봐 줄 것을 기대하는 것이 아니라, 살아 있는 감정을 가진 분석가의 영혼과 자신의 영혼이 만나는 경험을 기대하는 것이다. 따라서 민담의 내용을 지적인 분석 방식만으로 이해하고 말한다면 슬픔, 좌절, 분노, 외로움 등의 다양하고 복잡한 감정에 대해 어찌할 줄 모르는 내담자들에게 도대체 아무 의미가 없는 것일 뿐이다. 그와는 달리 민담 속의 주인공들이 겪는 여러 가지 정서적인 고통들을 일종의 비유로서 이해할 뿐 아니라, 그 속에 들어 있는 심리적 과정들을 제대로 공감하는 과정을 분석가와 피분석가가 같이 공유한다면, 피분석자는 자신의 상황을 보다 객관적으로 볼 수 있고, 승화시킬 수 있는 기회를 갖게 된다.

좀 더 단순하게 구체화시켜 풀어 보자. 예컨대 모성적인 사랑을 받지 못한 채 악독한 어머니 밑에서 갖은 구박을 다 겪으면서 성장한 내담자가 자신의 삶에 대해 슬픈 감정을 쏟아 놓고, 오로지 하늘 아래 그런 괴로움을 겪은 사람은 자신밖에 없을 것이라고 표현할 때를 가정해 보자. 이때 환자의 상처에 깊이 공감해 주는 것이 필요하지만 동시에, 이와 비슷한 상황을 풀어 놓는 민담을 같이 논의해 봄으로써 그런 경험이 어쩌면 상당히 보편적이라는 가능성을 열어 놓을 수가 있다. 「신데렐라」나 「백설 공주」, 「콩쥐 팥쥐」 이야기가 모든 민족에게 공통적으로 다 전해지는 것은 물론 악독한 계모들이 많아서일 수도 있지만, 모든 어린이들이 성장하면서 자신을 제지하고 조종하려는 어머니가 혹시나 계모일 수도 있지는 않을까 하는 공상을 할 수 있다는 증거가 되지 않는가. 내담자는 계모가 등장하는 민담을 깊이 생각해 보면서 자신의 삶을 객관화하고, 동시에 자신의 삶이 보다 보편적인 언어로 표현될 수 있다는 사실에 안도할 수가 있지 않을까.

복수하는 귀신, 혹은 장난꾸러기 도깨비 이야기 등이 등장하는 무서운 이야기 역시 마찬가지다. 유한한 시간을 살 수밖에 없는 인간에게 죽음은 가장 무섭고도 이해할 수 없는 사건이다. 특히 어린이들은 언젠가 땅속에 묻힌다든가, 어머니나 아버지가 먼저 죽는다든가 하는 사건들을 처음으로 절감하게 되면서 엄청난 공포와 우울함을 느낄 수도 있다. 이럴 때 부모나 조부모들이 해 주는 죽음, 귀신, 사후 세계 등의 이야기는 엄청난 두려움의 대상을 이야기로 상징화시키면서 부정적인 감정을 견디는 힘을 줄 수가 있다.

따라서 분석 심리학자들에게 민담은 집단의 무의식을 이해하는 도구인 동시에 내담자들과 함께 이야기를 나누고 감정을 나누는 좋은 방편이 될 수가 있다는 것이다.

후세의 작가들에 의해 윤색되지 않은 고유한 민담들은 이념적 목적 없이 마치 개인의 꿈처럼 인간의 본능과 욕망, 어두운 면들을 가감 없이 그대로 보여 준다. 또한 기승전결이 분명한 소설과 비슷한 형태를 갖고 있는 민담들도 있지만, 별다른 논리적 전개 없이 아주 엉뚱하고 기괴한 이미지만을 보여 주는 민담들도 적지 않아 파편으로 기억되는 꿈과도 유사하다. 그래서 얼핏 그 뜻을 이해하기 어렵고, 풀지 못하는 수수께끼를 앞에 놓고 있는 듯한 기분을 들게 하기도 한다. 마치 꿈을 해석하는 과정을 통해 한 인간의 심성을 이해하려는 노력을 하듯, 융 분석가들은 민담을 통해 집단의 심성을 알고, 또한 그 민담에 대한 피분석자의 정서적 반응을 보면서 한 개인을 더 잘 이해하려 애쓴다. 그런 열린 태도 없이 만약 누군가 "이 민담은 반드시, 혹은 절대로, 이러이러한 뜻을 가지고 있는 것이다."라는 결론적 선언을 하고 있다면 그는 제대로 훈련받은 적절한 심리 분석가라 할 수가 없다. 진짜 분석가라면 민담과 꿈을 통해 어디까지나 인간 심성의 한 언저리만을 이해하는 것뿐이고, 무한한 인간의 심성에 비해 분석가의 지적인 한계는 매우 초라하다는 것을 알기 때문이다.

 민담의 본질을 궁극적으로 단정 지을 수는 없지만 그럼에도 불구하고, 몇 가지 방법론을 통해 분석가들은 민담을 이해하려고 한다. 우선 어떤 민담이든 하나하나 분해하기 이전에 전체적인 이미지를 들여다보고 느끼는 것이 순서이다. 이 민담의 주제가 과연 무엇인지에 대해서 하나하나의 상징들을 조합해서 파악하는 것도 가능하지만, 직관적으로 민담 전체를 이해하려는 태도가 중요하다. 그러나 이때에도 역시 상징들이 하나의 통일된 구조 속에서 유기적으로 움직이면서 긴밀하게 여러 가지 뜻을 함축하고 있는 것을 놓치지 말아야 한다. 그 중에서도 융 분석가들이 초점을 맞추는 것은 원형적 이미지 archetypal images

들이다.

민담에서는 되풀이해서 이런 원형적 상징, 패턴 등이 꼼꼼하고 복잡하게 형상화 된다. 예컨대 민담 속의 주인공 중에는 왜 왕자와 공주가 많은가. 또 왜 아버지와 어머니 중 하나가 사망한 후 주인공은 박해를 받는가. 왜 시기심 많은 의붓 형제들 때문에 고초를 받는가. 또 그럴 때마다 아주 절묘하게 도와주는 짐승, 현인, 마술사들은 왜 나타나는가. 또 민족과 지역과 상관없이 귀신이나 상징들은 왜 반복해 나타나는가. 꾀 많은 주인공protagonist과 바보 같은 조역antagonist 혹은 그 반대의 설정으로 이루어지는 쌍들은 무엇을 의미하는가. (융 심리학적 관점으로 들여다보면 이런 이미지와 플롯들이 모두 인간의 원형적 심성과 관련되어 있는 것을 알아차리게 된다.)

심리학 초심자들은 꿈이나 환자의 공상을 이해하기 위해 자유 연상기법free association을 쓴다고 막연히 생각한다. 예를 들어 '어둡고 침침한 동굴 속으로 들어가는 꿈'과 관련된 민담을 환자와 이야기하고 있다 가정하자. 분석가들은 환자에게 '어둡고 침침하다'란 단어로 무엇이 생각나는가, '동굴' 하면 무엇이 생각나는가 라고 물어 볼 것이다. 그렇다면 피분석자들은 구체적으로 자신과 관련해서 어린 시절, 곰팡이 나고 어두웠던 지하 셋방에 대해 얽힌 추억에 대해 말할 수도 있다. 혹은 하루 종일 춥고 배고프게 나가 일하다가 집에 돌아와 좁지만 따뜻한 내 방에 누울 때의 기분을 이야기할 수도 있다. 프로이트 학파가 주로 쓰는 자유 연상은 환자가 연상을 시작하면 중간에서 끊고 묻거나 가능한 코멘트를 하지 않고 자유롭게 놔두는 편이다.

융 학파의 연상은 프로이트의 중립적이고 내버려 두는 자유 연상과는 조금 다르다. 우선 분석을 받는 이의 직접적인 현실과 관련된 기억과 생각들을 더듬는 주관적 자유 연상 단계를 들 수 있다. 슐츠 헨케Schultz-Hencke 같은 이들은 철저히 현실과 관련된 연상reality-based association을 주장하기도 했지만 분석 심리학에서 보는 주관 단계의 연상은 사실 여부의 검증 없이 내담자들의 주관적인 감정 경험에 초점을 맞추게 된다. 객관 단계의 연상objective association은 때로는 내담자들의 개인적인 경험을 떠나서 완전히 자유스럽게 떠오르는 정서, 생각, 기억들에 주목한다(Hans Dickman, 『Methods in Analytical Psychology』, pp126~130).

객관 단계의 연상 작업 중에 주로 비개인적인impersonal 이슈들이 떠오르고, 이런 비개인적인 이슈들을 연상하다 보면, 분석 과정 중에 집단의 의식, 무의식과 연결된 한 개인의 콤플렉스뿐 아니라 원형의 상징과 패턴들을 이해하게 되는 것이다.

이런 객관 단계의 연상 기법에서 만약 제대로 연상 작업이 이루어지지 않을 때, 분석가들은 확충 기법을 쓰게 된다. 확충이란 문자 그대로 보다 명징하게 이해하기 위해 의미를 넓히고 확장시키고 증식시키는 것이다. 예컨대 본인의 부모와 관련된 예민한 이슈들을 환자들이 자유롭게 이야기하기 힘들 때 신화나 민담에 나오는 부모 자녀 관계를 넌지시 이야기하면서 자유 연상을 도와주는 방법이다. 그러나 이런 확충 기법은 어디까지나 환자 본인의 콤플렉스에 국한시키고 분석의 맥락에서 벗어나지 말아야 한다. 분석가 자신의 신화나 민담에 대한 흥미 위주로 끝없이 이야기를 전개시켜 환자가 지적인 이야기는 실컷 나누었지만, 자신의 문제는 전혀 해결되지 않았다고 토로하는 잘못을 범하지 말아야 한다는 뜻이다.

심리 분석의 이런 확충 기법을 잘 활용하려면 분석가가 민담과 신화 등 각종 설화에 대한 깊고 광범위한 지식을 가지고 있으면 있을수록 훨씬 더 유용하다. 그만큼 딱 들어맞는 이야기와 상징들을 분석 상황에 가지고 올 수 있기 때문이다.

민담 분석의 문제점

그러나 이렇게 민담을 분석 심리학적 입장에서 들여다보는데 의욕이 앞서다 보면, 앞서 지적한 대로 민담의 전체성totality에 대해서는 보지 못한 채 자구나 세세한 점들에 너무 집착해서 지적으로만 민담을 이해하려는 위험에 빠질 수가 있다. 특히 사고형의 경우, 지적인 작업을 하다가 감정적인 반응과의 연결 고리를 놓치고 현학적인 수사의 남발에 빠져서 핵심을 놓칠 수 있다.

민담 속의 원형적 이미지들은 비합리적으로 엉켜 있어 그 뜻이 수수께끼 같은 꿈과 비슷하게 서로 영향을 주기도 하고 혼합되어 특히 그 뜻을 이해하기 힘들기 때문에 더욱 지적인 작업으로 철저하게 해부하려는 유혹에 빠질 수도 있다.

'도깨비'란 상징을 보자. 도깨비는 피안의 세계에 속해 있는 대상이므로 죽음과 연결시켜 생각할 수가 있다. 세계의 많은 민담에서 도깨비에 홀려 산을 헤매다가 결국엔 시름시름 앓으며 죽음에 이르는 설정을 볼 수가 있다. 그러나 도깨비는 때로는 방망이로 끝없이 보물을 만들어 내기도 하고, 나쁜 짓을 하거나 거짓말을 하는 인물들을 혼내는 아버지와 같은 존재로 묘사되기도 한다. 동시에 꾀 많은 인간들의 지략에 넘어가 바보같이 당하는 존재로 그려지기도 한다. 즉 민담의 등장인물들은 원형적인 이미지들을 담고는 있지만, 단순하게 '이것은 이것이다.'라고 정확하게 환치시킬 수 있는 비유가 아니란 것이다.

특히 분석가들이 민담을 이용해 환자가 자신의 상황을 상징화시켜 객관적으로 보게끔 하려는 좋은 의도로 이야기한다 하더라도 그 시기와 방법, 상황이 적절치 않으면 오히려 해로울 수가 있다. 예컨대, 아직도 백마 타고 자신을 구하는 왕자님에 대한 환상을 가지고 있는 내담자에게 숲 속의 잠자는 공주가 100년을 기다린 후 왕자님을 만났다는 이야기를 하면, 환자는 계속해서 그저 오랜 시간 무작정 잠자면 구원자를 만나 자신의 삶이 해피 엔딩으로 끝날 것이라고 오해할 수가 있다. 가시밭길을 헤치며 나타나는 왕자가 외부의 멋진 남성이 아니라, 자신의 무의식에서 아직 다듬어지지 않아 어려움을 견뎌 내지 못하는 남성적 측면이란 점을 이해 못하는 것이다.

또한, 환자의 특별한 상황을 이해하지 못한 채 무조건 계모를 민담 속에 나오는 나쁜 계모와 동일시하거나, 가족끼리의 갈등을 외부의 곤경, 물리쳐야 할 사악한 용으로 단순화 시키는 것 역시 매우 위험한

시도일 수가 있다.

민담 속의 정치적 이슈(예컨대 여성주의, 유교적 가부장제 등)에 지나치게 몰입하면서 민담이란 장르가 민중을 호도하고 있다며 흥분하는 것 역시 이상한 태도다. 물론 무의식의 가치 중립적인 내용들이 일단 활자화되고, 때론 가르침과 교화의 도구가 될 수 있도록 재창조되면 그 때부터 민담의 본래 의미는 퇴색되기 쉽다. 그림 형제와 안데르센 동화가 그 대표적 예이다. 그림 형제나 안데르센 같은 동화 작가들이 흩어져 있는 민담들을 채록하고 재구성하기 전의 구전 동화들은 활자화된 그림책의 내용과 결코 같을 수가 없다. 그림 형제와 안데르센은 19세기 말, 가부장제와 자본주의의 뿌리인 남성중심주의의 사고방식에서 나고 자란 사람들이다. 그들의 정신세계에서 여성들은 더 무력하고 낭만주의적인 꿈에 사로잡혀 있는 남성의 대상물일 수 있고, 반대로 남성들은 근대의 끝 무렵답게, 냉혹한 과학지상주의의 합리주의적 사고방식에 물든 마초일 수도 있다.

그나마 그림 형제나 안데르센 모두 시대정신과는 거리를 두면서 감정의 섬세한 측면, 합리성을 넘어선 구전 동화의 가치를 자신들의 작품으로 재창조해서 표현하려 했던 앞선 사람들이지만, 시대의 한계를 의식적으로나 무의식적으로 넘어서기는 힘들었을 것이다.

현대의 페미니스트나 공산주의자들에게는 그러나 여전히 활자화된 민담 안에 교묘하게 위장되어 녹아 있는 가부장제적 성차별이나, 자본주의적 사고방식의 훈습 등이 영 마땅치 않을 수 있다. 민담은 일시적인 즐거움을 주지만, 결국 몸과 마음에 해로운 마약이라 공격하면서 분석을 대신하는 이들도 있다. 예컨대 「인어 공주」, 「백설 공주」, 「엄지 공주」 등의 공주 시리즈는 낭만주의적 사랑과 남성중심적 세상의 구조에 순종해야 살아남는 법을 가르친다고 비난한다. 본래는 한 여성이 부모에게서 떠나 재탄생하는 과정을 다룬 「심청전」이나 「바리데기」 이야기가 글자로 채록되고 조선 시대의 시대정신에 물들면서 '효녀되기'를 강요하는 이데올로기의 한 표현이라 오해되기도 한다. 「신데렐라」나 「잠자는 숲 속의 공주」 역시 여성의 정신적, 신체적 성장 과정에 대한 상징으로 해석할 수 있음에도 불구하고 낭만적인 신분 상승과 사랑에 대한 환상 만들기에 일조해 온 점도 있다. 민담에 등장하는 공주님과 왕자님(우리나라의 경우는 원님의 딸과 아들로 대치되기도 한다.)을 봉건주의 시대의 유물로 간주해, 시대착오적인 과거에 대한 환상을 심어 주는 기능을 한다고 신랄하게 비판하기도 한다. 민담을 읽으면서 공주와 왕자의 삶을 동경하고, 그렇지 못한 이들의 소외감과 박탈감을 잠시 잊게 하면서 일종의 마약처럼 사람들의 '민주적 의식화'를 방해하는 측면에 주목하는 것이다.

그러나 민담을 포함해 오랫동안 살아남아 사람들의 심금을 울리는 예술 장르는 읽고 보고 듣는 독자와 청자에 따라 다양한 의미 해석과 미치는 영향이 다양하기 때문에, 나치나 공산주의 치하에서 권력이 만드는 선동 예술과는 차원이 다르다. 문화 대혁명 시대나 스탈린 시대의 공산주의자들은 실제로 소설, 영화 등등 많은 것들이 인민의 정신 건강에 해로운 자본주의적 산물이라 공격해 현대판 분서갱유를 벌여 작가들을 처벌했지만, 입에서 입으로 전해지는 민담까지 어쩌지는 못했을 것이다. 반대로 나쁜 계모와 누이, 또 주인공을 괴롭히는 괴물들이 등장해서 선악 대결을 벌이는 것 역시 우리들에게 이분법적 사고방식을 각인시키는 설정이고, 영웅적인 여정을 마치게 되는 민담의 내용도 사회의 구조적인 전복보다는 개인의 사적인 영웅담을 강조하도록 최면을 거는 것이라고 걱정하는 이들도 있지만, 이들 민담이 빈부 격차를 벌리는 자본주의를 만든 것은 아니지 않는가.

민담은 실제로 자본주의, 봉건주의, 심지어는 가부장제 이전부터 인류의 입에서 입으로 전해지던 아주 오래된 비정치적인 이야기일 뿐, 그 이상도 그 이하도 아니다. 즉, 어떤 의식적인 의도를 갖고 누군가 만들어 낸 것이 아니라, 무의식이 가는 대로 여러 사람들의 입에서 입을 거치면서 이야기의 골조가 만들어지고 다듬어진 공동의 작업이다. 따라서 민담을 이해할 때도 지엽적인 사건들을 정치적으로 이해하기보다는 가치 중립적인 태도로, 있는 그대로 자연스럽게 이해하려는 태도가 필요하다. 역사적, 사회적 윤색과 검증을 제거하고 나면 드러나는 골조, 즉 원형적 체험은 상황과 배경, 장르를 바꾸면서 그대로 우리에게 전수되는 것이다.

성 어거스틴은 우리는 꿈속에 나타난 일에 대해 책임질 필요가 없다고 했다. 그리고 꿈과 민담은 무의식의 결과물이란 점에서 비슷하다. 작가도, 편집자도 없는 민담을 비난한다면 누구에게 책임을 물어야 하나?

옛날이야기 분석의 구체적 과정들

민담을 분석하려면 우선은 전체적인 정서, 감정들을 먼저 이야기하면서 직관적으로 떠오르는 생각들을 구체적으로 생각해 보고 체험하는 것이 필요하다. 그다음 민담의 시작부터 끝까지 시간과 장소 등장인물에 하나씩 초점을 맞추어 본다.

모든 민담들이 '옛날 옛날에……'(혹은 Once upon a time)로 시작하는 까닭은 민담이 어떤 특정한 시간에만 일어나는 것이 아니라 보편적인 상황이라는 것을 암시하기 때문이다. 또한 특정한 장소를 지칭하는 경우도 거의 없다. 만약 그런 경우는 훗날 민담을 기록으로 남기는 작가들의 윤색이라고 해도 틀리지 않는다. 따라서 민담에서의 시간과 장소는 역사적, 사실적 시공간이 아닌 특정한 상황을 말한다. 예컨대 어머니가 돌아가신 후, 모성과 여성성이 결핍된 조건, 혹은 반대로 아버지의 부재와 같은 경험 등을 생각할 수 있다. 또 가난이나 사고 질병 등 외부의 조건들이 악화되는 시점도 있다. 혹은 길을 잃어버려서 홀로 숲 속이나 바닷가에 남겨지는 상황처럼 절대적 고독을 느끼는 시점도 등장한다. 이 밖에도 많은 인류의 보편적 시점들이 등장한다.

시간적 배경은 또한 공간적 배경과 서로 조응하며 특별한 상황을 연출한다. 똑같은 숲 속이지만, 깜깜한 밤중에 헤매는 숲과 환한 낮에 경험하는 숲은 다르다. 잠깐 사막을 구경하는 것과 40일을 사막에서 혼자 헤매는 것 역시 엄청난 차이를 보인다. 같은 바다이지만 추운 겨울에 얼음 바다를 헤매는 것과, 더운 여름에 바닷가에서 노는 것은 완전히 다른 상황이다.

그다음 주목해야 할 것은 등장인물들이다. 여성과 남성, 아버지와 딸, 어머니와 아들, 괴물과 영웅, 악인과 선인 등 단순한 대결 구도를 보여 주기도 하지만 때로는 주인공이 여러 형태로 변신하기도 한다. 왜 왕자님은 개구리로 변했을까, 왜 우렁이는 낭자로 변했을까? 이런 변환의 모티프를 보면, 등장인물의 성장과 변화를 유추해 낼 수 있다.

다음은 등장인물들이 겪는 어려움, 고초 등의 플롯이다. 이런 역경은 보통 등장인물을 긍정적이거나 아주 나쁜 쪽으로 변환시키는 계기가 된다. 이런 플롯은 내담자들이 분석가를 찾아올 때 대부분 나름대로의 위기 상황을 겪을 때라는 점과 비슷하다고 볼 수가 있다. 민담의 주인공들에게 밀어닥친 위기가 어떻게 시작되었고, 어떤 과정을 거쳐 그 힘든 여정을 극복했는지를 차근차근 따라가는 것이 필요하다. 특히 이런 상황에서 민담 주인공과 대척점에 있는 그림자와 같은 존재를 깊이 살펴볼 필요가 있다. 문학에서는 주인공인 프로타고니스트^{protagonist}를 힘들게 하는 안타고니스트^{antagonist}라고 표현할 것이고 심리학에서는 자아^{ego}와 반대편에 있는 그림자^{shadow}로 설명할 것이다. 예컨대 공주가 나왔으면, 공주를 위기에 빠뜨리는 마녀의 존재를, 왕자가 주인공이라면 그 왕자가 물리쳐야 할 악한, 혹은 괴물들을 주목해서 이런 세력들을 주인공이 어떻게 극복하고 통합해 나가는지 보아야 한다.

주인공들이 지니고 있는 소도구들이나 여정 중에 만나는 동식물, 혹은 낯선 사람들도 허투루 보지 말아야 할 상징들이다. 소도구들 하나하나가 다른 상징을 갖고 있고, 우연히 만나는 사람이나 짐승들 역시 나름의 의미가 있기에 민담의 뜻을 제대로 분석하기 위해서는 사실, 하나도 버릴 것이 없다. 심지어는 장면의 시간적 배경이 밤이었는지, 혹은 새벽이었는지도 중요하다. 새벽이라면 무언가 새로 시작한다는 의미가 클 것이고, 밤이라면 깜깜한 무의식의 상태에서 헤매고 있는 상황을 의미할 수가 있다.

분석 심리학자들은 환자들이 꿈을 가지고 오면 그 꿈을 직접적으로 분석해서 환자들에게 대면시키기도 하지만, 유비^{analogy}가 될 수 있는 민담의 내용을 이야기하면서 자신의 문제를 객관화시켜 보는 것을 연습시키기도 한다.

어떤 종류의 민담이건, 내담자나 민담을 듣거나 읽는 사람에게 의미가 있으려면 자신의 상황의 어떤 면과 '딸까닥' 하고 연결되는 고리를 찾아야 할 것이다. 그러기 위해서는 민담을 듣거나 읽을 때 자신의 마음속에서 일어나는 감정의 변화를 매우 자세히 들여다보아야 한다. 어떤 민담을 들을 때 유난히 행복했는지, 혹은 슬펐는지, 혹은 화가 났는지를 자세히 살펴보면 자신 속에 있는 콤플렉스를 이해할 수 있다.

어쩌면 민담과 우리 마음이 정말로 자유롭게 만나기 위해서는 심지어는 분석 심리학적 틀까지 버려야 하는 것인지도 모른다. 있는 그대로 듣고 즐기는 것이 오히려 민담을 보는 태도로 더 맞는 것일 수도 있다.

| 저자의 말 |

뉴욕에서 심리 분석가가 되기 위한 과정의 시작으로 내가 분석가를 만나 첫 시간에 다루었던 꿈의 주제는 죽음이었다. 내가 소년 귀신이 되어 모든 것이 다 재로 변하는 장례식 행렬을 구경하는 꿈이었다. 그리고 그 꿈의 연상으로 나온 것이 우리 옛이야기 「해와 달이 된 오누이」였다. 시할머니, 시부모님, 시누이, 시동생 식구들과 함께 보냈던 시간이 남편과 보낸 시간보다 수십 배 더 많았던 14년간의 결혼 생활에 대한 내 감정 반응이 담겨 있는 듯한 민담이었다. 분석가 과정이 끝날 때까지 나에게 「해와 달이 된 오누이」 이야기는 하나의 화두와 같은 소재였다. 나는 때론 호랑이에게 잡아먹힌 가난한 과부 여자가 되었고, 때로는 아비어미 없이 호랑이에게 잡아먹힐 위험에 처한 오누이의 치지이기도 했다.

분석가의 과정을 밟기 전까지, 마치 호랑이에게 모든 것을 다 떼어 주는 민담 속의 어머니처럼 나는 내 몸을 혹사했다. 병이 나건 말건, 마음이야 황폐해지건 말건, 일단은 주변 사람들이 요구하면 다 들어주었다. "그래, 나 하나 괴로우면 주변이 다 조용하지." 하는 마음에서였다. "떡 하나 주면 안 잡아먹지."라며 과부를 회유했던 호랑이의 감언이설에 속았을 수도 있다. 겉으로는 남부럽지 않은 멀쩡한 의사였지만, 내 마음과 몸은 그랬다. 집안일이고 진료고 잠시도 쉬는 시간 없이 일했다. 피붙이 외에는 다른 사람 집에 들이는 것 싫어하는 시어머님 덕에 빨래, 식사, 청소도 물론 다 내 몫이 되었다. 그 와중에 어미로서의 욕심도 버리지 못해 아이들 공부도 꼭 챙겼다. "학원 한 번 안 가도 서울대만 잘 가더라."라는 어른의 완고함도 물론 꺾지 못했다. 일류 과외보다 더 나은 교육을 어미에게 받았으니 좋은 일 아니냐고 덕담을 한다면 그저 웃을 것 같다. 머슴처럼 고봉밥을 먹어도 허기가 졌고, 하루 세 시간 정도밖에 잠을 못 잘 때도 허다했다. 폐렴에, 위 출혈에, 디스크에, 한 달 이상 계속되는 전신 두드러기에, 잊을 만하면 입원을 해야 할 정도로 몸을 학대했었다. 의사로서는 참 남부끄러운 고백이다. 그때 내 무의식이 장례식 꿈과 옛 민담을 통해 "해와 달이 된 오누이 이야기 속에 등장하는 불쌍한 어머니처럼 너도 그렇게 죽을 거야."라고 경고하지 않았다면 지금쯤 어떻게 되어 있을까.

결국 아시아인으로서는 처음으로 뉴욕에서 융 분석가 자격증을 따게 되고, 작은 대학이지만 학생들을 가르치기도 했다. 한국으로 다시 돌아올 때 또다시 그런 자기 파괴적인 생활이 되풀이될까 봐 솔직히 걱정도 했으나 그래도 지금은 가기 전에 비하면, 여러 가지로 편해졌다. 「해와 달이 된 오누이」에 등장하는 어머니는 불쌍하게 호랑이의 속임수에 몰려 살해되었지만, 이나미란 여자는 그렇게 비참하게 죽어 가지는 않을 모양이다. 철없는 오누이처럼 높은 하늘에 빛나는 해와 달은 되지 못했으나, 나름대로는 자신의 삶 속에서 거듭난 셈이다.

융 분석을 시작하게 되면, 대개 꿈을 꼭 가져오라고 분석가가 주문한다. 현실에서 딜레마에 빠져 있거나 어쩔 수 없는 상황에 갇혀 있을 때 꿈을 통해 무의식을 들여다보면, 생각도 못했던 해결책을 무의식이 제시해 주기 때문이다. 이렇게 꿈을 통해 자신의 무의식을 이해하기 위해서 민담, 신화, 전설에 대한 이야기도 분석가와 같이 나누게 된다. (민담에 대한 분석 심리학적 연구는 융 분석가가 되기 위한 필수 코스이다.) 개인적 심상과 연관된 인간 전체가 공유하는 원형적 심성을 이해하는 작업을 통해 스스로를 객관화해 개성화 과정을 겪어 나갈 수 있기 때문이다. 우연인지, 한국에 돌아오자마자 한국의 민담에 관한 글을 《열린 어린이》란 어린이 책 서평지에 연재하게 되었다. 삼 년에 걸쳐 옛이야기들을 분석 심리학적 관점에서 재해석하는 글을 쓰면서, 미국에서는 보지 못했던 많은 부분들이 보이기도 했다. 나에게는 큰 공부가 된 기회이기도 했다.

이런 개인적 경험이 다른 이들에게도 나름대로는 의미 있는 체험이 될 수도 있지 않을까 기대하면서 부끄러운 글 모음들을 세상에 감히 내놓는다. 책이 나오기까지 도움을 준 내 사랑하는 가족에게 감사의 마음을 전한다.

2010년 여름,

이나미

융, 호랑이 탄 한국인과 놀다

1판 1쇄 펴냄 2010년 8월 13일
1판 7쇄 펴냄 2018년 1월 24일

지은이 | 이나미
발행인 | 박근섭
펴낸곳 | ㈜민음인

출판등록 | 2009. 10. 8 (제2009-000273호)
주소 | 135-887 서울 강남구 신사동 506 강남출판문화센터 5층
전화 | **영업부** 515-2000 **편집부** 3446-8774 **팩시밀리** 515-2007
홈페이지 | minumin.minumsa.com

도서 파본 등의 이유로 반송이 필요할 경우에는 구매처에서 교환하시고
출판사 교환이 필요할 경우에는 아래 주소로 반송 사유를 적어 도서와 함께 보내주세요.
135-887 서울 강남구 신사동 506 강남출판문화센터 6층 민음인 마케팅부

ⓒ 이나미, 2010. Printed in Seoul, Korea
ISBN 978-89-94210-32-2 03180

㈜민음인은 민음사 출판 그룹의 자회사입니다.